Neurezeption und juristische Dystopie: Eine Untersuchung des Romans *Corpus Delicti: Ein Prozess* von Juli Zeh

Alexandra Juster

Neurezeption und juristische Dystopie: Eine Untersuchung des Romans *Corpus Delicti: Ein Prozess* von Juli Zeh

PETER LANG

Bibliografische Information der Deutschen Nationalbibliothek
Die Deutsche Nationalbibliothek verzeichnet diese Publikation in der Deutschen Nationalbibliografie; detaillierte bibliografische Daten sind im Internet über http://dnb.d-nb.de abrufbar.

ISBN 978-3-631-89197-1 (Print)
E-ISBN 978-3-631-89198-8 (E-PDF)
E-ISBN 978-3-631-89199-5 (EPUB)
DOI 10.3726/b20310

Peter Lang – Berlin · Bruxelles · Lausanne · New York · Oxford

Diese Publikation wurde begutachtet.

www.peterlang.com

Widmung

Ich möchte die vorliegende Arbeit meinen geliebten Kindern Amandine, Emeline und Emmanuel widmen, die mir die glücklichsten Momente meines Lebens bescherten und bescheren. Dank ihrer immerwährenden Unterstützung konnte ich mich intensiv dieser Arbeit, während der letzten zwei Jahre, widmen. In Momenten der Entmutigung kamen mir meine Kinder mit tröstenden und aufmunternden Worten zu Hilfe, genauso wie sie auch die Momente der Befriedigung und Erfüllung freudig mit mir teilen.

Dedicace

Je voudrais dédier le présent travail à mes enfants aimés Amandine, Emeline et Emmanuel, qui m'ont permis et me permettent toujours de vivre les moments les plus heureux de ma vie. Grâce à leur soutien, j'ai pu me consacrer avec intensité, pendant ces deux dernières années, à ce travail de recherche. Dans les moments de découragement, mes enfants ont toujours su trouver les bons mots réconfortants, de même qu'ils partagent avec joie mes moments de satisfaction et d'accomplissement.

Danksagungen

Ohne die Großzügigkeit vieler Autoren, die mir selbstlos ihre Beiträge und Arbeiten unentgeltlich zur Verfügung gestellt haben, wäre meine Arbeit nicht jene, die ich heute präsentieren kann. Dabei gilt mein herzlicher Dank vor allem Frau Dr. Katrin Höffler, Herrn Dr. Jan Wittmann, Frau Dr. Sabine Schönfellner, Herrn Dr. Immanuel Nover, Frau Dr. Sarah Köllner, Frau Dr. Sonja Klocke und Herrn Dr. Heribert Ostendorf.

Inhalt

1. Einleitung

Der dystopisch-utopische Roman *Corpus Delicti, Ein Prozess* (2009)[1] der deutschen, zeitgenössischen Autorin Juli Zeh erschien schon im Jahr 2009 und ist nun, dreizehn Jahre später, vor dem Hintergrund der immer noch währenden Coronaepidemie aktueller denn je. Interessant ist insbesondere die neugewertete Rezeption des Werkes in der gegenwärtigen Kontextualisierung des Kampfes der Welt gegen das Virus SARS-CoV-2 und den damit verbundenen Einschränkungen der individuellen Freiheiten, die demokratische Regierungsmuster in Gefahr bringen. Als besonderer Anstoß zur Entstehung des Werkes dürfte der Gesetzesentwurf von 2007 der deutschen Gesundheitsministerin Ulla Schmid gelten, der die Höhe der Sozialversicherungsbeiträge an den Gesundheitszustand der Kunden bindet.

Wenn auch Juli Zeh selbst kommentiert, dass sie eine Dystopie mit starkem Gegenwartsbezug entworfen habe, um ihrem Unbehagen gegenüber dem Demokratieschwund der modernen Gesellschaft Ausdruck zu verleihen, so konnte sie gewiss nicht ahnen, dass ihre imaginäre Vision schon nur wenige Jahre später zu einem der entflammtesten Diskussionsthemen werden würde. Die humoristische Feststellung des französischen Schriftstellers Eric Chevillard zum Thema Kontext und Rekontextualisierung, dass jeder Autor zum Zeitpunkt der Verfassung eines Romans ein Ziel verfolgt oder ihm eine bestimmte Rolle zuweist, ohne jedoch im Voraus wissen zu können, in welche zukünftige Kontexte sich das Werk einfügen wird und wie es mit diesen interagieren wird, scheint voll auf *Corpus Delicti* zuzutreffen:

> L'écrivain se fend parfois d'un texte théorique qu'il préférera plus modestement appeler son art poétique. Et pourtant, j'écris un livre comme l'autre a inventé la roue. Sans doute ai-je en vue un objectif (déplacer telle ou telle montagne) ou une fonction précise que je souhaite lui voir tenir. Mais comment pourrais-je imaginer et anticiper tous les contextes dans lesquels ensuite ce livre va s'inscrire et Interagir ? Ma roue restera une roue, mais où vont-ils aller avec ? Le sens n'est pas mon affaire.[2]

---

1 Zeh, J. (2013). *Corpus Delicti: ein Prozess.* Btb Verlag, 8. Auflage. (Erstauflage 2009), in der Folge „*Corpus Delicti*".

2 „Der Schriftsteller scheidet sich manchmal von einem theoretischen Text, den er bescheidenerweise lieber als dichterische Kunst bezeichnen würde. Und doch

Corpus Delicti durchlebt derzeit einen hermeneutischen Erneuerungsprozess, der vor der Kulisse der weltumspannenden Virusepidemie stattfindet und den es gilt, in der vorliegenden Arbeit zu definieren.

Durch diese aktualisierte Gegenwartsnähe des Werkes scheinen sich die Grenzen zwischen der dystopisch/utopisch perspektivischen Distanz und den aktuellen Ereignissen sehr nahe zu kommen. Besonders herauszustellen ist dabei die starke Einflechtung in das Romangeschehen von prozessrechtlichen, stark denaturierten Fragmenten des deutschen Strafprozesses sowie der mittelalterlichen Inquisition, die beide als zutiefst willkürlich dargestellt werden. Das Recht findet hier in der Tat im rechtlosen Raum statt. Es ist gewiss Zehs Doppelqualifikation als Juristin und Schriftstellerin, die sie dazu veranlasste, Literatur und Recht in *Corpus Delicti* so eng miteinander zu verweben. Eine Vertiefung der rechtlichen und rechtsphilosophischen Aspekte des Werkes erscheint hier umso dringender, als sich bisher nur wenige Arbeiten zu diesem Thema geäußert haben.

Ebenso erscheint vor dem Hintergrund der aktuellen Pandemie eine nähere Untersuchung des Einfließens der biopolitischen Theorien von Michel Foucault und Giorgio Agamben in *Corpus Delicti* notwendig. Der menschliche Körper als potenzieller Träger von Krankheiten wird zum Kontrollobjekt des totalitären Staates in Anlehnung an Foucaults biopolitische Diskurse. Körper und Geist erfahren eine Trennung, die sich in der Gegenwart in der Verschiebung von geistig-intellektuellen Werten hin zu körperlichen Präferenzen beobachten lässt.

Die staatstheoretischen Theorien von Thomas Hobbes, und in einer etwas geminderten Form, von Jean-Jacques Rousseau, sind im Roman hintergründig latent präsent, neben dem eindeutig durchbrechenden Gedankengut des deutschen Staatstheoretikers Carl Schmitt und des italienischen

---

schreibe ich ein Buch so wie jener, der das Rad erfunden hat. Zweifellos habe ich ein Ziel vor Augen (diesen oder jenen Berg zu versetzen) oder eine bestimmte Funktion, die mein Text erfüllen soll. Aber wie könnte ich mir all die Kontexte vorstellen und voraussehen, in denen mein Roman später stehen und interagieren wird? Mein Rad wird ein Rad bleiben, aber wohin werden die Menschen damit gehen? Die Bedeutung ist nicht meine Sache“ (eigene Übersetzung).
Chevillard, E. (2010). *L'Autofictif*, 7 octobre 2010, Abs. II. In: Meizoz, J. (2016). „Que font aux textes les contextes (et vice versa) ?“. *Transitions*, 9. Jan. 2016.

Philosophen Giorgio Agamben in der Auseinandersetzung mit den Feindbildern totalitärer Staatssysteme. Agambens „Homo sacer" wird latent in der Figur Mias als Staatsgegnerin reflektiert.

Die Dichte an interdisziplinären Referenzen – Historie, Recht, Philosophie, Politik – erhebt *Corpus Delicti*, meines Erachtens, zu einer literarischen Schöpfung, die gewiss die vorliegende gründliche Forschungsarbeit verdient.

Wenn sich auch vordergründig die Untersuchung naturgemäß auf den Text selbst stützt, so muss dennoch notwendigerweise kurz auf Zehs persönliche Einstellung zu den hier besonders relevanten Themen von Körperlichkeit, Gesundheit, Krankheit sowie zur aktuellen Coronaepidemie eingegangen werden. Dies umso mehr als *Corpus Delicti* als politisches Manifest der Autorin zu werten ist, in dem sie Stellung zu den die Gesellschaft bewegenden Fragen bezüglich der Demokratie, der individuellen Grundrechte und deren Wertung, der Suche nach Sicherheit, des Religionsverlustes, der Scheidung zwischen Körper und Geist und der Ziellosigkeit des Menschen nimmt.

Eine perspektivische Gegenüberstellung der literarischen Verarbeitung des Topos des Verlustes der individuellen Freiheiten im Namen der Gesundheit aller zur aktuellen Coronaepidemie darf ebenso wenig fehlen, denn gerade dieser neue Kontext, wie schon eingangs erläutert, verleiht dem Werk seine besondere Brisanz und Aktualität.

Die europäischen Demokratien erheben gerade die Gesundheit zum höchsten Wert der Gesellschaft, in der die Angst vor Tod und Krankheit die Bürger mehrheitlich dazu bewegt, starke Einschränkungen der individuellen Freiheiten zu akzeptieren bis hin zur gefährlichen Unterminierung der demokratischen Staatssysteme. Wer *Corpus Delicti* gelesen hat, wird sich spätestens seit Ausbruch der Coronaepidemie fragen, „Déjà vu, oder?"

2. Juli Zeh: Körper Und Coronakrise

For Juli Zeh body and health belong to the intangible sphere of intimacy as inseparable from the principle of human dignity. Since the elevation of the body over the mind, the former has become a reified object of economic calculation, its optimisation has become the norm and its standardisation a social integration factor. Being sick generates a feeling of guilt, which is additionally promoted by the practices of some health insurance companies, seeking to maximize economic benefit. The fear of illness and death also leads, according to Zeh, to unacceptable restrictions on democratic processes in the corona pandemic.

Body – privacy – dignity – health – optimization – economic profit

***

Juli Zeh beschäftigt sich in *Corpus Delicti*, neben den zahlreichen Themen der Demokratie, der individuellen Grundrechte und deren Wertung, des Sicherheitsbedürfnisses, des Religionsverlustes, der Orientierungslosigkeit des Menschen in einer globalisierten Welt, der Politikverdrossenheit uvm., die bereits in *Juli Zehs Corpus Delicti, ein Prozess: Intertextuelle Perspektiven*[3] genauer untersucht worden sind, insbesondere mit dem menschlichen Körper, der seit der französischen Menschenrechtserklärung von 1789 zum Träger der Volkssouveränität erhoben wurde und in der heutigen Gesellschaft als höchster Wert im Mittelpunkt steht. Sozialer Erfolg und Misserfolg knüpfen an den leistungsfähigen, gesunden, den Schönheitsidealen entsprechenden Körper genauso an wie Maßnahmen politischer Lenkung, Einschränkung und Macht. Als potenzieller Träger des Virus-Sars-Cov-2 ist der Körper eine Gefahr für die kollektive Gesundheit.

Zehs persönliche Einstellung zum eigenen Körper wird durch den Wunsch, die menschliche Würde und Intimität durch die öffentliche Hand unangetastet zu wissen, geprägt und liefert eine Verständnishilfe zu Genesis und Motivation des Romans *Corpus Delicti*.

---

3 Juster, A. (2022). *Juli Zehs Corpus Delicti, ein Prozess: Intertextuelle Perspektiven*. Münster. Lit Verlag.

2.1. Gesundheit und Körperlichkeit

Alles, was mit dem eigenen Körper und der Gesundheit zusammenhängt, gehört für Zeh zur ganz individuellen, persönlichen, unantastbaren Sphäre des Menschen: „Dabei empfinde ich alles, was mit Körper, Gesundheit oder Geburt zu tun hat, als äußerst intim. Das ist mein persönlicher Bereich, in dem nur ich Chef sein will".[4] Auf die Frage, ob sie die Gleichsetzung von Volksgesundheit mit dem vollständigen körperlichen, geistigen und sozialen Wohlergehen für alle als Postulat der Weltgesundheitsorganisation WHO gutheiße, stellt Zeh diesem globalen Gesundheitsprojekt eben ihre intime, individuelle Auffassung entgegen: „Die Politik müsste dringend begreifen, dass Gesundheit ein individueller Zustand ist, der sich nicht für alle einheitlich normieren lässt".[5] Sie kritisiert verpflichtende, vom Staat auferlegte, medizinische Untersuchungen, aufgezwungene Entscheidungen und Alternativlosigkeit[6] als Eingriff in die individuellen Rechte und Freiheiten des Bürgers. Der Staat möchte zusehends kontrollieren und bedient sich dabei des Körpers unter dem Vorwand, das Beste für die Gesundheit aller zu wollen.

Ein entscheidender, direkter Anlass sich mit dem Thema Gesundheit zu befassen, war für Zeh die Gesetzesinitiative im Jahr 2007 der Gesundheitsministerin Ulla Schmid, die nicht nur verpflichtend alle Bürger zur Wahl einer Krankenkasse zwingt, sondern auch den Krankenkassen die Möglichkeit einräumt, von Versicherten, die durch Selbstverschulden oder Nachlässigkeit krank werden, höhere Beiträge zu verlangen. Im Bestreben nach besserer Rentabilität verlangt derselbe Gesetzesentwurf von den Versicherten mehr Eigenvorsorge:

> So müssen sie sich regelmäßig untersuchen lassen, um etwa Bluthochdruck, Diabetes und andere chronische Krankheiten frühzeitig zu erkennen. Auch die Krebsvorsorge gehört dazu. Nehmen Versicherte an den Untersuchungen nicht

---

4 Simantke, E. (2012). „Da will nur ich Chef sein", in: *Der Tagesspiegel*, 29.4.2012.

5 Daum, M. (2010). „Geht joggen! Oder doch nicht?", in: *DIE ZEIT* Nr. 52/2010.

6 Zeh bezieht sich hier auf eine persönliche Erfahrung, als ihr der Wunsch nach einem Kaiserschnitt verwehrt wurde, mit der Begründung, die natürliche Geburt sei besser.

> teil, müssen sie im Krankheitsfall nicht wie bisher maximal ein Prozent, sondern zwei Prozent aus eigener Tasche hinzuzahlen. Kranke müssen sich therapiegerecht verhalten.[7]

Ein solches Schuldprinzip im intimsten Bereich des Menschen „pervertiert das Prinzip der Krankenversicherung, da nun der Einzelne dem System die unbedingte Aufrechterhaltung (seiner) Gesundheit schuldet".[8] Zeh sieht in diesem, auf ökonomische Effizienz ausgerichteten Gesundheitssystem die Gefahr einer im Widerspruch zu demokratischen Grundprinzipien stehenden Politisierung des Körpers als Macht- und Kontrollinstrument:

> In Wahrheit geht es um viel, viel mehr: die Regierung hat nicht weniger vor, als das Privateste, Intimste, das uns zu eigen ist, zur Staatssache zu erheben: den menschlichen Körper. Dabei wird die Idee einer flächendeckenden (vom Beitragszahler finanzierten!) Krankenversicherung in ihr Gegenteil verkehrt. Nicht das Krankenkassensystem schuldet uns Beistand in der Not – sondern wir schulden dem System die unbedingte Aufrechterhaltung unserer Gesundheit! Diese neue, fiktive Bürgerpflicht gibt dem Staat ein Machtinstrument an die Hand, welches auf fatale Weise an Huxleys Brave New World erinnert. „Krankheit" wird potenziell mit „Schuld" identifiziert […].[9]

Katrin Höffler untersucht die Frage nach der Strafbarkeit gesundheitswidrigen Verhaltens, die Zeh in *Corpus Delicti* deutlich aufwirft, und argumentiert, dass es, mangels eines eindeutigen kausalen Verhältnisses zwischen einem gesundheitswidrigen Verhalten und dem darauffolgenden Eintritt des Schadens für andere, nicht akzeptabel sei, gesundheitswidriges Verhalten zu kriminalisieren. Vielmehr kämen hier, unter Beachtung des Verhältnismäßigkeitsprinzips, nur niedrigschwelligere, außerstrafrechtliche, Maßnahmen in Betracht.[10] Genauswenig dürfen ökonomische Interessen einen Vorwand zur Strafrechtsanwendung liefern.

Die Krankenkassen, die zunehmend die Kosten gesundheitsgefährdender Haltungen, wie beispielsweise des Rauchens oder der Tätowierung, nicht mehr finanziell erstatten, instillieren im Bürger ein Schuldgefühl,

---

7 Lpb. (2007). „Die Gesundheitsreform 2007".

8 Graff, M. (2016). „Menschenwürde im digitalen Zeitalter: Körper, Datenschutz und Menschenbild bei Juli Zeh". *Colloquia Germanica,* 49(4), S. 393.

9 Zeh, 2016: S. 64–65.

10 Höffler, K. (2014). *Rechtsfragen der Personalisierten Medizin.* Berlin, Heidelberg. Springer Verlag. S. 74–75.

wenn er krank wird. In *Corpus Delicti* werden den Bürgern Meldepflichten bezüglich ihrer Gesundheitswerte auferlegt, sie müssen ihren körperlichen Gesundheitszustand nachweisen und dürfen nicht rauchen, trinken oder sonstige toxische Substanzen zu sich nehmen. Solche Imperative lassen sich auch immer häufiger in unserer gegenwärtigen Gesellschaft beobachten und scheinen sich somit noch viel rascher zu verwirklichen als es Juli Zeh in *Corpus Delicti* vorausahnt.

Schon 2011, nur 2 Jahre nach dem Erscheinen des Romans *Corpus Delicti*, debattieren beispielsweise Ärzte darüber, inwieweit es akzeptabel sein kann, dass die Krankenkasse ihre Zahlungsleistungen an Bedingungen knüpft, wie das Rauchverbot für lungenkranke Patienten, das Sportverbot für verletzte Sportler oder das Alkoholverbot für Leberkranke:

> Treffen sich drei Ärzte. Jetzt kommt ausnahmsweise mal kein Witz, sondern es wird sehr ernst. Der eine berichtet: „Ich habe eine ältere Patientin mit einer fortgeschrittenen Lungenerkrankung in Behandlung, die dringend eine stationäre Rehabilitation benötigt. Den Antrag dafür hat die Krankenkasse abgelehnt, weil die Patientin immer noch raucht. Wird inzwischen gesundheitsschädliches Verhalten zum Vorwurf, ja zur persönlichen Schuld gemacht, um Patienten medizinische Leistungen vorzuenthalten? Das wäre mir neu".
> Der zweite Arzt runzelt die Stirn und antwortet: „Die Krankenkasse hat doch völlig recht! Die Lungenkrankheit lässt sich nur bessern, wenn die Patientin sofort mit dem Rauchen aufhört. Warum soll die Allgemeinheit für Uneinsichtigkeit und zügelloses Verhalten bezahlen? Ich befürworte doch bei einem Alkoholiker auch keine Lebertransplantation!"
> Der dritte Arzt sieht das anders: „Bin ich Arzt oder bin ich Gesundheitspolizist? Zu Ende gedacht dürfte ich die Patientin doch überhaupt nicht mehr behandeln, solange sie raucht. Wo soll das denn hinführen? Soll ich denn einem verletzten Fußballspieler das gerissene Kreuzband nicht nähen, weil er nach der Ausheilung sofort weiterspielt?"[11]

Solche sanitäre Kontrollmechanismen aus ökonomischen Interessen und augenscheinlich im kollektiven Interesse aller Beitragszahler, stellen eine ernsthafte Gefahr für die individuellen Freiheiten dar, genauso wie dies in *Corpus Delicti* geschildert wird. Gesundheit darf für Zeh nicht zur Bürgerpflicht werden. Sie muss Teil unserer Freiheit bleiben.

11 Frankfurter Rundschau. (2011). „Freiheit", 22.1.2011.

Ein weiteres Beispiel für aktuelle gesundheitsdiktatorische Tendenzen ist die Strategie des Versicherers Generali, der seinen Kunden Rabatte gegen Kontrolle im Rahmen des sogenannten *Vitality Programms*[12] anbietet: „Als erster großer Versicherer in Europa setzt die Generali-Gruppe künftig auf die elektronische Kontrolle von Fitness, Ernährung und Lebensstil. Kunden erhalten Gutscheine und Rabatte, wenn sie gesund leben".[13]

Auf den ersten Blick sieht es gut aus, geringere Versicherungsprämien zu zahlen und dabei noch die eigene Gesundheit zu fördern, jedoch dieses materialistisch bedingte „Sichselbstoptimieren" führt, laut Zeh, zur persönlichen Unfreiheit:

> Aber das Streben nach Sicherheit, Gesundheit, Schmerz- und Risikofreiheit führt letztlich zu einem totalitären Gesellschaftsmodell. Wir folgen derzeit dem Irrglauben, unser Schicksal, sprich unsere Zukunft beherrschen zu können, indem wir ständig alles „richtig" machen und uns unentwegt selbst optimieren – auf der Arbeit, bei Gesundheit und Ernährung, selbst bei Liebe und Sex. Alles ist Leistungssport. Wir glauben, dadurch Kontrolle über unser Leben zu gewinnen. In Wahrheit werden wir manipulierbar und unfrei.[14]

Und diese Unfreiheit entsteht, je mehr der Mensch überwacht wird, selbst wenn er dies ursprünglich freiwillig akzeptiert oder nichts dagegen unternimmt, da es ihm nicht nur nicht verdächtig, sondern sogar als „normal" vorkommt. Dazu kommentiert Juli Zeh:

> Je mehr wir „vermessen" werden, desto mehr werden wir verglichen. Und desto stärker gehorchen wir Mechanismen, die wir in Wahrheit nicht selbst kontrollieren, weil sie von Krankenkassen, Arbeitgebern, Schulen oder Sicherheitsbehörden entwickelt und angewendet werden.[15]

In diesem Kontext verteidigt Generali das *Vitality Programm* mit der Begründung, dass es nicht verpflichtend sei, aber Kunden, die sich freiwillig der Kontrolle unterwerfen, mit reduzierten Beiträgen „belohnt" werden:

---

12 Generali Vitality „Punkte und Vorteile".

13 Janker, K. (2014). „Juli Zeh über Generali-Modell: ‚Totalitäre Strukturen'". *Süddeutsche Zeitung*, 26.11.2014.

14 Ibidem.

15 Ibidem.

> Man werde nur Daten von Kunden verwenden, die damit ausdrücklich einverstanden seien. Dagegen werde niemand bestraft. „Der Preis kann nicht höher sein als beim Einstieg. Aber der Kunde könne sich durch gesundes Verhalten Vergünstigungen erwerben. Wir wollen unsere Kunden ermutigen, gesünder zu leben“.[16]

Ebenso kooperiert der Versicherungskonzern Axa mit Samsung in der Absicht, Fitnessdaten der Kunden dank der Armbanduhr Gear 3 von Samsung zu sammeln. So bietet Axa „[...]ein Bonusprogramm bei Erreichen bestimmter Gesundheitsziele an, zum Beispiel einen bestimmten ‚Body-Mass-Index‘“.[17] Vordergründig steht das Motiv der Gesundheitsförderung der Kunden, hintergründig geht es hier ebenso wie für Generali um wirtschaftliche Interessen: gesunde Kunden erhöhen die Gewinne der Versicherungsgesellschaften, denn sie erfordern geringere Rückzahlungen für medizinische Leistungen.

Selbst gesetzliche Krankenkassen starten nun die Entwicklung von Prämiensystemen dank elektronischer Apps, die die Gesundheitsdaten der Kunden sammeln. So bietet die deutsche AOK freiwilligen Kunden die Nutzung einer App an, die „[...]nicht nur alle Bewegungen, sondern (sie kann) auch Werte der Ernährung, des Gemütszustandes, Blutdruck- oder Cholesterinwerte speichern (kann). Nachts bewertet die App die Qualität des Schlafs. Das Ergebnis ist eine einzige Zahl – der Gesundheitswert eines Menschen“.[18] Dies erinnert erschreckend an die persönlichen Werteerhebungen in *Corpus Delicti*. Ein solches System führt dazu, dass bestimmte Kategorien nur noch schwer einen Versicherer finden, wohingegen gesunde, wenig Unfällen ausgesetzte Kategorien sehr viel leichter und günstiger einen Versicherungsvertrag abschließen können. Juli Zeh befürchtet dadurch vor allem den Verlust der gesellschaftlichen Solidarität: „Die Leute fangen an zu vergessen, dass persönliche Freiheit nicht aus individueller Höchstleistung resultiert, sondern aus gemeinschaftlichem Zusammenstehen. Denn Freiheit braucht Absicherung, und die gibt

---

16 Fromme, H. (2016). „Versicherung: Gesundheitsbewusste zahlen bald weniger“, in: *Süddeutsche Zeitung*, 23.3.2016.

17 Fromme, H. (2014). „Axa kooperiert mit Samsung“, in: *Süddeutsche Zeitung*, 18.12.2014.

18 Klofta, J. (2015). „Versicherung: Sondertarife für Fitte“, in: *Mitteldeutsche Zeitung*, 22.4.2015.

es nur durch Solidarität".[19] Mit derartigen Kontrollmechanismen, gekoppelt an finanzielle Vorteile, riskiert die Gesellschaft in „Noch Gesunde" und in „Schon Kranke" eingeteilt zu werden und den seit je bewährten Solidaritätsmechanismus, beschleunigt durch die zusehends egoistische und individuelle Gesellschaft, zu zerstören. Somit nähert sich dieses Szenario gefährlich der Gesundheitsdiktatur in *Corpus Delicti* an, in der nur gesunde Bürger „gesellschaftsfähig" sind.

Dass Juli Zehs Ängste mehr sind als nur düstere Utopie, zeigen auch aktuelle Entwicklungen in den USA und in Großbritannien. Laut Recherchen des ARD-Magazins Panorama statten Arbeitgeber dort ihre Angestellten mit Fitnessarmbändern und Smartwatches aus, um fortwährend ein gesundes Verhalten zu überwachen. Sogar der Schlaf werde kontrolliert: Wer dann nachts durch die Kneipen zieht und am nächsten Tag bei der Arbeit durchhängt, muss mit Konsequenzen rechnen. Totalüberwachung im Sinne der Leistungsbereitschaft? Derartige Methoden kämen, nach Jasmin Klofta, bereits in Anwalts- und Wirtschaftskanzleien sowie in Telekommunikationsunternehmen zum Einsatz.[20]

Das Phänomen der Krankheit wird in der heutigen, nach Perfektion strebenden Gesellschaft, nicht nur als Schuld gehandelt, sondern generell als individuelles Versagen und als Schwäche interpretiert und muss daher möglichst ausgerottet werden. Wer krank ist, entspricht nicht dem körperlichen Ideal des gesunden, starken, schönen, leistungskräftigen, fitten Menschen und riskiert deshalb die soziale Ausgrenzung. Dieses stark körperbetonte Denken führt einerseits zur widerstandslosen Akzeptanz der staatlichen Kontrolle und andererseits zur Verkümmerung der geistigen und intellektuellen Werte. Es wäre gewiss sinnvoll, diesen übertriebenen Gesundheitswahn mit den geistigen Errungenschaften der Menschheit auszubalancieren, denn der Mensch darf nicht nur körperliche Hülle, sondern muss auch Geist und Inhalt sein.

Das Streben nach dem sozialen „Zugehörigkeitszertifikat" als Beweis, den gesellschaftlichen Idealen zu entsprechen, macht den Menschen zum

---

19 Versicherungsbote. (2014). „Axa kooperiert mit Samsung – Debatte über Telemonitoring", 18.12.2014.

20 Klofta, 2015.

unterwürfigen Sklaven der Gesellschaft, der sich nicht mehr seiner Individualität und der damit verbundenen Rechte besinnt. Die Anthropologin Mary Douglas verknüpft in diesem Zusammenhang Körper und Gesellschaft auf das Engste, denn die Repräsentanz vom eigenen Körper beeinflusst die Gesellschaft, genauso wie die Gesellschaft die Körperlichkeit bedingt. Je stärker die soziale Kontrolle ist, desto höher sind also auch die Anforderungen an den Körper. Ebenso, je materialistischer die gesellschaftlichen Werte werden, desto materialistischer wird auch die Auffassung des Körpers.[21] Genau diese Entwicklung steht in Zehs kritischem Blickwinkel. Die Gesellschaft zeichnet sich derzeit, laut Max Graff, durch eine Werteverschiebung von geistigen, nicht erfassbaren, hin zu erfassbaren, materiellen Werten aus, womit der Mensch Zeuge eines Paradigmenwechsels wird, „der die geistigen Qualitäten des Menschen von Platz Eins in der Werteskala verdrängt und das materiell Messbare über alles setzt".[22] Somit werde das natürliche Phänomen Mensch durch die Normierung und Berechenbarkeit ersetzt: „Exit unberechenbares Rätsel Mensch, enter genormte Biomaschine".[23] Die Anspielungen auf Foucaults Konzeption der Biopolitik, auf die ich im Kapitel 5.3.3. genauer eingehen werde, sind hier latent. Zeh beklagt überdies ebenso den zunehmenden Verlust des Wertes der geistigen Bildung:

> Homo Sapiens definierte sich über seine Vernunft, Sprachbegabung, Intelligenz, Bewusstsein oder Seele, mithin über geistige Eigenschaften. Selbst die immer wieder aufs Neue missverstandene Mens-sana-in corpore-sano-Formel begründete die Notwendigkeit von körperlicher Ertüchtigung mit dem Erhalt der Geisteskraft und betrachtete somit das Herumschrauben an der Physis als Mittel zu einem höheren Zweck [...] Es lebe der Körper, Bildung ist unsexy.[24]

Um ihrer Missbilligung der Überbewertung des Körperlichen Ausdruck zu verleihen, wünschte Zeh dem deutschen Altkanzler Helmut Schmidt auf besondere Art und Weise alles Gute zum 90. Geburtstag, indem sie dessen Zivilcourage lobte, über den sozialen Konventionen und Druckmitteln

21 Fischer, K. (1982). „Mary Douglas, Ritual, Tabu und Körpersymbolik". *Soziologische Revue*, 5(3). S. 263–265.
22 Graff, 2016: S. 393.
23 Ibidem: S. 393.
24 Zeh, 2016: S. 126–127.

zu stehen: „Herr Schmidt: Rauchen Sie. Rauchen Sie bitte Kette für uns, immer und überall. Niemand beweist überzeugender als Sie, dass ‚Persönlichkeit' vor allem bedeutet, nicht vor jeder Massenhysterie zum Pantoffelhelden zu werden".[25]

Im Kampf gegen ihre körperliche Unvollkommenheit als sozialer Exklusionsfaktor steht, laut Graff, die „Biomaschine Mensch" im Kampf mit sich selbst: „Die Liebesbeziehung zwischen Mensch und Maschine wird endlich intim; das eigene ich wird zum Forschungsobjekt, das es zu perfektionieren gilt, um die fiktiven Ziele Schönheit und Leistungsfähigkeit zu erreichen".[26] Jedoch führt, nach Graff, diese intime Selbsterforschung keineswegs in die selbstbestimmende Freiheit der Erkenntnis, sondern ist stark eingefangen und bedingt durch den allgegenwärtigen medialen und sozialen Einfluss von „einer gigantomanen Pharma-, Kosmetik- und Ernährungsindustrie"[27] sowie dem „konsumunterstützten Kapitalismus".[28]

Daran, dass der menschliche Körper unweigerlich zu einem manipulierten, unfreien Objekt wird, wenn der menschliche Intellekt seine Kritikfähigkeit und sein selbständiges Denken verliert, erinnert Zeh nicht nur in *Corpus Delicti*, sondern auch später in *Nachts sind das Tiere*:

> Wird Gesundheit zum Selbstzweck, zum Endziel aller menschlichen Bemühungen, erhalten Kreatürlichkeit und körperliche Anfälligkeit völlig neue Dimensionen. Der Körper, einst Signum der prekären menschlichen Existenz wird nun, in seiner gesunden, perfektionierten Version, zu einem quasi-ethischen, normativen Ideal mit totalitärem Potenzial.[29]

Zeh möchte auf die Gefahr des Zusammenfalls der Ideen von Perfektion und Performanz mit dem Körper verweisen. Dazu soll angemerkt werden, dass sich der Leistungsdruck von der Arbeits- und Wirtschaftswelt heute auf alle Lebensbereiche ausgedehnt hat, wie den eigenen Körper, die Gesundheit, die Familie, die Partnerschaft, das Sexualleben, die Erziehung u.v.m. Diese allgegenwärtige Durchdringung mit Maßstäben und Parametern der Erhöhung und Verbesserung, die ins Unendliche gehen, führt zu

---

25 Zeh, J. (2011b). *„Ecken! Kanten!" in: DIE ZEIT* Nr. 10/2011.
26 Graff, 2016: S. 395.
27 Ibidem: S. 395.
28 Ibidem: S. 395.
29 Zeh, J. (2016*). Nachts sind das Tiere: Essays*. München. Btb Verlag, S. 205–206.

einem modernen Menschen, der ständig durch den Zwang der Selbstoptimierung getrieben wird und in ihm gefangen ist. Während im 20. Jahrhundert die Zwänge extern durch Diktaturen auferlegt wurden, stellt Weertje Willms nun eine Umkehrung von außen nach innen fest: „Die Überwachung kommt nicht mehr von außen, sondern sie ist in das Selbst verlagert und Teil einer erschreckenden Normalität geworden“ und damit umso gefährlicher, „denn gegen die nach innen verlagerte Autorität kann man sich nicht wehren“.[30] Der in sich selbst gekehrte Mensch ist viel zu sehr mit seinem eigenen Optimierungszwang und dessen einhergehenden Frustrationen beschäftigt, um sich auf seine eigentliche Identität und Beziehungsfähigkeit zu besinnen.

Dietmar Kemper sieht allerdings diesen gegenwärtigen Optimierungswahn nur als ein „Zwischenspiel“[31] auf dem Weg zur Überwindung des menschlichen Körpers, der zu einer „verbesserungswürdigen Maschine“[32] und dessen Vergänglichkeit degradiert ist: „Denn solange man noch nicht in der Lage ist, den Körper abzuhängen und loszuwerden, maßt sich der ingeniöse Verstand an, sich einen anderen Körper zu konstruieren, der vor allem eins nicht ist, nämlich sterblich“.[33]

Eben dieser Optimierungswahn des Körpers, frei von Krankheit und Tod, gepaart mit einhergehendem Individualismus und Identitätsverlust in einer globalisierten Welt, stellt eines der zentralen Themen in *Corpus Delicti*.

2.2. Coronakrise

Der Einengung der individuellen Rechte durch die deutsche Regierung im Namen des Kampfes gegen die Epidemie steht Zeh sehr skeptisch gegenüber. Im Einklang mit ihrer Überzeugung, dass die Demokratie trotz aller

---

30 Willms, W. (2014). „Entindividualisierung und Ich-Fixierung: Zur Auseinandersetzung mit der Leistungsgesellschaft in der aktuellen Literatur“. *KulturPoetik*, *14*(2), S. 229.

31 Meinen, I., & Lehnert, N. (2021). *Öffnung – Schließung – Übertritte Körperbilder in der deutschsprachigen Gegenwartsliteratur*. Bielefeld. Transcript Verlag. S. 69.

32 Ibidem.

33 Ibidem.

ihrer Mängel die beste Regierungsform sei und dementsprechend verteidigt und gepflegt werden müsse, greift sie die Argumentierung der Regierung als undemokratische, politisch gezielte Angstmacherei vor dem Virus Sars-CoV-19 an.[34]

Die Grundrechte dürfen sich laut Zeh selbst in Krisenzeiten nicht ausschließen, sondern müssen ständig in ihrer Verhältnismäßigkeit gegeneinander abgewogen werden, denn ist dies nicht der Fall, ist der Weg in ein undemokratisches System nicht mehr weit:

> Der Ausgleich zwischen Freiheit und Sicherheit als konkurrierende Wertekonzepte gehört zum Kerngeschäft unserer Verfassungswirklichkeit. Auch die Vermittlung zwischen allgemeinen und persönlichen Interessen ist alltägliche Daueraufgabe. Der Schlüssel zur Lösung heißt „Verhältnismäßigkeit". Niemals, auch nicht „in Zeiten wie diesen", heiligt der Zweck sämtliche Mittel.[35]

Diese Verpflichtung zur demokratischen Abwägung der Zweckmäßigkeit und Unabdingbarkeit einschränkender Maßnahmen verträgt keine überstürzte Handlung nach dem Muster einer ultimativen Kriegsführung und dennoch verfügen Bund und Länder dringlich über Verordnungen unter Ausschaltung des Parlaments. Nach Zehs Ansicht handeln die Politiker nicht so sehr aus Machtgier, sondern viel mehr aus der Sorge, später von den Wählern zur Rechenschaft gezogen zu werden, sollten sie vielleicht ungenügende Maßnahmen getroffen haben, um Leben zu retten:

> Sie (Juli Zeh, Anm. d. Verf.) beobachte das Phänomen, dass Politiker angetrieben von der Angst seien, man könne ihnen später vorwerfen, dass sie zu wenig getan haben. Also überbietet man sich lieber gegenseitig beim Vorschlagen immer neuer drakonischer Verordnungen und versucht zu punkten, indem man sich als starker Anführer aufspielt.[36]

Indem bei den Bürgern Schuld- und Angstgefühle geweckt werden, bringt man sie dazu, die Einschränkung von Grundrechten ohne Widerstand zu akzeptieren. Zu dieser Einschüchterung trage nach Zehs Meinung auch

34 Vgl. MAZ Online. (2020b). „Corona: Juli Zeh warnt vor vermeintlicher Sicherheit auf Kosten von Freiheit", in: *Märkische Allgemeine*, 25.5.2020.

35 Zeh, J. (2020b). „Schockstarre vermeiden: Die Pandemie darf nicht den Rechtsstaat befallen", in: *FOCUS Magazin*, Nr. 15, 9.4. 2020.

36 Hübner, F. (2020). „Corona-Zeiten: Keine Quarantäne für die Demokratie", in: *Moz*, 7.4.2020.

eine inakzeptable Strafpolitik bei: „Man schüchtere die Bevölkerung ein, um sie so zum Einhalten der Notstandsregelung zu bringen".[37] Meinungsunterschiede bezüglich der Coronapolitik sollten nicht durch Schuldgefühle und moralische Diskurse antidemokratisch erstickt werden: „In der Diskussion um die richtigen Maßnahmen gegen die Pandemie führt der ständige Verweis auf moralische Verpflichtung zu inneren Verletzungen. Wir müssen auch die Freiheit schützen, in Fragen des Umgangs mit der Pandemie in der Minderheit zu sein".[38]

Die Ängste der Menschen und die Suche nach Sicherheit dürfen für Zeh niemals als Vorwand dienen, demokratische Vorgehensweisen zu unterminieren, selbst wenn die Bevölkerung passiv Freiheitseinschränkungen gegenübersteht:

> Natürlich ist es notwendig und richtig, etwas gegen die Ausbreitung von Covid-19 zu unternehmen. Nicht notwendig oder richtig ist die Behauptung, es müsse „alles getan" werden, weil im „Krieg gegen das Virus" alles erlaubt sei. Solche Äußerungen ignorieren die Existenz von Rechtsstaatlichkeit und Grundrechtsschutz. Dass sie trotzdem so hohen Zuspruch finden, ist für unsere Gesellschaft langfristig bedrohlicher als die Krankheit selbst.[39]

In keinem Fall darf die Angst für Zeh so weit gehen, dass sie den demokratischen Dialog lahmlegt: „Das darf aber nie so weit gehen, dass die richtige Abwägung von Freiheit und Sicherheit vergessen wird. Die Meinungskämpfe um Sicherheit und Freiheit führen meistens dazu, dass eine Gesellschaft wieder in eine gute Balance kommt".[40]

Ihrem tief wurzelnden Demokratieverständnis treu bleibend, spricht sich Zeh daher, ohne Überraschung, gegen die allgemeine, gesetzlich vorgeschriebene Impfpflicht aus. Um letztere „wirklich zu begründen, müssten wir in einer Situation sein, in der die Gefahr für die Gesellschaft durch

---

37 Leisegang D. (2020). „Corona und die Grundrechte: Einsicht in die Notwendigkeit". *Blätter für die deutsche und internationale Politik*, 5/2020, S. 25–28.

38 Zeh, J. (2021d). „Juli Zeh: ‚Wir müssen die Freiheit schützen, in Fragen der Pandemie in der Minderheit zu sein'", in: *Neue Osnabrücker Zeitung*, 11.8.2021.

39 Zeh, J., 2020b.

40 Zeh, J., 2021d.

Nicht-Impfen so hoch ist, dass es keinen anderen Weg mehr gibt. Das sehe ich momentan nicht".[41]

In ihrem jüngsten Roman *Über Menschen* (2021), dessen Handlung und Topoi in der aktuellen Coronakrise zu verorten sind, dringt Zehs starke Skepsis gegenüber der deutschen Coronapolitik deutlich zutage, indem die Gefahren und Ernsthaftigkeit der epidemischen Situation stark heruntergespielt werden und die Regierungsmaßnahmen als Volksverarschung dargestellt werden:

> „Halb Bracken arbeitet in der Altenpflege" [...] „Häusliche Pflege, Essen auf Rädern, Seniorenheime. Beschissene Arbeitszeiten, miese Bezahlung, harter Job. Glaubst du, irgendeiner von denen hätte wegen Corona eine Schulung bekommen? Die tun ihre Arbeit wie immer. Bleibt ihnen ja nichts anderes übrig. Ohne Hygieneplan, geschweige denn Schutzkleidung oder regelmäßige Tests. Fahren von Haus zu Haus, von einem Hochrisikopatienten zum nächsten. Weil sie nicht anders können. Währenddessen quatschen die Politiker hochwichtig herum, machen die Volkswirtschaft kaputt, ruinieren die Existenzen der kleinen Leute. Hocken im Fernsehen ohne Maske und reden davon, wie gefährlich die Pandemie ist".[42]

In *Über Menschen* bleibt Zeh ihren persönlichen Überzeugungen zu Demokratie, individueller Freiheit und Gesundheit treu, die sie nicht müde wird, öffentlich zu betonen.

---

41 Zeh, J. (2021c). „Coronavirus: Verfassungsrichterin und Autorin Juli Zeh gegen Impfpflicht", in: *Nordkurier*, 10.8.2021.

42 Zeh, 2021a: S. 127–128.

3. Roman: Corpus Delicti: Ein Prozess

The METHOD, a fictitious State, has elevated health to the reason of State. Heinrich Kramer, journalist and the "fourth eye of power", is its fanatic advocate and defender, because it seems to "work". In this State of total control over the citizen's body and health, Moritz is mistakenly convicted of murder and commits suicide. Mia, his sister, in a depressed state, cannot comply with all the METHOD's prescriptions and falls victim to the court machine, which sues her harder from court stage to court stage until she is finally sentenced to freezing as an enemy of the METHOD. While going through the complex but incoherent process, Mia evolves herself from a compliant citizen to an opponent of the METHOD and achieves spiritual elevation, beyond the condemnation of her physical body.

Health – State's reason – Process – Mia – Kramer – Moritz

***

Corpus Delicti entstand 2007 als Theaterstück, 2009 erschien dessen Romanversion als eine literarische Schöpfung, die sich am dystopisch-utopischen Genre inspiriert, die gleichzeitig Züge der Fallgeschichte sowie des Dramas in sich trägt und aus scheinbarer Distanz fiktive Topoi betrachtet, die sich jedoch als brandaktuell entpuppen. Mit dem originellen Entwurf einer juristisch-biopolitischen Gesundheitsdiktatur bereichert Zeh die dystopisch-utopische Gattung, auf die bereits in *Juli Zehs Corpus Delicti, ein Prozess: Intertextuelle Perspektiven* eingegangen worden ist,[43] mit einer Version sui generis. In diesem Kapitel soll kurz der Inhalt von *Corpus Delicti* umrissen werden, bevor auf die rechtlichen und interdisziplinären Untersuchungen übergeleitet wird.

3.1. Zum Inhalt des Romans

Seit dem Erscheinen von *Corpus Delicti* wird Juli Zeh gerne als der Orwell der Gegenwart bezeichnet. Als politisch und sozial engagierte

43 Vgl. Juster, 2022.

Schriftstellerin und Juristin beschäftigt sich ihr erster politischer, dystopisch kritischer Roman *Corpus Delicti* mit den derzeit aktuellen Themen des Wertverlustes der Nation, der Religion und der Familie, einerseits, und mit den Gefahren für die individuellen Grundrechte im Streben nach wissenschaftlichem Fortschritt, nach Perfektion und totalem Rationalismus, die keinen Raum mehr lassen für die vergeistigte, gefühlvolle Menschlichkeit, andererseits.

In einem imaginären Staat, METHODE genannt,[44] irgendwo in der Mitte des einundzwanzigsten Jahrhunderts, wird die 34-jährige Biologin Mia Holl wegen methodenfeindlicher Umtriebe zum Einfrieren auf unbestimmte Zeit verurteilt. Sie lebt in einer Diktatur, der METHODE, die ein, auf den ersten Blick, erstrebenswertes Ziel verfolgt: ein gesundes und schmerzfreies Leben für alle. Als fanatischer Verfechter dieses Zieles erklärt der Journalist Heinrich Kramer die Gesundheit zur offiziellen Staatsräson: „Gesundheit ist das Ziel des natürlichen Lebenswillens und deshalb natürliches Ziel von Gesellschaft, Recht und Politik".[45]

Wer gegen die staatlich auferlegten sanitären Verpflichtungen bezüglich der Übermittlung der persönlichen Gesundheitsdaten über Urin, Blut, sportliche Performance auf dem Hometrainer, der Schlaf – und Ernährungsdaten, bezüglich der obligatorischen lebenshygienischen Maßnahmen wie die Reinlichkeit der Wohnung, Desinfizierungsmaßnahmen, Rauch- und Alkoholverbot, Verbot der Paarung mit immun nicht kompatiblen Menschen, Verbot in nicht desinfizierte Bereiche des Staates vorzudringen verstößt, wird zum Staatsfeind und muss unter allen Umständen aus dem System entfernt werden, um dessen Bestehen nicht zu gefährden. Heinrich Kramer verteidigt die Staatsform der METHODE während eines Fernsehinterviews, in dem er behauptet, dass sie die ideologische Lösung gegen den Werteverfall der Gesellschaft biete:

> Begriffe wie Nation, Religion, Familie verloren rapide an Bedeutung. Eine große Epoche der Abschaffung begann. Zur Überraschung aller Beteiligten fühlten sich die Menschen zur Jahrtausendwende jedoch nicht auf einer höheren

---

44 Der Eigenname „METHODE" in *Corpus Delicti* muss meines Erachtens als fiktives Staatsgebilde, einerseits, und als „Methode des Regierens", andererseits, aufgefasst werden.

45 Zeh, 2013: S. 9–10.

> Zivilisationsstufe, sondern vereinzelt und orientierungslos, sprich: nah am Naturzustand. Man redete ununterbrochen vom Werteverfall. Man hatte jede Selbstsicherheit verloren und fing an, einander wieder zu fürchten. Angst regierte das Leben der Einzelnen, Angst regierte die große Politik. Es war übersehen worden, dass auf jede Abschaffung eine Neuschaffung folgen muss. Was waren die konkreten Folgen? Geburtenrückgang, die Zunahme stressbedingter Krankheiten, Amokläufe, Terrorismus. Dazu eine Überbetonung von privaten Egoismen, das Schwinden von Loyalität und schließlich der Zusammenbruch der sozialen Sicherungssysteme. Chaos. Krankheit. Verunsicherung.[46]

Hier werden die Verfallserscheinungen der Gegenwart verdeutlicht, auf die Zeh wiederholt hinweist und die nun dreizehn Jahre nach dem Erscheinen von *Corpus Delicti* nach wie vor aktuell sind.

Eine besondere Aktualität gewinnt im gegenwärtigen Kontext der Coronaepidemie die Betonung des Verlustes der individuellen Freiheiten, bedingt durch staatliche Kontrolle und Druck, einerseits, und durch soziale selbstverständliche Akzeptanz durch die Mehrheit, andererseits. Grund dafür, den Freiheitsverlust zu akzeptieren, ist die Angst vor Krankheit, Schmerz und Tod.

Ohne die Legitimität der Gesundheitsdiktatur weiter zu hinterfragen, befolgt Mia widerstandslos alle Vorschriften der METHODE, sie wohnt sogar in einem Wächterhaus, das sich durch die besonders strenge Einhaltung der hygienischen und gesundheitlichen Vorschriften auszeichnet und als Gegenleistung Vergünstigungen bei Strom und Wasser erhält.

Ihr systemangepasstes Leben erfährt jedoch regelmäßig die Hinterfragung durch ihren Bruder Moritz, ein Freidenker und Träumer, der sich ideologisch nicht mit diesem perfekt funktionierenden System der Freiheitsunterdrückung nach rein rationalen Prinzipien identifiziert und fordert, ein gefühlsbetontes Leben zu führen, die eigene Identität zu entwickeln und über seinen Körper, seine Gesundheit, seine Bewegungsräume in Selbstverantwortung entscheiden zu dürfen. Er raucht, er liebt, er fühlt, er hält sich mit Vorliebe im verbotenen, nicht desinfizierten Wald auf, an einem Ort, den er „Kathedrale" nennt. Trotz ihrer unterschiedlichen Geisteshaltungen stehen sich Mia und Moritz sehr nahe und führen angeregte Diskussionen

---

46 Zeh, 2013: S. 96–97.

über ihre unterschiedlichen Anschauungen bezüglich Konformismus, Identitätsverständnis und individuelle Freiheiten.

Als Moritz eines Tages ein Blinddate mit einer jungen Frau namens Sibylle vereinbart, findet er diese tot auf und wird, ungerechtfertigter Weise, als deren Mörder verhaftet und zu lebenslanger Gefängnisstrafe verurteilt, denn der formale Beweis seiner Tat scheint rechtlich unanfechtbar: seine DNA stimmt mit der DNA in den Spuren des Spermas in Sibylles Körper überein.

Mia weiß in ihrem tiefsten Inneren, dass ihr Bruder unschuldig ist, sie besucht ihn im Gefängnis und verhilft ihm zum Selbstmord durch Hängung mit einer Angelschnur, die sie ins Gefängnis schmuggelt. Als Gegenleistung bekommt sie von Moritz die „ideale Geliebte" geschenkt,[47] eine für andere Menschen, außer für Moritz und Mia, unsichtbare und unhörbare Begleiterin, die Moritz' Gedankengut verkörpert und Mia von nun an zur Seite steht. Im Laufe der zahlreichen gedanklichen Zwiesprachen zwischen Mia und der idealen Geliebten wird Mia einen inneren Prozess der progressiven Annäherung an Moritz' Überzeugungen bis hin zur deklarierten Gegnerin des Systems der METHODE vollziehen.

Tief deprimiert nach dem Freitod ihres Bruders, ist sie nicht imstande, die üblichen gesundheitlichen Vorschriften einzuhalten und wird aufgrund dieser Nachlässigkeit vor Gericht zitiert. Die Richterin Sophie kann kein Verständnis für das Ansuchen Mias, während dieser emotional schwierigen Zeit nur „in Ruhe gelassen" zu werden, um allein die Trauer zu überwinden, aufbringen, denn selbst seelische Zustände unterstehen der Kontrolle durch den Staat. Mia wird zu einer Anhörung vorgeladen. Anwesend bei diesem gütlichen Verfahren ist Heinrich Kramer, Journalist und ideologisch überzeugtes Sprachrohr der METHODE. Die Beschuldigte ist guten Willens den staatlichen Verpflichtungen Genüge zu tun, jedoch seelisch immer noch nicht dazu imstande. Noch schlimmer, sie macht sich zwei Tage später des Rauchens schuldig, also im Sinne der METHODE des strafbaren Missbrauches toxischer Substanzen, und wird nun als Angeklagte im Rahmen eines gegen sie eröffneten Strafprozesses vorgeladen. Mia bekommt als „Vertreter des privaten Interesses" den Rechtsanwalt

47 Ibidem: S. 48.

Rosentreter zur Seite gestellt, um ihre gerichtliche Verteidigung zu übernehmen. Infolge eines ungeschickten „Härtefallantrages“ durch letzteren wird sie jedoch rasch zu zwei Jahren auf Bewährung verurteilt.

Folgenschwer bedeutet die Stellung eines Härtefallantrages die Mutmaßung, dass ein Justizirrtum unterlaufen sei, womit Mia in die Gefahr kommt, als Gegnerin der METHODE verfolgt zu werden. Heinrich Kramer, als feiner Manipulator und Vertreter der Presse, nutzt Mias Naivität, um Informationen über ihren Bruder Moritz zweckgebunden in der Zeitschrift DER GESUNDE MENSCHENVERSTAND zu verbreiten und so Mia mit angeblichen methodenwidrigen Umtrieben ihres Bruders in Verbindung zu bringen. Mia wird neuerlich festgenommen, als sie allein im Wald sitzend, auch „Kathedrale“ genannt, ihres Bruders gedenkt.

Rosentreter sucht eine Gelegenheit, persönlich mit der METHODE abzurechnen, denn er ist in eine mit ihm immunologisch nicht kompatible Frau verliebt, die er aufgrund des Gesetzes über immunologische Kompatibilität nicht heiraten darf. Mias neuerlicher Prozess, in dem sie nun als Methodenfeindin auf der Anklagebank sitzt, bietet ihm die Möglichkeit inzidentell Moritz’ Unschuld zu beweisen und somit die Unfehlbarkeit der METHODE in Frage zu stellen: Es gelingt ihm, den Beweis zu erbringen, dass Moritz in seiner Jugend an Leukämie erkrankt war und dank des Knochenmarks eines Spenders gerettet werden konnte mit dem Ergebnis, seitdem über dessen gleiche DNA zu verfügen. Nachweislich ist in der Tat Moritz’ Knochenmarkspender, Walter Hannemann, Sibylles Mörder. Der daraus folgende Rechtsirrtum wird offenkundig und bewirkt eine endgültige Wende in Mias Einstellung zur METHODE. Von der systemangepassten Bürgerin wird sie nun zur offen erklärten Systemgegnerin und positioniert sich somit als Feindin der METHODE und deren Hauptvertreter Heinrich Kramer.

Dies ist ein harter Schlag gegen das totalitäre System, das keine Fehlerhaftigkeit dulden kann und will. Heinrich Kramer, als schlauer Stratege, instrumentalisiert die nun als Methodenfeindin gebrandmarkte Mia, um deren Aussagen in Gesprächen mit ihr zugunsten der METHODE zu verfälschen und gegen sie zu richten. Er will unter allen Umständen verhindern, dass Mia zum Anknüpfungspunkt für eventuelle Widerstandsbewegungen gegen die METHODE wird und unternimmt alles, um ein eventuelles Märtyrertum zu unterbinden. Als Kramer zu Mia auf Besuch kommt, legt sie in dessen Gegenwart ein klares privates Bekenntnis gegen die METHODE ab, indem sie dem System ausdrücklich ihr Vertrauen entzieht.[48] Kramer missbraucht letzteres, indem er es veröffentlicht und dadurch das Todesurteil Mias unterzeichnet.

Kramers absichtliche Verzerrung und Manipulation der Fakten sowie der Missbrauch des jungen Journalisten Würmer zu Falschaussagen gegen Mia geben dem Prozess das Gewand einer schleimigen Inszenierung, die mit der Verurteilung Mias zum Einfrieren auf unbestimmte Zeit endet. Sie wird nach mittelalterlichen Methoden gefoltert, als Folge ihrer Weigerung ein falsches, aufgezwungenes Geständnis abzugeben. Im letzten Moment jedoch wird dieses Urteil in eine lebenslängliche Internierung in einer Erziehungsanstalt umgewandelt, denn die METHODE will Mia nicht den Status der Märtyrerin gewähren.

---

48 Ibidem: S. 200–201.

4. Juristische Perspektive in Corpus Delicti

Few works deal with *Corpus Delicti* from the perspective of law, which nevertheless occupies a central role in the novel. Medieval inquisition and modern German criminal law, intentionally alienated, come into play in Mia's trial. Mia does not enjoy the legal guarantees of a fair criminal trial, which include the choice of defence counsel, the confrontation with witnesses, the right of appeal, the respect of the principles of trial restraint and of the presumption of innocence, because her sentence has been fixed since the beginning of the trial. Likewise, the trial procedure does not follow a coherent logic that conforms to law. The collection of evidence in the cases of Moritz and Mia is inadequate and is done solely in the interest of the METHOD. Evidence based on the DNA result alone is inadequate, likewise false evidence as the result of slanderous and manipulated evidence production, which reminds the historic Inquisition. The trial happening thus represents an arbitrary show trial in the exclusive interest of maintaining the power of the METHOD. In contrast to the historical Maria Holl, however, Mia is not even released after surviving torture. Furthermore, Zeh deals with the questions of causality, of fallibility of the norm issued by human-beings and the guarantees of evidence in the context of the trial.

Inquisition – Law – process – torture – evidence – causality – norm

***

Christine Mogendorf vermerkt, dass bisher zur Rechtsproblematik in den Werken Zehs kein relevanter Forschungsbeitrag veröffentlicht worden sei.[49] Als ausführlicherer Beitrag zum Thema Recht und Literatur in *Corpus Delicti* sei der Artikel *Zur negativen Utopie von Recht und Staat – am Beispiel des Romans „Corpus Delicti" von Juli Zeh* von Heinz Müller-Dietz erwähnt, der sich vordergründig mit den strafrechtlichen Aspekten

49 Mogendorf, C. (2017). *Von „Materie, die sich selbst anglotzt": Postmoderne Reflexionen in den Romanen Juli Zehs.* Bielefeld. Aisthesis, S. 18.

des Romans beschäftigt.[50] Weiters nimmt hier Müller-Dietz kurz auf die Ideologie des Staatsfeindes Bezug, die durch Carl Schmitt geprägt wurde, um dann auf wichtige Staatsutopien sowie dystopische Vorgängerromane (Orwells *1984*, Huxleys *Schöne neue Welt*, Samjatins *WIR*) einzugehen. Im fünf Jahre später folgenden Band *Recht und Kriminalität in literarischen Brechungen* (2016) untersucht Müller-Dietz die in *Corpus Delicti* zentrale Präventionsidee angesichts möglicher, aber noch nicht eingetretener, Gefahren sowie das Feindstrafrecht, das die Folter legitimiert:

> *Corpus Delicti* wartet keineswegs nur mit der Darstellung einer auf die Spitze getriebenen Präventionsidee auf. Vielmehr treten im Zuge der Handlung auch Züge des vieldiskutierten und kritisierten „Feindstrafrechts" – in der ja die Protagonistin aus offizieller Sicht zur sog. „Methodenfeindin" erklärt wird – gleichfalls hervor. Gegenüber einer solchen, ihrer eigenen Überzeugung folgenden entschiedenen Gegnerin der Diktatur fallen selbst die letzten [...] formalen Schranken. Sie ist dann dem absoluten staatlichen Zugriff [...] in Form der Folter ausgeliefert. Dass in der Darstellung der Folter [...] auch noch an die Vorgänge in Abu Ghraib[51] erinnert wird, vermittelt einen beklemmenden Eindruck von der Aktualität dieses Romangeschehens.[52]

Interessant ist hier anzumerken, dass Müller-Dietz hier weniger die Parallele zur mittelalterlichen Folter hervorhebt, sondern vielmehr Bezüge zur jüngeren politischen Aktualität herstellt. Ob Zeh die mittelalterliche Folter und das Foltergeschehen von Abu Ghraib gedanklich verbindet, möge dahingestellt bleiben.

---

50 Müller-Dietz, H. (2011). „Zur negativen Utopie von Recht und Staat – am Bei spiel des Romans *Corpus Delicti* von Juli Zeh". *JuristenZeitung*, *66*(2), S. 86–95.

51 Müller-Dietz bezieht sich auf die systematischen Folterungen, die in der Haftanstalt Abu Ghraib während des irakisch-amerikanischen Krieges 2003, unter der Präsidentschaft von George W. Bush, durch US-Militärs durchgeführt wurden. Es wurde letzteren vorgeworfen, sie hätten die irakischen Internierten geschlagen, sexuell missbraucht, ihnen Essen und Schlaf entzogen sowie sie „durch Kapuzen einer Sinnesprivation unterworfen, all dies, um sie einzuschüchtern und nachrichtendienstliche Informationen zu erlangen. Zudem seien die Gefangenen extremen Temperaturen und lauter Musik ausgesetzt sowie gezwungen worden, in unbequemen Positionen zu verharren. Man habe Hunde auf sie gehetzt und Scheintötungen durchgeführt" (Fischer-Lescano, 2005: S. 4).

52 Vgl. Müller-Dietz, H. (2016). Recht und Kriminalität in literarischen Brechungen. Berlin. De Gruyter. Kapitel VI.

Weiteres huldigt Müller-Dietz Zehs verdienstvoller Herausarbeitung der Gefahren von präventiven Strategien, und der damit verbundenen Schaffung von Feindbildern, für die demokratische Rechtsordnung: „Mit ihrer oft in wenigen Strichen eher angedeuteten als im Detail breit ausgemalten Darstellung strafrechtlicher Tatbestände, des kriminalrechtlichen Sanktionensystems und der darauf zugeschnittenen Verfahrensordnung hat die Autorin die [...] Gefährdungen zur Sprache gebracht, die [...] dem Kriminalrecht drohen [...]".[53]

Katrin Höffler untersucht in einer kurzen Studie die Frage der Strafbarkeit der gesundheitspräventiven Vorschriften in *Corpus Delicti* aus der Sicht des modernen deutschen Strafrechts und kommt zum Schluss, dass gesundheitswidriges Verhalten nicht strafrechtlich zu verfolgen sein könne. Hingegen sei nichts gegen „niedrigschwelligere Maßnahmen [...], solche im frühpräventiven Bereich, die mit positiven Reizen verbunden sind"[54] einzuwenden.

Gottwein spricht die Problematik der Beweisfindung durch die ADN-Analyse an und liefert einen Umriss der verschiedenen Prozessetappen in *Corpus Delicti*.[55]

Jan Wittmann beschäftigt sich mit der Problematik der wissenschaftlich-objektiven Beweiserhebung, die die Zeugenaussagen und sogar die Richterfunktion selbst in Frage stellt, wie dies Zeh in *Corpus Delicti* anhand der richterlichen Marionettenfigur Sophie aufzuzeigen scheint.[56]

Um die begonnenen Arbeiten weiterzuführen und neue rechtliche Aspekte und Analysen anzubieten, soll im Folgenden Mias Prozess neuerlich mit den Augen des Juristen betrachtet werden. Aus der rechtlichen Perspektive gesehen entwirft Juli Zeh ein totalitäres System mit Anlehnung an das deutsche Rechtssystem, in das sie Elemente der willkürlichen mittelalterlichen Inquisition einwebt. Vor diesem rechtlich fragwürdigen Hintergrund spult Zeh einen Prozess in fünf Etappen ab, in dessen Zusammenhang sie Fragen der prozessualen Subjektivität, der Kausalität, der Beweiserbringung, der Fehlbarkeit der Norm und deren Anwendbarkeit

---

53 Ibidem: Kapitel VI.
54 Höffler, 2014: S. 74–75.
55 Gottwein, 2010: S. Kapitel „Die Offenbarung der Mechanismen der Methode".
56 Wittmann, 2018a: S. 215 ff.

aufwirft. Für das Verständnis der zahlreichen, impliziten juristischen Bezüge in *Corpus Delicti* ist es nicht nur sinnvoll vorab den mittelalterlichen Inquisitionsprozess, sondern auch die Grundprinzipien des deutschen Strafprozessrechtes zu erläutern.

4.1. Inquisition – Hexenprozess

Heinrich Kramer, Mönch und Inquisitor, erwirkte von Papst Innozenz VIII (im Amt von 1484–1492) eine Vollmacht zur Durchführung von Hexenprozessen in Oberdeutschland in den Erzbistümern zu Mainz, Köln, Trier und Salzburg, und dies ungeachtet des Widerstandes weltlicher oder religiöser Würdenträger.

In seinem Werk *Der Hexenhammer Malleus Maleficarum* beschreibt Heinrich Kramer mit grausiger Akribie, wie ein Hexenprozess/Inquisitionsprozess zu verlaufen habe. So definiert er das Verbrechen der „Hexerei" und dessen Charakterzüge wie folgt:

> 1. Eine gänzliche Verleugnung des Glaubens, da die Hexen, daran erkenntlich, dass sie sich bei der hl. Communion die Hostie nicht auf, sondern unter die Zunge legen ließen, in der Beichte schwere Sünden verschwiegen und mit heiligen Dingen verschiedenen abergläubischen und gotteslästerlichen Unfug trieben, wie sich aus den Anführungen in der Beilage ergebe. 2. Aus dieser Beilage ergebe sich auch, wie schädlich die Hexen auf alles einwirkten, da weder Mensch noch Thier, noch irgend eine Gattung von nutzbringenden Wesen von ihnen geschont werde. 3. Wird die Leugnung des Hexenspukes als offenbare Ketzerei erklärt, und diese Ansicht mit einer reichen Anzahl von Stellen aus der hl. Schrift, den hl. Vätern und Juristen zu erweisen versucht. Als Hauptverbrechen der Hexen werden angeführt: die Hervorbringung von Hagelschlägen, das Verwirren des menschlichen Verstandes bis zum vollen Wahnsinn, die Erregung von Hass oder Liebe in unwiderstehlichem Grade, die Verhinderung der Fruchtbarkeit bei Menschen und Thieren, sowie die völlige Tödtung.[57]

Ein Prozess konnte durch Anklage, Denunziation oder ex officio durch die Inquisition selbst aufgrund dörflicher Gerüchte und Hörensagen angestrengt werden. Die Anklage stellte ein Risiko für den Kläger dar, da er im Falle misslungener Beweise dem Talionsgesetz ausgesetzt war, weshalb

---

57 Ammann, H. (1890). „Der Innsbrucker Hexenprocess von 1485". *Zeitschrift Des Ferdinandeums Für Tirol Und Vorarlberg, 3. Folge, Heft 34*. S. 6–7.

diese Form der Prozesseröffnung selten zur Anwendung kam. Hingegen war die Denunziation risikolos für den Denunzianten, der dadurch weder Prozessteilnehmer wurde noch Beweise erbringen musste. Die Denunziation erfolgte unter Eid und wurde durch den Richter oder durch zumindest zwei ehrenwerte Männer zu Protokoll gebracht. Als Beweismittel genügten zwei Zeugen, wenn es sich um Verklagte mit schlechtem Ruf handelte, wohingegen für Angeklagte mit gutem Ruf drei oder mehr Zeugen erforderlich waren. Eine Zeugenaussage zur Entlastung war niemals zulässig.

Der Prozess an sich hatte ungeachtet der Recht- und Prozessgarantien für die Beschuldigten zu erfolgen, um möglichst schnell zu Ende geführt zu werden. Verdacht anstelle von Beweis und Willkür anstelle von Recht sind die Prinzipien des Prozesses, der summarisch, rasch und ohne Umstände vonstatten gehen musste. Zumeist beruhten Verdachtsgründe „auf einem bloßen Hörensagen“,[58] gingen weit über den Inhalt von Zeugenaussagen hinaus oder waren gänzlich verlogene Erfindungen: „Die an die Angeklagten zu stellenden Fragen gehen sehr häufig weit über das hinaus, was die Zeugen ausgesagt hatten, und legen ersten Verbrechen zur Last, die in den Zeugenaussagen gar nicht enthalten sind; ja selbst vor offenen Lügen schreckt der Inquisitor nicht zurück“.[59]

Kam es zu einer Zeugenvernehmung, waren der Richter, der Denunziant, ein Notar, zwei ehrenwerte Männer und, nach der Zeugenvernehmung, die Angeklagte anwesend. Bestand nach den Zeugenvernehmungen auch nur ein mittlerer oder schwerer Verdacht, wurde die Beschuldigte verhaftet und dessen Haus „unvermutet“[60] durchsucht. Der Verdacht war dem Beweis vorrangig. Nach erfolgter Zeugenvernehmung und Hausdurchsuchung wurde die Angeklagte nach inquisitorischen Methoden verhört. Sobald diese Hexen- und Schadenszauber entgegen den Zeugenaussagen verneinte, wurde sie automatisch verdächtigt. Heinrich Kramer sprach sich unbedingt für die Verhaftung und das Einkerkern der Beschuldigten aus, selbst wenn sie alle Vorwürfe ableugnete, sobald sie über einen

58 Ibidem: S. 26.

59 Ibidem: S. 33.

60 Behringer, W., Jerouschek, G., & Tschacher, W. (2000). *Der Hexenhammer = malleus malificarum.* München. Deutscher Taschenbuch Verlag. S. 644.

schlechten Leumund verfügte und durch Zeugenaussagen oder Indizien des Schadenszauber und der Ketzerei verdächtigt wurde.

Die Beschuldigte verfügte über sehr wenige Verteidigungsmittel, denn der Richter gab zumeist die Namen der belastenden Zeugen nicht bekannt und gewährte keine Konfrontation zwischen letzteren und der Beschuldigten, genauso wenig wie die Angeklagte einen frei gewählten Rechtsanwalt bestellen durfte. Letzterer wurde vielmehr durch das Gericht bestimmt, nach Kriterien der Religionstreue, und wurde dazu angehalten, dem Richter Indizien über möglichen Hexenzauber der Verteidigten zuzutragen. Als einziges entlastendes Argument konnte in seltenen Fällen die Todfeindschaft zwischen der Angeklagten und dem Zeugen geltend gemacht werden. Um das endgültige Todesurteil zu fällen, verlangte Heinrich Kramer zusätzlich zu Leumund, Indizien und Zeugenaussagen ein Geständnis der „Wahrheit", das, wenn es nicht unter der Folter erbracht wurde, auch auf trügerische Weise durch das falsche Versprechen der Umwandlung der Todesstrafe in lebenslange Haft oder durch heuchlerisches Wohlmeinen abgerungen werden konnte. Gestand die Angeklagte nicht, was der Richter hören wollte, wurde sie grausam gefoltert, um das erforderliche Geständnis zu erzwingen. Der Prozess endete in den seltensten Fällen mit einem Freispruch – nur wenn keine belastenden Zeugen und Indizien gefunden werden konnten – und in besonders leichten Fällen wurde die Angeklagte bloß zur religiösen „Reinigung" oder zur „Abschwörung" verurteilt. Es genügte jedoch ein nur leichter Verdacht der Ketzerei oder Hexerei, ohne dass dieser durch ein Geständnis belastender Zeugen oder Indizien bestätigt worden wäre, um die Beschuldigte zur Abschwörung, Kerkerstrafe oder sonstigen Strafen, wie beispielsweise dem Stehen an der Kirchentür mit schweren Kerzen, zu verurteilen. So ist laut Heinrich Kramer eine Bestrafung berechtigt

> wenn die wegen ketzerischer Verkehrtheit Beschuldigte als gesetzmäßig nicht ertappt befunden wird, weder durch eigenes Geständnis noch durch Offensichtlichkeit der Tat noch durch gesetzmäßiges Vorbringen von Zeugen, aber große und schwere bewiesene und durch Gerichtsbeschluss so bezeichnete Indizien gegen sie vorhanden sind, die jene der ketzerischen Verkehrtheit schwer verdächtig machen.[61]

61 Ibidem: S. 724.

In einzelnen Fällen, trotz Dringlichkeit des Verdachts der Ketzerei, ohne dass diese durch greifbare Beweise belegt worden wäre, konnte der Richter Milde walten lassen und „nur“ verstärkte „Reinigung“ verlangen. Es lag jedoch wiederum in seinem willkürlichen Ermessen, Milde walten zu lassen oder nicht, die Gefängnisstrafe auf Zeit oder lebenslang zu verhängen oder die Verbrennung am Scheiterhaufen zu befehlen. Die richterliche Willkür war demnach total. Eine Angeklagte, die Ketzer- oder Hexentum „gestand“, jedoch abschwor und „Reue“ bewies, wurde zumeist zu lebenslänglichem Gefängnis verurteilt: „Desgleichen verdammen wir dich rechtskräftig zu ewigem Gefängnis, damit du dort immer von dem Brot des Schmerzes und dem Wasser der Angst gepeinigt werdest [...]“,[62] wiederum mit der Möglichkeit für den Richter, dieses Urteil nach willkürlichem Ermessen zu mildern oder zu verschärfen. Angeklagte die „Untaten“ wie Zauberschaden an Tieren, Früchten, Menschen oder andere ketzerische Glaubenswidrigkeiten gestanden, diesen aber nicht abschworen, wurden dem weltlichen Gericht zur Vollstreckung der Todesstrafe übergeben und am Scheiterhaufen verbrannt.

Diese inquisitorischen Prinzipien und Vorgehensweisen vermischen sich in *Corpus Delicti* mit Elementen des deutschen Strafprozesses, der im Folgenden ebenfalls näher erläutert werden soll, bevor Mias Prozess unter dem Blickwinkel beider Prozessformen, untersucht werden soll.

4.2. Der deutsche Strafprozess

Das folgende Schema veranschaulicht die Grundstruktur des deutschen Strafprozesses:[63]

62 Ibidem: S. 744.

63 Heinz, W. (2004). *Das Deutsche Strafverfahren.* Universität Konstanz.

Wolfgang Heinz: Das deutsche Strafverfahren - 4/4 -

Schaubild 1: Übersicht über das Erkenntnisverfahren

Tat im prozessualen Sinne

einfacher Anfangsverdacht ⇩

Ermittlungsverfahren (§§ 158-177 StPO)
Erforschung des Sachverhalts zur Entschließung der Staatsanwaltschaft, ob die öffentliche Klage (§ 170 I StPO) zu erheben oder das Verfahren informell durch Einstellung aus Opportunitätsgründen (§§ 153 StPO) zu erledigen ist

⇩	⇩	⇩	⇩
Einstellung mangels hinreichenden Tatverdachts (§ 170 II StPO) aus Opportunitätsgründen (§§ 153 ff. StPO) mangels öffentlichen Interesses bei Privatklagedelikten (§§ 374, 376 StPO)	**Anklage** gem. § 170 I StPO durch Übersenden einer Anklageschrift mit dem Antrag, das Hauptverfahren zu eröffnen	**Antrag auf Erlass eines Strafbefehls** gem. §§ 407 StPO (zulässig nur bei Vergehen)	**Antrag auf Entscheidung im beschleunigten Verfahren** gem. §§ 417 StPO

⇩

Zwischenverfahren (§§ 199-211 StPO)
Prüfung und Entscheidung durch das Gericht, ob das Hauptver fahren zu eröffnen ist

⇩	⇩	⇩	⇩
Einstellung aus Opportunitätsgründen (§§ 153 StPO)	**Vorläufige Einstellung** gem. § 205 StPO	**Eröffnungsbeschluss** (§ 203 StPO)	**Nichteröffnungsbeschluss** (§ 204 StPO)

⇩

Hauptverfahren mit Hauptverhandlung (§§ 213-295 StPO)
Das Gericht prüft, ob der Angeklagte schuldig ist. Die Entscheidung kann bestehen in einer Verfahrenseinstellung (insbesondere aus Opportunitätsgründen oder wegen Vorliegens eines Prozesshindernisses) oder in einem Urteil (Freispruch oder Verurteilung)

Wenn keine Einstellung durch Beschluss ⇩

Urteil (§ 260 StPO)
Rechtskraft des Urteils oder Rechtsmittel (Berufung, Revision)

Das obige Schema verdeutlicht die drei wesentlichen prozessualen Wege im deutschen Strafprozessrecht, je nach der Schwere der Straftat. Im Falle von Vergehen, deren Strafmaß nicht ein Jahr Freiheitsstrafe überschreitet, kann es, im Rahmen eines Strafbefehlsverfahrens, schriftlich und ohne Hauptverhandlung rasch zu einem Urteil oder zu einem Freispruch kommen. Ähnlich kann ein leichter bis mittelschwerer Strafbestand, dessen Beweislage eindeutig ist und somit keiner weiteren Aufklärung bedarf, in einem beschleunigten

Verfahren rasch zur Hauptverhandlung führen, in der die Anklage mündlich erhoben wird und das Urteil ebenso rasch erfolgt.

Gegenwärtig durchlaufen zumeist nur noch die schwersten Verbrechen die volle Länge des deutschen Strafprozesses an dessen Beginn ein Tatverdacht steht, dem ein Ermittlungsverfahren durch die Staatsanwaltschaft folgt, in dem festgestellt wird, ob Anklage erhoben werden muss oder nicht. In diesem Ermittlungsverfahren spielt die Polizei eine zentrale Rolle als Beweisermittlerin. Beweisen die Ermittlungen die Ernsthaftigkeit des Bestehens einer Straftat, erhebt die Staatsanwaltschaft eine öffentliche Klage (Anklageschrift), die das Zwischenverfahren durch das Gericht einleitet. Bestätigt das Gericht den Klagegrund der Staatsanwaltschaft, wird nun das Hauptverfahren eröffnet. Letzteres bietet den Schauplatz der mündlichen Verhandlung des Straffalles, in dem es zur Verhörung des Angeklagten, zur Anhörung von Zeugen, zu Erklärungen und zu Verteidigungsreden der Rechtsanwälte kommt. Letztendlich wird öffentlich das Urteil verkündet. Das folgende Schema verdeutlicht die Etappen und die Akteure im deutschen Strafprozess, nach Heribert Ostendorf:[64]

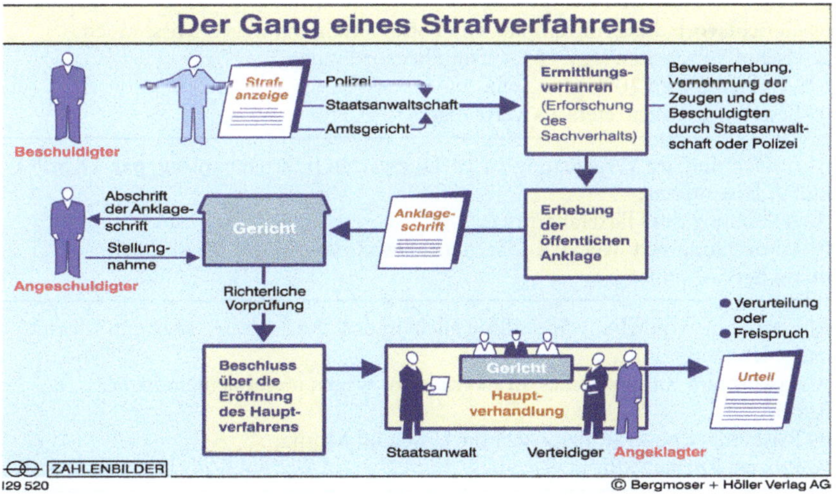

Ostendorf, H., Der Gang eines Strafverfahrens. Bergmoser + Höller Verlag, Aachen.

Ostendorf, H., Der Gang eines Strafverfahrens. Bergmoser + Höller Verlag, Aachen.

64 Ostendorf, H. (2018). *Strafprozessrecht*. Nomos.

4.3. *Rechtssystem und Strafprozess in* Corpus Delicti

In *Corpus Delicti* werden das Rechtssystem und der Strafprozess intentional verschwommen, verwischt und lückenhaft dargestellt, indem willkürliches Machtgehabe, Kollusion zwischen Staatsanwaltschaft und Richter sowie die Minimierung der Rolle des Strafverteidigers hier voll zum Zuge kommen. Um diese prozessuale Willkür noch zu erhöhen, sind wenige genaue Angaben auf Rechts- und Prozessnormen zu finden, Rechtsgarantien und Berufungsmöglichkeiten für die Angeklagte werden nicht erwähnt und der inkohärente, willkürliche Prozessablauf folgt keiner im Vorfeld determinierten rechtlich-prozessualen Logik.

Mias Prozess findet in fünf, rechtlich schwer nachvollziehbaren, Etappen statt, die im Folgenden genauer untersucht werden:

⇨Einladung vor Gericht zu einem Klärungsgespräch wegen Nichtbeachtung der Gesundheitsvorschriften; ⇨gütliche Verpflichtung, die gesundheitlichen Daten einzureichen; ⇨Vorladung zur Anhörung, mangels freiwilliger Erscheinung zum Klärungsgespräch. Urteil: offizielle Verwarnung;
⇨Gerichtsvorladung im Rahmen eines Strafverfahrens wegen Missbrauch toxischer Substanzen (Par 124, Gesundheitsordnung); ⇨Verurteilung zu 20 Tagessätzen; ⇨Bestellung Rosentreters als Verteidiger;
⇨Anfechtung der Verurteilung zu 20 Tagessätzen (Härtefallantrag, par. 28 StPO) durch Rosentreter; ⇨Ablehnung des Härtefallantrags; ⇨Verurteilung von Mia zu 2 Jahren auf Bewährung wegen Missbrauch toxischer Substanzen;
⇨Festnahme von Mia, während sie allein in der „Kathedrale“ sitzt, um Moritz zu gedenken; ⇨Anklage im Rahmen eines Strafverfahrens wegen methodenfeindlicher Umtriebe; ⇨Rosentreter beweist inzidentell die Unschuld Moritz; ⇨Prozess löst sich auf;
⇨Festnahme Mias in ihrer Wohnung, nachdem sie Kramer ihren Vertrauensentzug an das System diktiert hat; ⇨Rosentreter tritt als Verteidiger zurück; ⇨Mia wird gefoltert; ⇨Mia wird zum Einfrieren auf unbestimmte Zeit verurteilt;

1 – „Güteverfahren“ gegen Mia

Mia wird wegen „Vernachlässigung der Meldepflichten“[65] durch die Staatsanwaltschaft, vertreten in der Person von Staatsanwalt Bell, vor Gericht eingeklagt. Bell führt bezüglich dieses Anklagemomentes an: „Schlafbericht und Ernährungsbericht wurden im laufenden Monat nicht eingereicht. Plötzlicher Einbruch im sportlichen Leistungsprofil. Häusliche Blutdruckmessung und Urintest nicht durchgeführt“.[66] In dieser Anklageerhebung erfolgt kein einziger genauer Bezug darauf, welche rechtlichen Bestimmungen durch die Angeklagte angeblich verletzt worden sind. Eine solche Beschuldigung, die sich nicht auf genaue gesetzliche Bestimmungen begründet, verstößt gegen das bekannte Prinzip der Legalität der Strafe „nullum crimen, nulla poena sine lege“, demzufolge nur ein materielles Strafgesetz die Strafbarkeit einer Handlung begründen kann. Dieses Grundprinzip findet sich deutlich in Art. 103, 2 des deutschen Grundgesetzes verankert: „Eine Tat kann nur bestraft werden, wenn die Strafbarkeit gesetzlich bestimmt war, bevor die Tat begangen wurde“. Nach der Feststellung, dass Mias Gesundheit offensichtlich gut ist, sie keine Vorbelastungen hat und nicht einmal die ZPV (Zentrale Partnervermittlung) beansprucht hat, beschließt die Richterin Sophie, Mia „zum Klärungsgespräch“[67] einzuladen.

Ein solches Verfahren wäre im deutschen Recht nicht möglich, da kein Güteverfahren im Rahmen gerichtlicher Verfahren vorgesehen ist. Gütliche Vereinbarungen können nur im Falle von leichten Straftaten, die eine Privatklage zulassen (§ 374 StPO[68]), im Rahmen eines Sühneversuches (§ 380 StPO) stattfinden. Sogenannte „Güteverfahren“, seien sie nun strafrechtlicher oder zivilrechtlicher Natur, können stets nur durch außergerichtliche, unabhängige Institutionen wie staatlich anerkannte Gütestellen, private Schlichtungs- und Mediationsstellen oder private Schiedsgerichte erfolgen.

---

65 Zeh, 2013: S. 20.
66 Ibidem: S. 21.
67 Ibidem: S. S. 21.
68 StPO = Strafprozessordnung

Da Mia nicht freiwillig zum Klärungsgespräch erscheint, wird sie zu einer Anhörung vorgeladen. Nach deutschem Strafrecht erfolgt eine solche Anhörung im Rahmen des Ermittlungsverfahrens unter der Leitung der Staatsanwaltschaft. Gemäß § 163a StPO ist der Beschuldigte „bis spätestens vor dem Abschluss der Ermittlungen zu vernehmen, es sei denn, dass das Verfahren zur Einstellung führt. In einfachen Sachen genügt es, dass ihm Gelegenheit gegeben wird, sich schriftlich zu äußern".

Die Aufforderung der Richterin an Mia, „keinen Anruf beim Staatsanwalt zu erzwingen",[69] lässt darauf schließen, dass ihre Anhörung außerhalb eines regulären Ermittlungsverfahrens stattfindet, also ohne, dass die Staatsanwaltschaft genauer über Mias Vergehen ermittelt hätte.

Schon in diesem ersten Teil des Prozesses gegen Mia werden Willkür, prozessliche Unklarheit und Unrechtmäßigkeit klar: Sie wird zu einem gütlichen Gespräch eingeladen, das in einem Strafprozess keinen Platz hat, welches in der Folge in eine Anhörung mutiert, ohne die geringste Spur einer schriftlichen Verständigung der Beschuldigten im Rahmen eines gesetzlich geregelten Erhebungsverfahrens und ohne Mias Aufklärung über die Möglichkeit, einen Rechtsanwalt zu bestellen. Am Ende dieses eigentümlichen ersten Prozessteils steht eine „offizielle Verwarnung".[70]

Eine solche Verwarnung wäre wiederum im deutschen Strafverfahren nicht zulässig, denn sie kann nur im Rahmen geringfügiger Gesetzesverletzungen zum Tragen kommen. So verleiht das deutsche Ordnungswidrigkeitsgesetz (OWiG) allen Verwaltungsbehörden des Bundes und der Länder die gesetzliche Grundlage zur Verhängung von Bußgeldern als Sanktionsmaßnahme für Gesetzesverstöße im Bereich der Ordnungswidrigkeiten, wie beispielsweise Verletzungen von Verkehrsregelungen. Dass es sich jedoch im Falle Mias bereits um ein Strafverfahren handelt, geht schon daraus hervor, dass sie durch die Richterin Sophie über ein Schweigerecht „nach Paragraf 50 Gesundheitsprozessordnung"[71] belehrt wird.

2 – Gerichtsvorladung wegen „Missbrauch toxischer Substanzen"

69 Zeh, 2013: S. S. 62.
70 Ibidem: S. S. 65.
71 Ibidem: S. S. 56.

Noch willkürlicher geht es nun bei der zweiten Etappe des Prozessgeschehens gegen Mia zu. Zwischen ihrer „öffentlichen Verwarnung“ und ihrer Vorladung zu Gericht wegen Missbrauch toxischer Substanzen „strafbar nach Paragraf 124 Gesundheitsordnung“[72] besteht kein verbindendes Element, das die Weiterführung der ersten gesetzlich unklar definierten Anklage wegen „Vernachlässigung der Meldepflichten“ im Rahmen der folgenden Anklage wegen „Missbrauch toxischer Substanzen“ rechtfertigen könnte. Gemäß § 155, 1 StPO erstrecken sich die Untersuchung und die Entscheidung nur auf die in der Anklage bezeichnete Tat und auf die durch die Klage beschuldigten Personen. Dieses Prinzip der Prozessbeschränkung verbietet die Behandlung unterschiedlicher Tatbestände in ein und demselben Strafverfahren. § 166, 1 StPO räumt die Möglichkeit einer eventuellen Zusammenlegung mehrerer Straftaten im selben Strafverfahren nur unter der Bedingung ein, dass der Angeklagte dazu sein ausdrückliches Einverständnis erteilt: „Erstreckt der Staatsanwalt in der Hauptverhandlung die Anklage auf weitere Straftaten des Angeklagten, so kann das Gericht sie durch Beschluss in das Verfahren einbeziehen, wenn es für sie zuständig ist und der Angeklagte zustimmt“.

Diese unbestimmte Anreihung von Prozessverfahren in *Corpus Delicti*, die jedoch unterschiedliche Vergehen betreffen, ist außerordentlich willkürlich, dazumal die Prozessverhandlung wegen Missbrauch toxischer Substanzen nur zwei Tage nach der Anhörung wegen Vernachlässigung der Meldepflichten erfolgt: „Vor zwei Tagen haben Sie mir etwas versprochen. […]. ‚Das ist keine Güteverhandlung mehr‘ […] ‚Kein Aufklärungsgespräch. Auch keine Anhörung. Das, Frau Holl, ist ein Strafprozess‘“.[73]

Hinzu kommt, dass die Anwesenheit eines Rechtsanwalts im Strafrechtverfahren ab einem Strafmaß von einem Jahr Freiheitsstrafe verpflichtend ist. Gemäß § 137 StPO kann sich der Beschuldigte „in jeder Lage des Verfahrens des Beistandes eines Verteidigers bedienen“. Allerdings wird Mia nicht vor Beginn der Gerichtsverhandlung von diesem Recht unterrichtet, sondern bekommt erst am Ende der Verhandlung einen Pflichtverteidiger bestellt, unter Ausschluss der Möglichkeit, sich selbst einen Verteidiger

72 Ibidem: S. 74.
73 Ibidem: S. 74.

auszuwählen. Sie wird zu einer Geldstrafe in der Höhe von 20 Tagessätzen verurteilt, ohne dass ihr die Möglichkeit der Verteidigung eingeräumt worden wäre. Unklar bleibt auch die Logik der Bestellung des Pflichtverteidigers Rosentreter, obwohl das Urteil bereits ausgesprochen ist und die Verhandlung geschlossen zu sein scheint.

Jegliche Belehrung Mias, über die Möglichkeit, Einspruch gegen dieses Urteil zu erheben, fehlt, im Gegensatz zum deutschen Strafprozess, der eine Rechtsmittelbelehrung gleichzeitig mit der Bekanntmachung einer Entscheidung gesetzlich vorschreibt: „Bei der Bekanntmachung einer Entscheidung, die durch ein befristetes Rechtsmittel angefochten werden kann, ist der Betroffene über die Möglichkeiten der Anfechtung und die dafür vorgeschriebenen Fristen und Formen zu belehren" (Art. 40 StPO).

3 – Härtefallantrag

Diese dritte Phase des Strafverfahrens gegen Mia scheint wiederum unvermutet stattzufinden. Mia ist bereit, die Geldstrafe in der Höhe von 20 Tagessätzen abzuleisten und damit einen Schlusspunkt zu setzen: „Die Geldstrafe kann ich mir leisten. [...] Ich habe die Ordnungswidrigkeiten begangen. Also zahle ich und Schluss".[74] Es mag dem Leser nicht ganz verständlich scheinen, dass Mia dem Ansinnen Rosentreters, diese Geldstrafe, mit der Begründung exzessiver Härte, nicht entschiedener entgegentritt und sich unsinnigerweise dazu verleiten lässt, Rosentreters Härtefallantrages zu unterzeichnen: „Bitte noch einmal unterschreiben. Hier und hier. Das Formular für die Anfechtung".[75]

Im deutschen Strafrecht bezieht sich die Möglichkeit eines Härtefallantrags auf die Ersatzfreiheitsstrafe, d.h. die Verhängung der Freiheitsstrafe, die im Falle finanzieller Insolvenz ausgesprochen werden kann. Allerdings gewährt das Gesetz gleichzeitig das Unterbleiben des Vollzuges der Freiheitsstrafe anstelle der Geldstrafe, „wenn die Vollstreckung für den Verurteilten eine unbillige Härte wäre (§ 459f StPO)".

Rosentreters Härteantrag ist rechtlich inkohärent, indem er, noch dazu gegen den Willen seiner Mandantin und zu dessen Nachteil, durch einen

74 Ibidem: S. 82.
75 Ibidem: S. 84.

solchen Antrag die Erlassung der Geldstrafe erzwingen möchte, obwohl keine finanzielle Insolvenz im Spiel ist. Rosentreters juristisches Vorgehen scheint besonderer Unkenntnis und Inkompetenz zu entspringen, denn anstelle eines Härtefallantrages hätte er sich um den Beweis der Schuldlosigkeit seiner Mandantin bemühen müssen, indem er ihren Zustand der psychischen Depression, in Verbindung mit Unzurechnungsfähigkeit, geltend gemacht hätte. Eine solche Möglichkeit sieht § 20 StPO vor: „Ohne Schuld handelt, wer bei Begehung der Tat wegen einer krankhaften seelischen Störung, wegen einer tiefgreifenden Bewusstseinsstörung oder wegen einer Intelligenzminderung oder einer schweren anderen seelischen Störung unfähig ist, das Unrecht der Tat einzusehen oder nach dieser Einsicht zu handeln". Rosentreters Prozessstrategie erscheint also im Licht der deutschen Gesetzeslage als nicht einsehbar und man muss vermuten, dass Zeh die reelle Rechtslage absichtlich verzerrt und verändert hat, um dem Prozess den gewünschten inquisitorischen Anstrich des Mittelalters zu verleihen, indem dessen Unsinnigkeit und Willkürlichkeit deutlich hervorgehoben wird.

Ebenso wenig erscheint die Verhängung einer stark erhöhten Strafe für denselben Tatbestand – Missbrauch toxischer Substanzen – nach Ablehnung des Härtefallantrags durch das Gericht rechtlich vertretbar: für dieselbe Tat (Rauchen einer Zigarette in der Wohnung) wird Mia vorerst zu einer Geldstrafe in der Höhe von 20 Tagessätzen und in weiterer Folge zu zwei Jahren auf Bewährung verurteilt. Nicht nur das Strafmaß ändert sich im Laufe desselben Verfahrens für dieselbe Straftat, sondern auch die Qualifikation der Straftat, die vom Vergehen zum Verbrechen mutiert. Diese willkürliche Änderung des Strafmaßes begründet sich auf vagen Indizien von Methodenfeindlichkeit, mit der Annahme, dass die Stellung des Härtefallantrages ein Beweis dafür sei, die „Härte" läge in der ungerechtfertigten Verurteilung von Moritz, wie es Rosentreter ausführt: „Die Angeklagte hat seitens des Systems eine unerträgliche Härte erlitten. Ein naher Angehöriger ist ihr durch die Implementierung der Methode genommen worden".[76]

76 Ibidem: S. 112.

Eine Begründung, die die Richterin Sophie als Vertrauensentzug gegenüber der Methode interpretiert: „Ihr Anwalt wird Ihnen hoffentlich erklärt haben, dass die Härtefallregelung beispielsweise für die Opfer schwerer Justizirrtümer vorgesehen ist […]“.[77]

4 – Anklage Mias wegen methodenfeindlicher Umtriebe

Mia wird durch die Polizei festgenommen, als sie in der „Kathedrale“, eine Zigarette rauchend, Moritz gedenkt, mit der Begründung, sie sei methodenfeindlicher Umtriebe sowie der Führung einer methodenfeindlichen Vereinigung verdächtig.[78] Ohne die geringste Voruntersuchung, Einschaltung von Staatsanwaltschaft und Polizei, um über die Begründetheit der Anklage genau zu ermitteln, wird Mia direkt in den Hauptverhandlungssaal geführt, in dem die Anklage neuerlich ohne Bezug auf strafgesetzliche Paragrafen erfolgt. Staatsanwalt Bell verliest folgende Anklageschrift:

> Der Angeklagten werden methodenfeindliche Umtriebe in Tateinheit mit der Führung einer methodenfeindlichen Vereinigung zur Last gelegt. Weiterhin wiederholter Missbrauch toxischer Substanzen in besonders schwerem Fall. Die Staatsanwaltschaft begründet das wie folgt. Erstens. Die Angeklagte führt öffentlich und privat methodenfeindliche Reden. Nach Angaben des Zeugen Kramer ist sie davon überzeugt, dass ihr Bruder zu einem Opfer des Systems geworden sei. Nach eigener Aussage lehnt es die Angeklagte deshalb ab, sich weiterhin der Rechtsmacht des Staates zu unterwerfen. Ich zitiere […] Mia Holl im Originalwortlaut: „Ich vertrete die Auffassung, dass ich ohne Einmischung der Behörden am besten klarkomme. Ich möchte von den Institutionen der METHODE in Ruhe gelassen werden“. Zweitens. Die Angeklagte wurde an einem Ort aufgegriffen, der dem Methodenschutz als Treffpunkt mutmaßlicher R.A.K.-Sympathisanten bekannt ist. Dort rauchte sie nach Aussage der Sicherheitswacht eine Zigarette. Auf die Frage was sie am Treffpunkt der Methodenfeinde zu schaffen habe, äußerte die Angeklagte, dass sie mit niemandem verabredet sei. Möglicherweise verbirgt sich hinter dem Decknamen Niemand ein Verbindungsmann der R.A.K.[79]

Sich stark an der Inquisition des Mittelalters inspirierend treibt Zeh die Willkür zur Kulmination, indem die Anklageschrift gegen Mia jeglicher Bezüge auf materiell rechtliche Strafbestimmungen oder handgreifliche

---

77 Ibidem: S. 112.
78 Ibidem: S. 163.
79 Ibidem: S. 167–168.

Beweise entbehrt. Vielmehr begründet sich die Anklage rein auf Verdacht und Falschinformationen. Schon während der Verhörung wird Mia über ihre politische Gesinnung befragt, ohne dass die Befragung der Ermittlung der Wahrheit dienen soll. Der Verdacht dient somit als gültige Grundlage der rechtskräftigen Beschuldigung, die Aussagen Mias werden manipuliert und zweckgebunden denaturiert, faktische Tatsachen werden ebenso zweckgebunden entfremdet, um sie in eine künstlich aufgebaute Verschwörungstheorie einzubauen. Anstatt die Wahrheit zu ermitteln, wird die Justiz zum Handlanger des ideologisch fanatischen Staates, der jede Aussage und jede Information für ideologische Zwecke missbraucht. Mias Prozess hat deshalb keine Daseinsberechtigung, denn sie ist schon seit ihrem ersten Erscheinen vor Gericht verurteilt.

Dies steht im radikalen Gegensatz zur Verpflichtung der genauen Sachaufklärung, sowohl zur Belastung als auch zur Entlastung des Angeklagten, um möglichst Justizirrtümern vorzubeugen. § 160, 2 der StPO lautet wie folgt: „Die Staatsanwaltschaft hat nicht nur die zur Belastung, sondern auch die zur Entlastung dienenden Umstände zu ermitteln und für die Erhebung der Beweise Sorge zu tragen, deren Verlust zu besorgen ist".

Weiteres führt Rosentreter in den Prozess Mias den Nebenprozess bezüglich Moritz ein, wobei dies im realen Strafprozesssystem nicht möglich ist. Wie schon weiter oben erläutert, erstrecken sich gemäß § 155, 1 StPO die strafrechtliche Untersuchung und die Entscheidung nur auf die in der Anklage bezeichnete Tat und auf die durch die Klage beschuldigten Personen. Dieses Prinzip der Prozessbeschränkung verbietet die Behandlung unterschiedlicher Tatbestände in ein und demselben Strafverfahren, womit es rechtlich nicht zulässig wäre, Moritz' Prozess in jenen von Mia einfließen zu lassen.

Zeh inszeniert mit dieser ungewöhnlichen Prozesskonstellation die Biegsamkeit und Unbestimmtheit des Rechts, einerseits, und den interessensgebundenen Auftritt Rosentreters, andererseits. Letzterer ist weniger daran interessiert seine Mandantin erfolgreich zu verteidigen, als sie für seinen eigenen Rachezug gegen das System zu instrumentalisieren: Er möchte der METHODE ein Bein stellen, denn letztere hindert ihn an der Verwirklichung seiner Liebe zu einer immunologisch inkompatiblen Frau. Mias Prozess bietet ihm die Gelegenheit, Moritz' Unschuld zu beweisen mit dem Ziel, eben die Fehlbarkeit des Systems an das Licht zu bringen.

Die Prozessverhandlung löst sich im Chaos auf, der Leser findet die ursprünglich Angeklagte in ihrer Wohnung wieder, in Gesellschaft von Rosentreter. Wiederum weicht diese Darstellung weit von der Realität ab, in der ein Angeklagter wegen Schwerverbrechen in die Zelle der Untersuchungshaft zurückgeführt worden wäre.

Diese allgemeine Verwirrung zeugt von der momentanen Hilf- und Ratlosigkeit der METHODE, in der es keine Rechtssicherheit gibt.

5 – Mias Verurteilung zum Einfrieren auf unbestimmte Zeit

Nach Mias Diktat an Kramer ihres Vertrauensentzuges der METHODE gegenüber, den letzterer in seiner Funktion als Journalist manipuliert und veröffentlicht, wird Mia diesmal gewaltsam in ihrer Wohnung festgenommen. Sie findet sich in einer Gefängniszelle wieder, blau geschlagen.

Wiederum ist es schwierig, Kohärenz mit Bezug auf die vorhergehende Gerichtsverhandlung und deren Auflösung zu erkennen. Zeh steigert hier die prozessuale Willkür um einen weiteren Grad, indem sie eine gewaltsame Festnahme allein aufgrund eines journalistischen Artikels ermöglicht. Es ist überflüssig, neuerlich auf die totale Entfremdung der Strafprozessregeln hinzuweisen.

Mia findet sich neuerlich im Gerichtssaal und wird durch die Zeugenaussage des verhafteten Journalisten Würmer belastet, unter dem falschen Namen „Niemand“, der unter Druck eine Falschaussage leistet. Dies ist leicht erkenntlich an seinen Aussagen wie: „Mia Holl hat von Moritz Holl die Führung der Schnecken übernommen […]. Als Kontaktmann habe ich diese Person mehrfach in der Kathedrale getroffen“.[80] Solche Falschaussagen werden nach § 153 StGB im Strafprozessrecht streng bestraft: „Wer vor Gericht […] uneidlich falsch aussagt, wird mit Freiheitsstrafe von drei Monaten bis zu fünf Jahren bestraft“. Rosentreter macht unverständlicherweise keinen Gebrauch von seinem Recht, den unter Druck stehenden Zeugen Würmer zu befragen (§ 240 StPO). Weiteres hätte Würmer, offensichtlich unter Druck stehend, über sein Recht, die Zeugenaussage zu verweigern, unterrichtet werden müssen (§ 53, 55 StPO).

80 Ibidem: S. 231–232.

Mias Wohnung wird während der Gerichtsverhandlung nach Beweismitteln durchsucht, wohl auf richterliche Anweisung und auf Begründung der Staatsanwaltschaft, jedoch ohne Hinzuziehung eines Gemeindebeamten oder zweier Gemeindemitglieder, wie dies gemäß § 105 StPO erforderlich ist.

In der folgenden letzten Gerichtsverhandlung, an dessen Ausgang Mia zum Einfrieren auf unbestimmte Zeit verurteilt wird, wiederholt sich das willkürliche, rechtlich ungebundene Spektakel der Anklage unter Hinzufügung von neuen, den Prozessrahmen sprengenden, Beschuldigungen wie „Beihilfe zum Mord von Sibylle Meiler. Volksverhetzung. Widerstand gegen Vollstreckungsbeamte",[81] uvm. Die Willkürlichkeit immer neu hinzukommender, nicht auf ihre Richtigkeit untersuchte, gesetzlich unbegründeter Anschuldigungen lassen Mias Prozess endgültig in den mittelalterlichen Inquisitionsprozess hinabgleiten.

Unter der angeblich „erdrückenden Beweislage"[82] legt Rosentreter sein Verteidigungsmandat plötzlich mitten im Gerichtssaal nieder, indem er, vom Blatt lesend, verkündet: „Niemand muss sich durch die Verteidigung eines Gefährders zum Methodenfeind machen. Dem Gefährder bleibt die Möglichkeit sich selbst zu verteidigen".[83] Eine derart plötzliche Mandatsniederlegung wäre in keinem Prozess mit Anwaltspflicht möglich, ohne die Verteidigung des Mandanten durch einen Nachfolger abgesichert zu haben, denn „in Prozessen mit Anwaltszwang wird die Mandatsniederlegung und Anzeige des Erlöschens der Prozessvollmacht erst wirksam, wenn sich bei Gericht ein neuer Prozessbevollmächtigter bestellt hat".[84] In einer solchen Situation ist der Anwalt seinem Mandanten gegenüber zum Schadensersatz verpflichtet, wenn letzterem ein Schaden entsteht (§ 628 II BGB). Das kann beispielsweise in Frage kommen, wenn der Mandant zu Recht befürchtet, nicht mehr korrekt vertreten zu werden. In Prozessen mit Anwaltszwang werden die Mandatsniederlegung und Anzeige des Erlöschens der

81 Ibidem: S. S. 266.
82 Ibidem: S. S. 267.
83 Ibidem: S. S. 268.
84 Engel, M. (2008). „Einführungslehrgang Anwaltspflichtstation". Landgericht Itzehoe. S. S. 11.

Prozessvollmacht somit erst wirksam, wenn sich bei Gericht ein neuer Prozessbevollmächtigter bestellt hat. Voraussetzung ist aber die Postulationsfähigkeit des neuen Prozessbevollmächtigten. Trotz Niederlegung des Mandats muss daher der Anwalt den Mandanten so lange informieren und belehren, bis er durch einen Nachfolger ersetzt wird, dessen Postulationsfähigkeit er zu überprüfen hat.

In diesem Sinne ist Rosentreters unangekündigte Aufgabe von Mias Verteidigung eine schwere Verletzung des Rechts der Angeklagten auf einen fairen Prozess nach demokratischem Muster. Mia wird somit endgültig dem „Löwen in den Rachen gestoßen", ähnlich Agambens „Homo sacer",[85] keines Rechts und keiner Verteidigung würdig, der unbestraft getötet werden kann. Mias Verurteilung zur Einfrierung auf unbestimmte Zeit verleiht dem Prozess eine abschließende inquisitorisch-dystopische Note.

4.4. Kausalität

Eine strafrechtliche Handlung kann nur dann strafbar sein, wenn sie in einem direkten, kausalen Zusammenhang zum „Erfolg" (= Ergebnis) der Straftat steht und dem Täter objektiv zugerechnet werden kann. Nach dem Kausalitätsprinzip muss die Handlung eine „conditio sine qua non" darstellen, ohne die der Taterfolg nicht eintreten hätte können. „Kausal ist jede Bedingung, die nicht hinweggedacht werden kann, ohne dass der Erfolg, in seiner konkreten Gestalt entfiele",[86] wobei nur das konkret eingetretene Tatergebnis relevant ist.

Zusätzlich zum Kriterium der Kausalität, muss eine Tat objektiv zurechenbar sein, das heißt es muss ein normativer Zusammenhang bestehen zwischen der Schaffung einer rechtlich missbilligten Situation durch den Täter und dem konkreten Taterfolg.

Zeh beschäftigt sich mit der Frage nach der Kausalität in *Corpus Delicti*, indem sie Kramer feststellen lässt, dass „Kausalität (ist) keineswegs identisch mit Schuld"[87] ist, und Mia, in ihrer Verzweiflung über den Tod

---

85 S. Kapitel 5.3.3.1.

86 Theile, H. (2016). „Kausalität und Objektive Zurechnung". Universität Konstanz.

87 Zeh, 2013: S. 36.

ihres Bruders, mit dem Schicksal hadern lässt: „Ich verurteile das Universum. Ich verurteile unsere Eltern, weil sie Moritz und mich zur Welt gebracht haben. Ich verurteile alles und jeden, der ursächlich ist für seinen (Moritz') Tod".[88]

Die strafrechtliche Schuld ist richtigerweise nicht identisch mit der Kausalität, ergänzt durch die objektive Zurechenbarkeit, sondern stellt den dritten subjektiven Teil des Dreiecks dar, um eine strafrechtliche Vollverantwortung feststellen zu können. „Unter Schuld versteht das Strafrecht die persönliche Vorwerfbarkeit der Tat, die darin besteht, dass diese dem Täter selbst zur Last zu legen ist und dieser, wie es heißt ‚dafür kann'".[89] Die Schuld ist in Verbindung mit der „Vorwerfbarkeit der Willensbildung" zu sehen, als objektiv zurechenbarer Wille, rechtswidrig zu handeln. Die persönliche Vorwerfbarkeit einer Tat wird im Falle der Minderjährigkeit unter 14 Jahren aufgehoben (§ 19 StGB) oder gemindert bis aufgehoben in Fällen seelischer Störungen (§§ 20, 21 StGB). Ist der Täter voll zurechnungsfähig muss noch festgestellt werden, ob er diese strafrechtliche Tat in einer nicht gesetzeskonformen Haltung, wollend oder zumindest unter Unterlassung des objektiven Sorgfaltgebotes fahrlässig begangen hat.

Nun ist es offensichtlich, dass Mias emotionaler Schuldzuweisung kein rechtliches Fundament gewährt werden kann, denn einerseits können die Eltern aufgrund des Zeugungsaktes nicht in die Kausalitätskette eingebettet werden und andererseits sind unbestimmte Begriffe wie „Universum" oder „alles und jeden" nichtssagend im rechtlichen Sinne und daher nicht rechtsfähig.

Wenn nun Kramer behauptet, er trage keine Schuld an Moritz' Tod – „Nur der Vollständigkeit halber: Ich habe Ihren Bruder nicht ermordet. Wir sollten vielleicht eher fragen, woher er im Gefängnis die Angelschnur hatte, um sich aufzuhängen,[90] – so wäre dies im Lichte des deutschen Strafrechtes ebenfalls zweifelhaft, denn Kramer muss gewiss als Glied in der Kausalkette der Schuldermittlung in Betracht gezogen werden, insbesondere mit Blick auf seine manipulativen öffentlichen Falschinformationen,

88 Ibidem: S. 36.

89 Willaschek, M. (2011). „Der Begriff der Willensfreiheit im deutschen Strafrecht". *Deutsches Jahrbuch Philosophie*, 2, S. 1185.

90 Zeh, 2013: S. 35.

die er als Journalist und fanatischer Verteidiger der METHODE in den Medien verbreitet. Noch offensichtlicher ist gewiss seine Mitverantwortung an Mias Verurteilung durch den manipulativen Missbrauch ihrer privaten Aussagen und deren entfremdeten, zweckgebundenen Verzerrung im Interesse des Methodenschutzes. Juli Zeh zeigt hier die rechtlichen Fragen von Kausalität und Schuld im Zusammenhang mit der Gefährlichkeit der Medien und im Besonderen der Boulevardpresse auf, deren verfälschte und oft manipulierte Berichterstattung zu ungerechtfertigten Anklagen sowie zur Verletzung des Prinzips der Unschuldsvermutung führt.[91] Letzteres ergibt sich im deutschen Recht, nach einhelliger Auffassung, aus der kombinierten Lektüre und Auslegung der Artikel 20 Abs. 3 und 28 Abs. 1 des deutschen Grundgesetzes in Verbindung mit Artikel 6, Abs. 2 der Europäischen Menschenrechtskonvention: „Jede Person, die einer Straftat angeklagt ist, gilt bis zum gesetzlichen Beweis ihrer Schuld als unschuldig", sowie in Verbindung mit Artikel 11, Abs. 1 der allgemeinen Erklärung der Menschenrechte von 1948, der dieses Prinzip noch deutlicher artikuliert: „Jeder Mensch, der einer strafbaren Handlung beschuldigt wird, ist so lange als unschuldig anzusehen, bis seine Schuld in einem öffentlichen Verfahren, in dem alle für seine Verteidigung nötigen Voraussetzungen gewährleistet waren, gemäß dem Gesetz nachgewiesen ist".[92]

Aus diesem Unschuldsprinzip ergibt sich für Journalisten die Verpflichtung, durch keinerlei Aussagen, eine gerichtliche Entscheidung zu Schuld oder Unschuld zu antizipieren, anzudeuten oder vermuten zu lassen. Dazu gehört auch das Unterlassen verleumderischer oder falscher Aussagen, die zu irrtümlichen Schuldvermutungen führen könnten, deren sich Kramer gegenüber Moritz zweifellos schuldig macht, indem er ihn, schon im Vorfeld möglicher gerichtlicher Erhebungen und trotz standhafter Unschuldsbeteuerung, des Mordes an Sibylle beschuldigt und ihn somit in den Freitod treibt: „Kramers Berichterstattung (bezüglich des Falles Moritz, Anm. d. Verf.) machte selbstverständlich einen wichtigen, wenn nicht den wichtigsten Teil des medialen Diskurses aus. Er sagte und schrieb nichts

91 Siehe dazu auch: Juster, 2022: S. 86–96.

92 Vgl. Juraforum. (2021). „Unschuldsvermutung: Definition, Begriff und Erklärung", 28.8.2021.

anderes als das, was ein nüchterner Positivist und überzeugter Verteidiger der METHODE sagen und schreiben musste [...]".[93]

Genauso muss Kramers verleumderische, absichtlich verfälschte öffentliche Berichterstattung als kausales Element in Mias Schuldspruch angesehen werden, wenn er ihr beispielsweise unterschiebt, sie hätte behauptet, sich mit Mitgliedern einer methodenfeindlichen Organisation getroffen zu haben: „In der ‚Kathedrale' treffe ich regelmäßig eine Mittelsperson, die unter dem Decknamen ‚Niemand' auftritt",[94] während Mia den Begriff „niemand" als solchen versteht, oder wenn Kramer angibt, Mia hätte die Führung der „Schnecken" übernommen,[95] indem er ihre Aussage über Moritz' Liebe zu den Schnecken (das Tier, Anm. d. Verf.) zu ihren Ungunsten manipuliert. Kramers Verantwortung als gewissenloser Journalist muss als Element in der Kausalkette der Ereignisse in Betracht gezogen werden und könnte im Fall Mias sogar bis zur objektiven Schuldzurechnung reichen, wenn man davon ausgeht, dass Kramer durch seine bewusst verleumderischen Falschaussagen Mias Schuldspruch bewirkt.

Mia soll, ihrerseits, laut Kramer Schuld am Tod von Moritz' Knochenmarkspender Hannemann tragen, der sich ebenfalls umgebracht hat: „Ist Ihnen bekannt, fragt Kramer, dass sich Hannemann tragischerweise inzwischen umgebracht hat? Was den haben Sie auch noch auf dem Gewissen? Nicht ich, Sie".[96]

Während Mia spontan auf diese Frage mit der Bemerkung reagiert, dass Kramer auch Hannemann auf dem Gewissen habe, kehrt Kramer die Schuld gegen sie. Diese Beschuldigung kann Mia nicht treffen, denn sie hat sich nicht einmal an der Beweisführung gegen Hannemann beteiligt, allein Lutz Rosentreter hat sich als Rechtsanwalt um die Wahrheitsermittlung in der Sache Moritz bemüht und letztendlich herausgefunden, dass Moritz als Empfänger einer Knochenmarkspende von Hannemann dessen DNA besaß. Rechtlich gesehen hätte es nun zu einer genauen, tiefgehenden Ermittlung durch die Staatsanwaltschaft kommen müssen darüber, ob Moritz tatsächlich unschuldig am Mord von Sibylle Meiler war und

---

93 Zeh, 2013: S. 39.
94 Ibidem: S. 224.
95 Ibidem.
96 Ibidem: S. 223.

ob letztere wirklich von Hannemann getötet worden ist. Die Beweisfindung durch Rosentreter kann offensichtlich nicht als kausale Ursache für Hannemanns Selbstmord im strafrechtlichen Sinne gewertet werden, denn es geht hier um eine Wahrheitsfindung und nicht um eine rechtswidrige, vorsätzlich oder fahrlässig erfolgte Handlung. Kramers Anschuldigungen entbehren somit jeglichen rechtlichen Fundaments und sind deshalb umso willfähriger.

4.5. Beweiserhebung

Die wesentlichen Leitlinien des deutschen Verfahrensrechts sind „Wahrheitsfindung und Gerechtigkeit, so dass das Strafverfahren die tatsächliche und rechtliche Richtigkeit des strafrechtlichen Urteils anstreben muss, um materielle Gerechtigkeit zu erreichen“.[97] Die Ermittlungsbehörden sind zur Suche nach der Wahrheit verpflichtet, jedoch muss letztere im Rahmen eines rechtmäßigen und fairen Prozesses erfolgen, unter Beachtung der verfassungsrechtlich festgelegten Grundrechte. Als diese Grundrechte, die zur Begründung von Beweisverwertungsverboten dienen, kämen die

> Menschenwürde (Art. 1 Abs. 1 GG), das allgemeine Persönlichkeitsrecht oder das Recht auf informationelle Selbstbestimmung (Art. 2 Abs. 1 i. V. m. Art. 1 Abs. 1 GG), das Recht auf körperliche Unversehrtheit (Art. 2 Abs. 2 S. 1 GG), das Willkürverbot (Art. 3 GG), das Post- und Fernmeldegeheimnis (Art. 10 GG), die Berufsfreiheit (Art. 12 GG), der Anspruch auf Unverletzlichkeit der Wohnung (Art. 13 GG) oder die Bindung der Entsprechung an Recht und Gesetz (Art. 20 Abs. 3 GG) in Betracht.[98]

Aus dieser Beschränkung durch die Grundrechte sowie des abstrakten Gesamtbegriffes des „fairen“ Prozesses entstehen Verbote der Beweiserhebung und Verbote der Beweisverwertung, die im Wesentlichen durch die Rechtsprechung festgestellt worden sind, die die diesbezüglichen Bestimmungen der StPO ergänzt. Weiteres müssen für jede Art der Beweiserhebung die Eingriffsbefugnisse gesetzlich festgelegt sein:

---

97 Deutscher Richterbund. (2015). „Große Strafrechtskommission des deutschen Richterbundes“ in Timmendorfer Strand, 9.–15.11.2015, S. 11.

98 Ibidem: S. 46.

> Ein Verfahrensverstoß ist immer dann geeignet, das Recht auf ein faires Verfahren zu beeinträchtigen, wenn seine Auswirkungen dazu führen, dass dem Betroffenen keine hinreichenden Möglichkeiten zur Einflussnahme auf Gang und Ergebnis des Verfahrens verbleiben (z. B. Konfrontationsmöglichkeiten), die Mindestanforderungen an eine zuverlässige Wahrheitserforschung nicht mehr gewahrt sind (z. B. Anwendung von Zwang, Täuschung o. Ä.), die Verwertung erlangter Informationen zu einem unverhältnismäßigen Eingriff in das allgemeine Persönlichkeitsrecht führen würde (Schutz des Kernbereichs privater Lebensgestaltung).[99]

So untersagt beispielsweise § 136a StPO jegliche Beeinträchtigung der freien Willensäußerung oder -Bestätigung

> [...] durch Ermüdung, durch körperlichen Eingriff, durch Verabreichung von Mitteln, durch Quälerei, durch Täuschung oder durch Hypnose. Zwang darf nur angewandt werden, soweit das Strafverfahrensrecht dies zulässt. Die Drohung mit einer nach seinen Vorschriften unzulässigen Maßnahme und das Versprechen eines gesetzlich nicht vorgesehenen Vorteils sind verboten.

Diesen Grundprinzipien zuwider wird Mia, nach ihrer Festnahme als Methodenfeindin, in eine nackte Zelle gesperrt, ohne Essen und ohne Mindestausstattung, um sie psychologisch und körperlich auszuhöhlen: „Schon nach vier Tagen in dieser Zelle hätte Mia jeden Besucher vorgelassen. Sie braucht Unterstützung bei der Aufgabe, an einem Ort zu existieren, der sogar von Möbeln gemieden wird".[100] Als Kramer sie in ihrer Zelle aufsucht stellt Mia bitter fest: „Man wirkt auf meine Überzeugungen ein, indem man mir nichts zu essen gibt".[101] Ebenso unzulässig ist denn auch gemäß § 136a StPO Kramers Androhung von körperlicher Folter, sollte Mia nicht das von der METHODE gewünschte, egal ob falsche oder richtige, Geständnis ablegen, gleich wie im Inquisitionsprozess des Mittelalters:

> In Situationen von besonderer Bedeutung und hoher Brisanz, wenn also eine Gefahr für das Große und Ganze vorliegt, kommt es vor, dass man auf veraltete Maßnahmen zurückgreifen muss. [...]. Man stellt Sie auf eine Kiste, nackt versteht sich, und zieht Ihnen eine schwarze Kapuze über den Kopf. An Ihren Fingern, Zehen und primären Geschlechtsteilen werden Kontakte befestigt, [...] Die

---

99 Ibidem: S. 49.
100 Zeh, 2013: S. 216.
101 Ibidem: S. 218.

> Stromstärke wird stufenlos hochgefahren. Zwei gut ausgebildete Ärzte vom Universitätsklinikum sorgen dafür, dass sie nicht ... draufgehen.[102]

Zeh verweist mit Bezug auf die Art und Weise der Wahrheitsfindung auf die Verletzungen der Grundrechte, wie körperliche Unversehrtheit, Menschenwürde, Willkürverbot und Bindung der Entsprechung an Recht und Gesetz. Mit Blick auf *Corpus Delicti* ist es eindeutig, dass Mia gewiss nicht in den Genuss eines fairen Prozesses kommt. Zeh charakterisiert somit ein exzessiv willkürliches Verfahren in Anlehnung an den Inquisitionsprozess im Mittelalter, aber unter Einbindung der Akteure des modernen Strafprozesses, der zwar auf das deutsche Strafrecht anspielt, dieses jedoch bis zur extremen Willkür verzerrt. So verfügt Mia niemals über die notwendigen Informationen, um eine wirksame Verteidigung zu organisieren, es wird ihr weder die Möglichkeit zur Konfrontation mit Zeugen gegeben noch jene, selbst Zeugen zu beantragen, sie wird nicht gemäß den Bedingungen eines fairen Prozesses befragt, sondern ständig unter Druck gesetzt, bedroht und eingeschüchtert, ihre Aussagen werden willkürlich zu ihren Ungunsten interpretiert im alleinigen Interesse der METHODE. Die Wohnungsdurchsuchung scheint keinen Regeln gefolgt zu haben, das angebliche Beweismaterial wird keiner genauen Prüfung unterzogen. Willkür und das alleinige Machtinteresse der METHODE annihilieren jegliche Möglichkeit einer Beweiserhebung und -Verwendung im Rahmen eines fairen Prozesses.

In der Causa Moritz hätte beispielsweise das Prinzip des fairen Strafprozesses – angesichts Moritz' immerwährender, konstanter Unschuldsbeteuerung – verlangt, alle nur möglichen Wege der Wahrheitsfindung, zusätzlich zu jener der ADN im Körper von Sibylle, auszuschöpfen. Zeugen aus dem Lebensumfeld von Moritz hätten zu Wort kommen müssen, allen voran Mia als Schwester, Moritz' Lebensgeschichte hätte tiefgründig erforscht und bis zu seiner Kindheit zurückverfolgt werden müssen. Mit allergrößter Wahrscheinlichkeit wären dabei die Untersuchungsbeauftragten, genauso wie Lutz Rosentreter, auf Moritz' Leukämie gestoßen, die dank der Knochenmarkspende durch Hannemann geheilt wurde.

---

102 Ibidem: S. 249.

Wittmann verweist in diesem Zusammenhang auf die in jüngerer Zeit festgestellte Fehlbarkeit der ADN-Analyse, die in mehreren Studien nachgewiesen werden konnte.[103] Daraus folgt, laut demselben Autor, dass „das Gericht von der Feststellung, ob zwischen der ADN-Spur und der Tat ein Zusammenhang besteht, nicht entbunden sei und dass mögliche Fehlerquellen bei der Gewinnung und Auswertung des Probenmaterials im Rahmen der Beweiswürdigung Berücksichtigung finden müssen".[104] Das blinde Vertrauen in eine vermeintliche Unfehlbarkeit der ADN-Analyse birgt die Gefahr, das akkusatorische Prozessprinzip in das mittelalterliche inquisitorische Prinzip umzukehren, indem es nun dem Angeklagten obliegt, seine Unschuld zu beweisen.[105]

In ihrer richterlichen Funktion der Suche nach der Wahrheit und nichts als der Wahrheit, hätte Sophie nach modernem Rechtsverständnis alle Möglichkeiten der Wahrheitsfindung ausschöpfen müssen, von denen die ADN-Analyse eine Möglichkeit, aber nicht die einzige bietet. Umso mehr, als Moritz' hartnäckige und beständige Unschuldsbeteuerungen zur Vorsicht in der Beweisbewertung veranlassen hätten müssen. Rosentreter selbst kann sich denn auch diesbezüglich eines unangenehmen Gefühls nicht erwehren: „Auch die Folter fiel irgendwann dem humanistischen Gedanken zum Opfer [...]. Geblieben ist das Gefühl, dass der Verurteilung eines Menschen, der hartnäckig seine Unschuld beteuert, etwas Unangenehmes anhaftet".[106]

Wittmann bringt die richterliche Verpflichtung der Suche nach Wahrheit auf den Punkt:

> Das Verfahren gegen Moritz Holl führt allerdings vor, dass auch im Zeitalter des DNA-Beweises die Notwendigkeit einer richterlichen Beweiswürdigung gegeben ist, da ausschließlich mit den Ergebnissen aus der genetischen Analyse der Täter nicht identifiziert werden kann. Der Richter muss somit als Korrektiv fungieren, um im Rahmen der Beweiswürdigung die Eindeutigkeit des Ermittlungsergebnisses zu prüfen.[107]

---

103 Vgl. Wittmann, 2018a: S. 216–217.
104 Ibidem: S. 216–217.
105 Vgl. Darnstädt, T. (2013). *Der Richter und sein Opfer. Wenn die Justiz sich irrt*. München. Piper Verlag. S. 316. Siehe auch Wittmann, 2018a: S. 238.
106 Zeh, 2013: S. 116.
107 Ibidem: S. 238.

Indem Juli Zeh die METHODE auf der einzigen Feststellung des ADN – Nachweises als unanfechtbaren Wahrheitsbeweis beharren lässt, betont sie neuerlich die Willkür und Rechtswidrigkeit des totalitären Systems, dem Moritz und Mia hilflos und rechtsmittellos zum Opfer fallen. Das Interesse der METHODE liegt einzig und allein in der Wahrung ihres politischen Machtinteresses als perfekte Institution, denn die Anerkennung individueller Rechte könnte ihren Unfehlbarkeitsanspruch als Legitimationsfundament gefährden.

4.6. Fehlbarkeit der Norm und deren Anwendung

In Deutschland wird im Normalfall, angesichts eines neuen oder eines geänderten Regelbedarfs, ein Gesetz durch den Bundestag beschlossen, anschließend dem Bundesrat weitergeleitet, der zustimmt oder Einspruch erhebt, und nach erfolgter Übereinstimmung zwischen Bundestag und Bundesrat durch den Bundeskanzler und den zuständigen Minister unterzeichnet. Schließlich wird das so unterzeichnete Gesetz durch den Bundespräsidenten ausgefertigt und im Bundesgesetzblatt veröffentlicht, wobei das Gesetz erst nach dessen Veröffentlichung in Kraft treten kann.[108]

In *Corpus Delicti* fehlt jeglicher Hinweis auf ein geordnetes Staatssystem und dessen Organe der Exekutive, Legislative und Judikative, nur einmal werden beiläufig ein Sicherheitsminister[109] und ein Innenminister[110] erwähnt. Genauso wenig stützt sich die METHODE auf ein strukturiertes Rechtssystem, in dem Gesetzgebung und Rechtsprechung, sowie deren Organe, verfassungsrechtlich festgehalten sind. Es gibt kein Grundgesetz und keine offensichtliche Gesetzeshierarchie wie dies im nationalen und internationalen Recht der Fall ist. Das folgende Schema soll dies verdeutlichen[111].

---

108 Klein, M., & Schubert, K. (2018). „Das Politiklexikon: Begriffe, Fakten, Zusammenhänge“. Bonn Bundeszentrale Für Politische Bildung.

109 Zeh, 2013: S. 151.

110 Ibidem: S. 126.

111 Rechtswissenschaft verstehen (2022). „Normenhierarchie in Deutschland. Öffentliches Recht Grundlagen. Rechtswissenschaft – Für Studenten Und Juristen“.

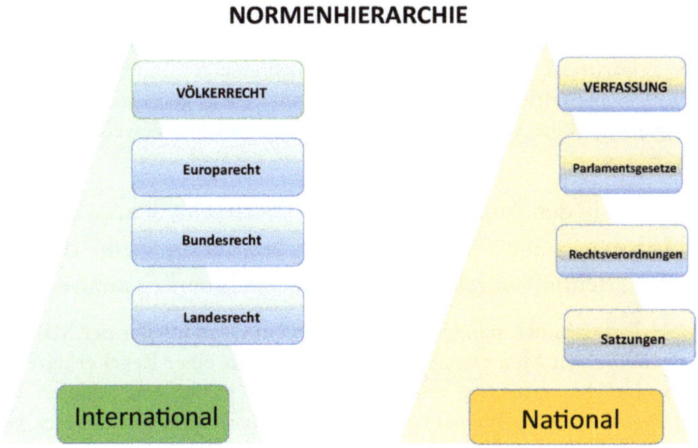

In der Normenhierarchie unterstehen niedrigere Rechtsquellen den übergeordneten Rechtsquellen, mit denen sie nicht in Konflikt geraten dürfen. Im Konfliktfall kann die widersprüchliche Rechtsnorm gerichtlich angefochten werden.

Als Gesetzestexte werden in *Corpus Delicti* nur die Richtlinien für Gesundheitsschutz, die Gesundheitsordnung, die Desinfektionsordnung, die Hygieneordnung sowie die Gesundheitsprozessordnung erwähnt. Bei den genannten fiktiven Rechtsquellen handelt es sich ausschließlich um materielle Rechtsquellen, die stark an das am 20. Juli 2000 erlassene deutsche Infektionsschutzgesetz (IfSG) erinnern.[112] Sie werden zumeist von der Exekutive erlassen und unterstehen rangmäßig den im normalen Gesetzesverfahren erlassenen Gesetzen, wie beispielsweise dem Strafgesetzbuch (StGB). Die Gesundheitsprozessordnung in *Corpus Delicti*, nach der Mias Prozess abläuft, erinnert sehr an das Strafgesetzbuch, wird jedoch auf den Rang einer simplen Rechtsverordnung degradiert.

Moritz Holl wird nun des Mordes an Sibylle überführt, denn der DNA – Test ergibt eindeutig eine Übereinstimmung seiner DNA mit jener, die im Körper von Sibylle gefunden wird. Wissenschaftlich gesehen ist der DNA – Test unfehlbar, das weiß Mia als Biologin nur zu gut:

---

112 Vgl. dazu Kapitel 2.1.3.

> Der ADN-Test beendete das Ermittlungsverfahren. Jeder normale Mensch weiß, dass der genetische Fingerabdruck unverwechselbar ist. Nicht einmal Zwillinge besitzen dasselbe Erbmaterial, und Moritz hatte lediglich eine gewöhnliche Schwester, die als Naturwissenschaftlerin selbst am besten wusste, was genetische Unverwechselbarkeit bedeutet. Eine Verurteilung aufgrund eines solchen Beweises ist juristische Routine.[113]

Dies muss auch in den Augen der METHODE so sein, denn wie sonst könnte das Rechtssystem seine Glaubwürdigkeit bewahren, wenn dessen Regeln nicht absolut „richtig“ wären, sodass deren Unfehlbarkeit anzweifelbar wäre:

> Der ADN-Test ist unfehlbar. Unfehlbarkeit ist ein Grundpfeiler der METHODE. Wie sollten wir den Menschen im Land die Existenz einer Regel erklären, wenn diese Regel nicht vernünftig und in allen Fällen gültig, mit anderen Worten, unfehlbar wäre? Unfehlbarkeit verlangt Konsequenz, auf die uns der gesunde Menschenverstand verpflichtet.[114]

Aber wie, fragt Mia, kann der Mensch, dessen Fehlbarkeit eben dessen Humanität begründet, behaupten, perfekte Rechtsnormen zu erlassen und überhaupt perfekt Recht sprechen?

> „Wie“, fragt Mia, „sollen denn Regeln, Verfahren unfehlbar sein, wenn das alles doch immer nur von Menschen ersonnen wurde? Von Menschen, die alle paar Jahrzehnte ihre Überzeugungen, ihre wissenschaftlichen Ansichten, ihre gesamte Wahrheit austauschen? Haben Sie sich nie gefragt, ob mein Bruder nicht trotz allem unschuldig sein könnte?“[115]

Christine Baron evoziert die Problematik der normativen Wahrheit in *Corpus Delicti*, in der das Dogma der perfekten Gesundheit die Existenz eines Normensystems und somit die Hinterfragung dessen Wahrheitsgehaltes erübrigt:

> Ainsi, la potentialité totalitaire des normes portant sur la santé et la maladie est identifiée dans le texte de Zeh à un état final des sciences (plus de maladies et donc plus de malades !) mais aussi à un état final du droit ; le législateur n'aurait plus rien à inventer dans une société réglée par le pur impératif technocratique de la « bonne santé » assimilée à la notion de « vie bonne ».[116]

---

113 Zeh, 2013: S. 37–38.
114 Ibidem: S. 41.
115 Ibidem: S. 42.
116 „Somit wird im Text von Zeh das totalitäre Potenzial der Normen, die Gesundheit und Krankheit regeln, mit dem Endzustand der Wissenschaft (keine

Zeh wirft nicht nur das Problem der Norm auf, sondern auch jenes deren Anwendung durch den menschlichen Richter, der an Normen und Gesetze gebunden ist. So lässt sie Kramer feststellen: „Selbst vor Gericht ist Wahrheit eine subjektive Angelegenheit".[117] Der Problematik der menschlichen Gesetzgebung und Rechtsprechung, deren Gesetze sich notwendigerweise auf ein beschränktes Spektrum von vorhersehbaren Standardsituationen als Grundlage der Gesetzesanwendung beziehen, setzt Kramer die Unmöglichkeit der individuell angepassten Gesetzgebung und Gesetzesanwendung entgegen, die natürlicherweise in Willkür und Rechtsunsicherheit münden würden:

> „Wohin sollte diese Frage führen?" Kramer stellt seine Tasse ab und beugt sich vor. „Zu Einzelfallentscheidungen? Zu einer Willkürherrschaft des Herzens, wie sie ein König ausüben würde, der nach Belieben gnädig und streng sein kann? Wessen Herz sollte entscheiden? Meines? Ihres? Welches Recht stünde dahinter? Die Macht einer übernatürlichen Gerechtigkeit? Glauben Sie an Gott, Frau Holl?"[118]

Justizirrtümer sind für Kramer ein Risiko, das die Gesellschaft im Namen der Rechtssicherheit einzugehen hat:

> „Das System ist menschlich, das haben Sie eben selbst festgestellt. Natürlich weist es Lücken auf. Das Menschliche ist ein nachtschwarzer Raum, in dem wir herumkriechen, blind und taub wie Neugeborene. Man kann nicht mehr tun, als dafür zu sorgen, dass wir uns beim Kriechen möglichst selten die Köpfe stoßen. Das ist alles". „Die Köpfe stoßen? Mein Kopf ist bereits zerschmettert".[119]

Schon in ihrem Roman *Spieltrieb*, erschienen 2004, setzt sich Juli Zeh mit der für den Juristen allgegenwärtigen Frage der Anwendung von Rechtsnormen, die vom Gesetzgeber für Standardsituationen geschaffen werden,

---

Krankheiten mehr und daher auch keine Kranke mehr) und des Rechts identifiziert; der Gesetzgeber hat nichts mehr zu erfinden in einer rein technokratischen Gesellschaft, in der ‚gute Gesundheit' gleichbedeutend mit ‚gutem Leben' ist" (eigene Übersetzung). Baron, C. (2015). « Relativisme et objectivisme ; une alternative à repenser ? Entre interprétation sans fin et fin de l'interprétation, dans The Shaking woman de Siri Husvedt, Saturday de Ian Mac Ewan, et Corpus Delicti de Juli Zeh." *Fabula-LhT*, N° 14. Par. 25.

117 Zeh, 2013: S. 132.

118 Ibidem: S. 42.

119 Ibidem: S. 44.

auf jeden spezifischen Einzelfall im Zusammenhang mit der Problematik der „Gerechtigkeit", auseinander: „Das Recht besteht aus Gesetzen, Gesetze bestehen aus Wörtern, und Wörter können manches sein, aber sicher nicht gerecht. Wie soll eine geschriebene Regel für unendlich viele Fallkonstellationen gedacht, angesichts der Einmaligkeit eines Geschehens eine gerechte Aussage treffen?"[120]

Die Arbeit der möglichst ziel – und wirklichkeitsnahen Anwendung der Norm auf den Einzelfall obliegt der Rechtsprechung, indem sie die Normen in Verbindung zum Einzelfall versucht, sinnvoll auszulegen. „Hierin besteht [...] sozusagen die Urtätigkeit des Juristen [...], den Sinngehalt eines Wortes zu ermitteln und ihn in Beziehung zur Realität zu setzen".[121] Nicht nur die richtige Anwendung der Norm auf den Einzelfall ist problematisch, sondern auch die unvermeidliche subjektive Komponente die in die Rekonstruktion des Tathergangs, in die Feststellung der inneren Motive des Täters und dessen Schuldfähigkeit einfließt. Eine groß angelegte Umfrage unter den Strafrichtern bestätigte, dass subjektive Kriterien wie persönliche Lebenserfahrung, soziale Herkunft, Erziehung und Jugendjahre sich in der Wahrheitsfindung und in der damit einhergehenden Rechtsprechung zeitweise niederschlagen können. Manche Richter gaben auch zu, dass selbst der äußere Eindruck von Prozessparteien bzw. persönliches, empathisches Empfinden gegenüber einer Prozesspartei eine gerichtliche Entscheidung beeinflussen können.[122]

4.7. Elemente des mittelalterlichen Hexenprozesses in Corpus Delicti

Die Inquisitionsmethoden des Mittelalters kommen, wie schon erwähnt, in *Corpus Delicti* deutlich zum Vorschein und stehen, dies versteht sich von selbst, in einem scharfen Kontrast zum deutschen Strafprozess, der

120 Zeh, 2004: S. 518.

121 Arnold, S. (2014). „Zur Beziehung zwischen Literatur und Recht in der deutschsprachigen Gegenwartsliteratur". *Pandaemonium Germanicum*, *17*(23), S. 13.

122 Gerhardt, R., Kepplinger, H. M., & Geiß, S. (2012). „Auf dem Weg zur Wahrheit? Die Kunst der richterlichen Urteilsfindung". *Zeitschrift Für Rechtspolitik*, *45*(7), S. 213–217.

Juli Zeh als Leitlinie dient. Der Bezug auf den mittelalterlichen Inquisitionsprozess wird schon am gleichnamigen Theaterstück *Corpus Delicti, ein Prozess*, das im Zeichen des Mittelalters als Thema der Ruhrtriennale 2007 stand, sowie aus den semantischen Anspielungen in *Corpus Delicti* selbst ersichtlich: „Wussten Sie, dass die Einführung der Folter ein wichtiger Schritt auf dem Weg zu einem modernen Strafverfahren war?“[123] fragt Kramer Mia. Ein Anwesender bei Mias Gerichtsverhandlung ruft laut heraus: „Lügenprozess! […] Hexenjagd“.[124]

Als in Deutschland ausgebildete Juristin übernimmt Juli Zeh zahlreiche Fachausdrücke des deutschen Rechtssystems, bedient sich ihrer jedoch, um einen entfremdeten Strafprozess nach den Prinzipien der mittelalterlichen Inquisition zu entwerfen, deren Willkür Mia zum Opfer fällt und dank deren der Staat, die METHODE, letztendlich über Mias Widerstand triumphiert.

Wie schon detailliert beschrieben, wird Mia vor Gericht zitiert, entweder wegen strafrechtlichen Vergehen, die in einem demokratischen Rechtssystem niemals als solche qualifiziert werden würden (Versäumnis der Übermittlung der persönlichen Gesundheitsdaten, Rauchen in der eigenen Wohnung, Aufenthalt im Wald) oder wegen willkürlich definierter Verbrechen, ohne Stützung auf genaue Rechtsvorschriften und konkrete Beweise, nur vagen Verdachtsmomenten folgend. Genauso verhielt sich der Inquisitionsprozess, in dem sich Anklagen auf Verdacht und „Hörensagen“ gründeten und sich auf absurde, an den Haaren herbeigezogene Tatbestände bezogen. Klassischerweise räumte der Inquisitionsprozess keine realen Verteidigungsmöglichkeiten ein, genauso wie der Journalist Würmer lügnerisch und anonym gegen Mia als Zeuge auftritt, ohne dass sie die Möglichkeit einer Konfrontation bekommen hätte oder ihr Rechtsanwalt Fragen an den Zeugen hätte richten können. Würmer wird dabei unkenntlich durch den Richter als „Niemand“ angesprochen, denn Mia hatte ausgesagt, dass sie sich mit ‚niemandem‘ im Wald getroffen hatte, sondern allein war: „Niemand, sagt er. Erkennen Sie diese Frau?“[125]

---

123 Zeh, 2013: S. 115.
124 Ibidem: S. 267.
125 Ibidem: S. 231.

Somit übernimmt Zeh vom Inquisitionsprozess dessen Verweigerung, dem Angeklagten die Identität der Zeugen zu offenbaren und ihm eine Konfrontation mit Fragerecht zu gewähren sowie die lügnerische Erfindung von nicht begangenen Verbrechen durch die Ankläger: „Auf die Frage, was sie am Treffpunkt der Methodenfeinde zu schaffen habe, äußerte die Angeklagte, dass sie mit niemandem verabredet sei. Möglicherweise verbirgt sich hinter dem Decknamen Niemand ein Verbindungsmann der R.A.K.".[126] Konkrete Beweise der vorgeworfenen, angeblichen Straftaten werden durch die Methode weder gesucht noch geliefert. Schlimmer noch, durch Täuschungsmanöver werden mit List und Tücke falsche Beweismittel zu Lasten der Angeklagten Mia inszeniert. Kramer verabreicht ihr Nahrungsmitteltuben in ihrer Gefängniszelle, die er gleich wieder einsammelt – „Lächelnd macht sich Kramer daran, die leeren Nahrungsmitteltuben im Plastikbeutel zu sammeln [...]"[127] –, um dieselben dann mit Botulinum zu füllen und Mia zu unterstellen, sie hätte die Vergiftung des Trinkwassers geplant: „Außen auf den Tuben waren deine Fingerabdrücke. Und innen fünfzig Gramm Botulinum".[128]

In der inquisitorischen Inszenierung mit der Willkür in der Hauptrolle, versteiften sich die Richter darauf, unter allen Umständen, einer absurden prozessualen Vollständigkeit halber, ein Geständnis der Beschuldigten zu erzwingen, zumeist durch Foltermaßnahmen, die die Gefolterten dazu brachten, durch Falschaussagen die zumeist ungeheuerlichen und falschen Beschuldigungen, wider jegliches Rechtsverständnis, zu bestätigen. Getreu dieser Methoden, wird auch Mia unter Androhung der Folter von Kramer dazu aufgefordert, unbedingt ein (falsches) Geständnis abzulegen: „Wie Sie wissen, hat die METHODE in letzter Zeit schlechte Erfahrungen mit fehlenden Geständnissen gemacht",[129] wobei diese Aussage auf Moritz' Verweigerung, den nicht begangenen Mord an Sibylle zu gestehen, zu beziehen ist. So versucht Kramer wiederholt Mia ein Geständnis abzuringen, trotz der vermeintlich eindeutigen Beweislage: „In Ihrem Fall scheint die Beweiskette lückenlos vorzuliegen. Trotzdem ist die METHODE sehr an einem Geständnis interessiert".[130] Um

---

126 Ibidem: S. 168.
127 Ibidem: S. 225.
128 Ibidem: S. 237.
129 Ibidem: S. 222.
130 Ibidem: S. 244–245.

letzteres zu erzwingen, wird Mia nach mittelalterlichen Methoden gefoltert, die Kramer folgendermaßen detailliert:

> „Man stellt sie auf eine Kiste, nackt versteht sich […] An Ihren Fingern, Zehen und primären Geschlechtsteilen werden Kontakte befestigt, Wäscheklammern nicht unähnlich“. Er öffnet und schließt die Finger, als würde er solche Klammern betätigen. „Die Stromstärke wird stufenlos hochgefahren. Zwei gut ausgebildete Ärzte vom Universitätsklinikum sorgen dafür, dass Sie nicht … draufgehen“.[131]

Dass Mia tatsächlich gefoltert worden ist, geht aus der Bemerkung hervor, dass sie sich in ihrer Gefängniszelle am Boden liegend befindet und sie wieder ein Krampf durchläuft „als wäre sie noch immer an die Maschine angeschlossen“.[132] Während jedoch die historische Maria Holl nach den überlebten Folterungen freigelassen wurde,[133] lässt Kramer dieses Prinzip nicht für die literarische Figur Mia gelten: „Früher, sagt Mia, hat man die Angeklagten der Hexenprozesse laufen lassen, wenn sie die Folter überstanden“.[134]

Mias Prozess erreicht die Apotheose der Willkür als das Urteil am Ende der letzten Gerichtsverhandlung verlesen wird, aber offenbar schon längst im Voraus geschrieben worden ist, wie man aus den Worten des Richters Hutschneider unschwer schließen kann: „Ich komme zur Verlesung der Urteilsformel. Er zieht einen Zettel aus der Akte von dem angenommen werden muss, dass er schon vor der Verhandlung geschrieben wurde“.[135]

Wahrend „Hexen“ im Inquisitionsprozess zumindest durch Verbrennung am Scheiterhaufen von den irdischen Qualen befreit wurden, wird Mia das Schicksal der Einfrierung auf unbestimmte Zeit vorenthalten, indem sie auf unerwartete Weise, in Anlehnung an totalitäre Methoden, zur ideologischen Umerziehung verurteilt wird, mit der Absicht Märtyrertum zu unterbinden: „Psychologische Betreuung“, sagt Bell zu Hutschneider. „Bestellen einer Aufsichtsperson. Unterbringung in einer Resozialisierungsanstalt. Medizinische Überwachung. Alltagstraining“. „Ich kümmere mich darum“, sagt Hutschneider. „Vertrauensbildende Maßnahmen. Politische Bildung. Methodenlehre“.[136]

---

131 Ibidem: S. 249.
132 Ibidem: S. S. 251.
133 Vgl. dazu Kap. 5.1.2.
134 Ibidem: S. 257.
135 Ibidem: S. 273.
136 Ibidem: S. 279.

5. Corpus Delicti: Interdisziplinäre Untersuchungen

Corpus Delicti reveals numerous interdisciplinary connections not only to law, such as the inquisitorial law *Malleus Maleficarum* (*Hexenhammer*) and international law sources about health, but also to history, to philosophy and to political theories of the State. The historical figures of the inquisitor Heinrich Kramer and the "witch" Maria Holl serve as models for Heinrich Kramer and Mia Holl in *Corpus Delicti*. Thomas Hobbes' theory of the State of Leviathan as a human entity is reflected in the comparison of the METHOD with the highly complex nervous system of the human body. Carl Schmitt's theories on the state of exception as proof of sovereignty, on legal positivism and on the enemy of the State as political necessity appear in *Corpus Delicti*. Rousseau's theory on the "Contrat social" is likely to be reflected in the possible consensual acceptance by citizens of the principle of health as a reason of State. The search for alternative frameworks of reference since Nietzsche diagnosed the death of God is successfully pursued by Kramer and Moritz, while Mia still lives in the realm of nihilism. According to Horkheimer and Adorno, fear and insecurity are to be overcome by the Enlightenment by elevating rational thinking to the first place. Thus, for Kramer in *Corpus Delicti* only rationally ascertainable things can be valid; the result of a DNA test is therefore rationally irrefutable. However, this pure rationality leads to the reification of the human body, which for Foucault becomes the object of biopolitical calculation. The METHOD makes use of biopolitical governmental techniques by totalitarian intervention in the private health sphere of citizens. Agamben complements Foucault's approach with the legal figure of the "homo sacer" in the state of emergency, who comes to the fore in Mia as a figure expelled from the legal system of the METHOD and therefore killable.

Inquisition – Witch – Leviathan – Positivism – „Contrat social" – Biopolitics – Enlightenment – Nihilism – Modern international law

***

Schon Zehs Doppelprofil der Schriftstellerin und Juristin führt sie auf natürliche Weise über das rein literarische Feld hinaus hin zu juristischen Fragestellungen und Einflechtungen, die in ihren Werken regelmäßig auftauchen. Man denke dabei nicht nur an *Corpus Delicti*, sondern ebenfalls an *Adler und Engel*[137] oder *Spieltrieb*[138], beides Romane, die sich ebenfalls mit Recht und Rechtsprechung beschäftigen. *Corpus Delicti* beschränkt sich jedoch nicht auf die binäre Perspektive von Recht und Literatur, sondern berührt darüber hinaus, eng damit verknüpft, den historischen Inquisitionsprozess, die politischen Theorien von Hobbes, Schmitt und Rousseau sowie Foucaults und Agambens philosophische Diskurse über Biopolitik. Adornos Dialektik der Aufklärung findet ebenso Eingang in den Entwurf der auf purer Rationalität gründenden METHODE.

Alle diese interdisziplinären Verknüpfungen, die dem Juristen naheliegen, kommen in *Corpus Delicti* auf bereichernde Weise zum Durchbruch und sollen auf den folgenden Seiten behandelt werden.

5.1. Die mittelalterliche Hexenverfolgung

Wie bereits erwähnt, verfasste Zeh *Corpus Delicti* zunächst für die Ruhrtriennale 2007 in Form eines Theaterstückes, das unter der Regie von Anja Gronau am 15. September 2007 im Maschinenhaus Zeche in Essen uraufgeführt wurde. Thema des Festivals war „Die Epochenschwelle zwischen spätem Mittelalter und früher Neuzeit“[139] unter dem Titel „Die Eroberung der Zukunft im Rückblick“.[140] Die mittelalterliche Hintergrundthematik für an dieser Triennale teilnehmende Künstler wurde mit den folgenden Worten näher umrissen:

> Immerhin haben wir es mit einem Zeitraum von rund 1 000 Jahren zu tun. Das Mittelalter tendiert zum Sprichwort. Wir bringen hier zahlreiche Assoziationen und Fantasien unter: Finsternis, Askese, Grausamkeit. Ritter, heilige Jungfrauen und geheimnisvolle Hexen sind gepanzerte Zukunftsfiguren, in die wir unsere eigene Schutzbedürftigkeit hineinprojizieren. Eine Rüstung ist eine coole Maske,

---

137 Zeh, J. (2009a). *Adler und Engel: Roman*. München. Btb Verlag.

138 Zeh, J. (2008b). *Spieltrieb: Roman*. Frankfurt am Main. Schöffling Verlag.

139 Ruhrtriennale. (2007). „Saison 2007 Die Eroberung der Zukunft im Rückblick“, Saison 2007.

140 Ibidem.

> hinter der viele Ängste in Schach gehalten werden können: Unsichtbar bleibt die Angst vor Berührung, vor Nähe. Mythen sind der unaufhörliche Versuch, sich die hinterlistige Wirklichkeit vom Leib zu halten, um das Bild, das man sich von seiner Zeit und von sich selbst macht, besser zu erkennen.[141]

Es ist unschwer zu erkennen, dass *Corpus Delicti* insbesondere die Ideen der mittelalterlichen Hexenverfolgung in Verbindung mit den menschlichen Ängsten und der Tendenz zur verzerrten Realitätswahrnehmung zugrunde liegen sowie das Streben, ein Bild von unserer heutigen Zeit zu projizieren. Die Namen Heinrich Kramer und Mia Holl in *Corpus Delicti* weisen deutlich auf die Hexenverfolgungen des 15. Jahrhunderts hin, wenn auch Zeh die Verwandtschaft zu den historischen Figuren in *Fragen zu Corpus Delicti* temperiert:

> Ja, die gibt es tatsächlich, wobei ich vielleicht nicht von Vorbildern sprechen würde, sondern eher von Paten. Ich habe nicht versucht, den Charakter oder die Lebensgeschichte von bestimmten Personen aufzugreifen, aber ich verweise durch die Namen der Hauptfiguren auf zwei historische Personen, die etwas mit Corpus Delicti zu tun haben.[142]

Es erscheint dennoch sinnvoll, soweit es die Informationsquellen erlauben, auf diese beiden historischen Figuren einzugehen, insofern *in Corpus Delicti*, meines Erachtens, deutliche Parallelen zur Historie zu bemerken sind.

5.1.1. Heinrich Kramer

Um 1430 in der elsässischen Kleinstadt Schlettstadt geboren, trat Heinrich Kramer um 1445 als Novize in das dominikanische Kloster derselben Stadt ein. Laut historischer Quellen schien er sich der Reinheit des Glaubens verschrieben zu haben und verfolgte mit Fanatismus jegliches Vergehen, jegliche „Unreinheit", die Männer wie Frauen gegen das christliche Bekenntnis begehen mochten. Es ist jedoch augenscheinlich, dass sein Kampf gegen „Glaubensunreinheit" stark sexistische (gegen Frauen) und stark rassistische (gegen Juden) Züge zu Tage legte. So wird ihm die rein antiketzerische Aktivität nicht genügen, sondern er wird seinen Fanatismus in weiterer Folge auf die Hexenverfolgungen von Frauen konzentrieren, denen er das

141 ibidem.
142 Zeh, 2020a: S. 32.

von ihm wahrscheinlich 1486 fertig geschriebene Werk *Der Hexenhammer*, lateinisch *Malleus Maleficarum,*[143] widmet, in dem er das Hexenverbrechen als solches definiert und die Führung des Hexenprozesses genau beschreibt. Kramers fanatisches Gebaren stieß jedoch nicht immer auf Verständnis und Unterstützung, vielmehr wurde er nicht selten kritisiert oder sogar aus dem Hoheitsgebiet des jeweiligen kirchlichen Würdenträgers verwiesen. Um gegen diese Widerstände anzukämpfen, suchte und erlangte Kramer am 5. Dezember 1484 die Unterstützung von Papst Innozenz VIII, der ihn in seiner Legitimität als Inquisitor im deutschsprachigen Raum in der Bodenseeregion, in Süddeutschland und in Tirol „in Form der Bulle Summis desiderantes affectibus“[144] bekräftigte. Dazu gelang es Kramer, sich das Wohlwollen und die Unterstützung durch Erzherzog Sigmund von Österreich, Graf von Tirol,[145] zu sichern, der ihm, gemeinsam mit dem Brixner Bischof Georg Golser – „cum assistentia reverendissimi ordinarii Brixiensis“[146] –, Unterstützung in seinem teuflischen Vorhaben gewährte. Wenn Golser Kramer auch unterstützte, so fand er nichtsdestotrotz Vorwände, um nicht selbst aktiv an den Inquisitionsprozessen teilzunehmen, indem er ihm seine Vollmacht übertrug, mit der Ermahnung zur Mäßigung, Milde und Rechtskonformität.[147] Jedoch „scheint die Bevollmächtigung des Bischofs auf den vom Hexenwahn durch und durch befangenen Mann nur dahin gewirkt zu haben, dass er mit umso größerer Energie an der völligen Ausrottung der ‚Hexen' zu arbeiten begann“.[148]

Trotz seines fanatischen Eifers erfuhr Kramer gerade in der Grafschaft von Tirol-Brixen einen seiner größten Misserfolge als Hexenverfolger, denn entgegen seinem Einverständnis wurden alle sieben der von ihm angeklagten Frauen, wegen formeller Ungültigkeit des von Kramer geführten Prozesses, freigelassen. Diese prozessuale Wendung zu Kramers Ungunsten geschah durch die Übernahme der Verteidigung der sieben Frauen durch

143 Vgl. Behringer et al., 2000.
144 Tchaikner, M. (2014). „Hexen in Innsbruck?“. *Der Schlern*, 88. Jahrgang, Juli/August 2014, Heft 7/8. S. 84.
145 Ibidem: S. 84.
146 Ibidem: S. 86.
147 Ammann, 1890: S. 32.
148 Ibidem: S. 30.

„Johann Merwais von Wendingen, Licenciat in den Decreten und Doctor der Medicin“[149] der, vermutlich auf das Betreiben von Erzherzog Sigmund und mit dem Wohlwollen des Bischofs von Brixen, die Verfahrensweise Kramers als gesetzwidrig erklärte und die Annullierung des Prozesses wegen formeller Mängel forderte: So hätte Kramer keinen öffentlichen, vom Bischof anerkannten Notar beigezogen, nicht die prozessrelevanten Zeugen vernommen, unzulässige Fragen an die Angeklagten gestellt und sie unrechtmäßig inhaftiert. Aufgrund der formellen Ungültigkeit des Prozesses sei ein Schuldbeweis der Angeklagten überflüssig. Das Urteil bestätigte Merwais’ Linie und alle sieben Frauen wurden freigesprochen:

> Der Prozess gegen die sieben angeklagten Weiber ist nicht nach den Rechtsnormen geführt worden und ist darum null und nichts oder muss als solcher erklärt werden (invalidatum seu invalidandum). Die eingekerkerten Weiber sind in Freiheit zu setzen; dieselben haben jedoch des Ärgernisses und Geschreies unter dem Volke willen Bürgschaft zu leisten, dass sie jederzeit, sei es zum Zwecke einer neuen Untersuchung oder zur Leistung der kanonischen Reinigung, sobald sie hierzu aufgefordert werden, sich dem Gerichte stellen wollen.[150]

Diese „schimpfliche Niederlage“[151] kann als Anlass für Kramers Verfassung des *Hexenhammers* angesehen werden.

Angesichts Kramers Weigerung, das Bistum Brixen zu verlassen, richtete Bischof Georg am 14. Februar 1486 an den Chorherrn Niclas ein Schreiben, indem er Kramer rundheraus als „verrückt“ bezeichnete und seinem Wunsch, diesen möglichst schnell loszuwerden, Ausdruck verlieh, mit der Bitte, Kramer direkt zu verstehen zu geben „Er solle in sein Kloster ziehen und aufhören, andere zu belästigen“.[152]

Eine genaue Lektüre des *Hexenhammers* lässt vermuten, dass Kramers Fanatismus zumindest teilweise auf persönlichen sexuellen Obsessionen beruhte, möglicherweise in Verbindung mit dem Zölibat. Diese Vermutung wird auch im Roman von Astrid Fritz[153] deutlich, in dem die Autorin das

149 Ibidem: S. 67.
150 Ibidem: S. 71.
151 Tchaikner, 2014: S. 85.
152 Behringer et al., 2000: S. 63.
153 Fritz, A. (2018). *Der Hexenjäger: historischer Roman*. Hamburg. Rowohlt Verlag.

Thema der Hexenverfolgungen durch Heinrich Kramer in romanhafter Form, aber sich auf historische Erkenntnisse stützend, verarbeitet. Besonderes Opfer des hier sexuell perversen, Frauen gegenüber hasserfüllten, Priors Kramer ist das junge, unschuldige Mädchen Susanna. Kramer fühlt sich wider seinen Willen sexuell von ihr angezogen, obwohl ihm derartige Empfindungen durch das Zölibat untersagt sind. Dass möglicherweise dieser innere Konflikt zwischen seinen natürlichen Neigungen und den religiösen Zwängen zu seiner hasserfüllten Perversion beigetragen haben könnte, lässt die Autorin im Roman mehrmals vermuten, wie beispielsweise in dem folgenden Absatz:

> „Was tust du mit mir Susanna? Welchen Fluch hast du über mich gebracht?" Ich glaubte, im Boden versinken zu müssen, als er meinen Hals und meinen Ausschnitt mit hastigen Küssen bedeckte. […] „Mit welchem Dämon bist du im Bunde? ' hörte ich ihn keuchen, doch statt mich loszulassen, packte er mich bei den Hüften, presste seinen Unterleib gegen mich, und dann spürte ich auch schon seine feuchten Lippen auf meinem Mund. […]? Du elende Hexe schrie er auf!"[154]

Ab 1486 wurde Kramers *Hexenhammer*, dank Gutenbergs junger Technik des Buchdrucks, vervielfältigt und verzeichnete einen gewissen Erfolg, messbar an vermehrten Hexenprozessen, vor allem in den Bistümern Konstanz, Basel und Straßburg. Jedoch, neben Anhängern des Hexenprozesses, gab es ebenso zahlreiche verbitterte Gegner unter Juristen, Theologen und Humanisten, die Kramers Ideen als fanatische Phantastereien abtaten. So beschuldigte der Humanist Heinrich Cornelius Agrippa von Nettesheim Kramer: „Ist das deine Theologie schändlicher Mönch? Schleppst du mit solchen Phantastereien unschuldige Frauen zur Folterbank und erklärst du mit solchen Winkelzügen Menschen zu Ketzern?"[155] Nach dieser ersten Phase des kontrastierten „Erfolges" des *Hexenhammers* folgt ab 1520 eine Pause von zwei Generationen, während der keine Neuauflagen des unheilvollen Werkes verlangt wurden.

Ab 1574 deuten jedoch neuerliche Vervielfältigungen des Hexenhammers auf ein wieder erwachtes Interesse für Hexenverfolgungen, die schauderhafterweise sogar bis ins 20. Jahrhundert reichen, zwar nicht in Europa,

---

154 Ibidem: S. 228–229.
155 Behringer et al., 2000: S. 85.

jedoch aber in afrikanischen Regionen und Stämmen. In Europa hingegen wurde die gegenwärtige Beschäftigung mit den Hexenverfolgungen im Rahmen der Debatten über Menschenrechte, über die Emanzipation der Frau, über die traumatischen Erlebnisse der Diktaturen des 20. Jahrhunderts sowie im Zeichen der Aufarbeitung der Vergangenheit neu belebt und bereits durch Ausstellungen und themenbezogene Veranstaltungen veranschaulicht, wie dies beispielsweise das Thema „Mittelalter" der Ruhrtriennale 2007 und des Theaterstücks *Corpus Delicti* beweisen.

Wenn auch Zeh dem historischen Heinrich Kramer nur die Rolle des „Paten" zukommen lässt, scheint der literarische Heinrich Kramer dennoch mehr als nur den Namen des historischen Inquisitors zu tragen. Schon der Vergleich von Kramers Auftreten in *Corpus Delicti* mit der „trügerischen Gelassenheit einer Raubkatze"[156] scheint auf die Gefährlichkeit des historischen Kramers zu verweisen: diese Gefährlichkeit für Mia Holl, deren hexenartige Züge sie zur Staatsfeindin stilisieren,[157] kommt in *Corpus Delicti* gleich in der Historie in Form der inquisitorialen Verfolgung zum Ausdruck, die sich grausamer Foltermethoden bedient. Dass sich Kramer in *Corpus Delicti* skrupellos der Folter bedient, um Mia zu einem falschen Geständnis im Interesse der METHODE zu zwingen, geht aus Mias Krampfzuständen in der Gefängniszelle hervor, *„als wäre sie noch immer an die Maschine angeschlossen"*.[158] Jedoch im Gegensatz zur historischen Mia wird Mia in *Corpus Delicti* nicht nach überstandener Folter freigelassen. Dies entgeht letzterer nicht, als sie bitter bemerkt: *„Früher, sagt Mia, hat man die Angeklagten der Hexenprozesse laufen lassen, wenn sie die Folter überstanden"*.[159]

5.1.2. Maria (Mia) Holl

In der kleinen deutschen Stadt Nördlingen, in Süddeutschland gelegen, wurden allein in den Jahren 1589–1598 vierunddreißig Frauen und ein Mann als Hexen verbrannt. Eine so hohe Anzahl an Hexenprozessen

156 Zeh, 2013: S. 17.
157 Vgl. Zeh, 2020a: S. 31.
158 Zeh, 2013: S. 251.
159 Ibidem: S. 257.

verdankte die Gemeinde dem Bürgermeister Johannes Pferinger,[160] der sich besonders eifrig für die Hexenverfolgung einsetzte.

Maria Holl, 1549 geboren, stammte aus Ulm und zog erst nach ihrer Heirat mit Michael Holl, aus Illertissen bei Ulm stammend, nach Nördlingen, wo das Paar die 1586 erworbene „Gastherberge ‚Zur Goldenen Krone' am Weinberg 8 in Nördlingen"[161] bewirtschaftete.

Am 2. November 1593 wurde gegen Maria Holl ein Hexenprozess eröffnet, auf Mitanklage von Ursula Klein und Anna Faul.[162] Sich keines Verbrechens bewusst, weigerte sich die unschuldig Angeklagte Mia Holl irgendwelche Geständnisse abzulegen. Sie wurde aufgrund ihrer besonderen Hartnäckigkeit nichts zu gestehen, selbst über die damaligen Regeln der Folter hinaus gequält, wobei sie weiterhin darauf beharrte, nichts gestehen zu können: „Ich will gerne sterben, aber gestehen kann ich nichts".[163]

Holl überlebte wunderbarerweise 62 Folterungen und wurde freigelassen,[164] um dann am 1. Oktober 1594 zu ewigem Hausarrest verurteilt zu werden. Trotz der erlittenen, unheimlichen körperlichen Strapazen wurde sie 85 Jahre alt.

Dank Holls immens mutiger Verweigerung, eventuelle Komplizinnen zu denunzieren, kam die Hexenjagd in Nördlingen mit ihrem Fall zu einem Ende.[165] In ehrvoller Erinnerung an den mutigen Widerstand Mia Holls gegen Obrigkeitsmacht und Willkür, führt die Gemeinde Nördlingen im Sommer jährlich ein Stück über Maria Holl auf. Nach Lyndal Roper ist sie

---

160 Donau-Ries-Aktuell. (2019). „Ein Dunkles Kapitel Der Geschichte", 9.6.2019. https://www.donau-ries-aktuell.de/das-beste-aus-dem-blaettle/ein-dunkles-kapitel-der-geschichte-noerdlingen-45736.

161 Ibidem.

162 Rüdel-Eschbaumer, G. (1998). „Der Hexenprozeß Maria Holl". *Mit Originalprotokollen aus dem Stadtarchiv Nördlingen von Jahre, 1593*. S. 94. Stadtarchiv Geislingen an der Steige. (2016). „Sie lebten in Geislingen. Eine tapfere Frau und vermeintliche Hexe in Nördlingen".

163 Weng, J. F. (1838). *Die Hexen-Prozesse der ehemaligen Reichsstadt Nördlingen in den Jahren 1590-1594*. München. Beck'sche Buchhandlung. S. 10.

164 Navratil, M. (2021). *Kontrafaktik der Gegenwart*. Berlin. De Gruyter. S. 460.

165 Roper, L. (2007). *Hexenwahn. Geschichte einer Verfolgung*. München. Beck Verlag. S. 78.

die Heldin der Stadt, deren mutiger Widerstand „eine eindringliche Botschaft im Nachkriegsdeutschland“[166] vermittelt.

Mia in *Corpus Delicti* fällt gleich der historischen Mia Kramers Fanatismus zum Opfer, indem sie unschuldig, im Rahmen eines willfährigen Prozesses, angeklagt, verfolgt und gefoltert wird. Sie übersteht ebenso die Folter und wird gleich der historischen Maria Holl bis zum Lebensende ihrer Freiheit beraubt (Hausarrest – Resozialisierungsanstalt).

5.2. Politische Staatstheorien

Besonders das Verständnis der Staatstheorien von Thomas Hobbes und Carl Schmitt ist relevant für ein durchgreifendes Verständnis von *Corpus Delicti*. Die Hobbessche Metapher des menschlichen Körpers für die Organisation und das Funktionieren des Staatsgebildes erfährt eine implizite Rezeption in *Corpus Delicti*. Das geistige Erbe Carl Schmitts, als (leider) einer der einflussreichsten deutschen Rechtstheoretiker trotz seines klaren Bekenntnisses zum Nationalsozialismus, kann an keinem deutschen Jurastudenten vorbeigehen und so tat er dies auch gewiss nicht bei Juli Zeh, die unterschwellig seine Überzeugungen in Verbindung mit Agambens *Homo Sacer* absorbiert. Rousseaus Werk *Der Gesellschaftsvertrag* hingegen scheint in geringerem Maß auf *Corpus Delicti* einzuwirken, selbst wenn es als bei Mia im Regal stehend erwähnt wird.[167]

5.2.1. Hobbes' *Leviathan*

Hobbes geht davon aus, dass die Menschen nicht fähig sind, auf natürliche Weise, wie dies beispielsweise Bienen oder Ameisen zu tun imstande sind, in Harmonie und Sicherheit miteinander zu leben, denn jeder Mensch wird von Neid, Streben, Hass, Liebe, usw. getrieben, wodurch die Menschen nicht auf natürliche Weise nach einem gemeinsamen Ziel streben, sondern, im Gegenteil, sich ständig bekriegen. Selbst vertragliche Abkommen genügen nicht, um eine große Gruppe von Menschen zum friedlichen Miteinander zu bewegen. Die Menschen stehen also im Naturzustand, aufgrund ihrer schlechten Eigenschaften, ständig im Bürgerkrieg

166 Ibidem: S. 7.
167 Zeh, 2013: S. 139.

und bedürfen deshalb der absoluten Macht des Staates,[168] um den Frieden zu erzwingen. Es gibt zwei Möglichkeiten, Menschen zum Miteinander zu nötigen: die Eroberung, mit folglich gewaltsamer Beherrschung und Unterdrückung, oder die Errichtung eines Staates, in dem sich jeder Bürger anderen Bürgern gegenüber verpflichtet, – seien es einzelne Menschen oder Gruppen von Menschen – sein eigenes Recht, über sich selbst zu herrschen, abzugeben, unter der Bedingung, dass jeder andere Bürger es ihm gleich tut.[169] Hobbes' Staatsverständnis ist autoritärer Natur, indem er dem Staatsoberhaupt, ob als Einzelperson oder als Gruppe, die Freiheit einräumt, die Mittel der Staatserhaltung und des Schutzes der Bürger zu wählen, ohne dass letztere dessen Entscheidungen anzufechten vermögen. Der künstliche Mensch „Staat" kann kein Unrecht begehen und daher auch nicht zur Verantwortung gezogen werden, er muss sich einzig und allein vor Gott verantworten.[170] Er besitzt folglich auch die uneingeschränkte Macht über Leben und Tod. Diese Machtausübung, und die mit ihm verbundene Gehorsamkeit der Bürger, rechtfertigt sich jedoch nur solange der Staat den Bürgern Schutz gewährt. Während *Der Leviathan* sich als Staatsräson den Schutz der Bürger vor Krieg und Unsicherheit zurechtlegt, fundiert *Corpus Delicti* auf der Gesundheit für alle. Die Erfüllung der Staatsräson stellt, wie schon erwähnt, in beiden Werken die bedingte Legitimität dar.

Dem großen Leviathan steht es zu, die Meinungsfreiheit zu unterbinden, Gesetze zu erlassen, die Gerichtsbarkeit auszuüben und alle Diener des Staates zu ernennen. In Straffällen kann er, wenn kein Gesetz bezüglich dieses Falles erlassen worden ist, nach eigenem Ermessen die Strafe bestimmen. Ehrenauszeichnungen und Würdigungen liegen ebenfalls in seinem Ermessen.[171] Der Bürger ist nur frei in jenen Handlungen, die vom Gesetz nicht erfasst sind.[172] Das Eigentum kann nur existieren, weil die oberste Macht es durch Gesetze schützt: „Denn das Eigentum hängt in jedem Staat

168 Schmitt, C. (2018). *Der Leviathan in der Staatslehre des Thomas Hobbes: Sinn und Fehlschlag eines politischen Symbols*. Stuttgart. Klett-Cotta. S. 34.
169 Hobbes, T. (2021). *Der Leviathan*. München. Anaconda Verlag. S. 175.
170 Ibidem: S. 213.
171 Ibidem: S. 181–183.
172 Ibidem: S. 212.

von den bürgerlichen Gesetzen ab, und diese werden von dem Oberherrn gegeben“.[173]

Als mögliche Staatsformen sieht Hobbes die Monarchie, die Aristokratie und die Demokratie: „Weitere Arten von Staatsverfassungen gibt es nicht, da die höchste Gewalt notwendig einem einzigen oder mehreren oder allen zukommen muss“.[174] Die Monarchie scheint ihm jene Staatsform zu sein, in der die schlechten Eigenschaften der Menschen am wenigsten, zum Nachteil des gemeinschaftlichen Friedens, zum Tragen kommen. Der besondere Schwachpunkt liegt hingegen in der Erbfolge des verstorbenen Monarchen, wenn der junge Nachfolger noch einem Vormund unterstellt werden muss, der versuchen könnte, die Herrschaft an sich zu reißen oder aus dieser Situation Vorteil zu schlagen. Denn „die Vernunft der Menschen wird nur zu oft von ihren Leidenschaften bestimmt! Wo deswegen das öffentliche Wohl mit dem besonderen Wohl aufs genaueste verbunden ist, da ist jenes am stärksten gesichert; und dies ist der Fall in jeder monarchischen Verfassung [...]“.[175] Je stärker kollektive und individuelle Interessen koinzidieren, desto eher kommt das Allgemeinwohl als Stütze des Systems zum Tragen. Mia wird in *Corpus Delicti* durch die Richterin Sophie an dieses Prinzip erinnert:

> Es liegt in Ihrem Interesse, jede Form von Krankheit zu vermeiden. In dem Punkt decken sich Ihre Interessen mit jenen der METHODE, und auf diese Übereinstimmung stützt sich unser gesamtes System. Es besteht eine enge Verbindung zwischen dem persönlichen und dem allgemeinen Wohl, die in solchen Fällen keinen Raum für Privatangelegenheiten lässt.[176]

Entscheidend ist für Hobbes die Fortdauer des Staates als künstliches Gebilde, unabhängig von der begrenzten Dauer des obersten Herrschers. Dieses Problem stellt sich daher besonders im Falle der Nachfolge des verstorbenen Monarchen, die durch dessen letzten Willen oder durch den allgemeinen Brauch bestimmt werden kann und muss: „Wo der Oberherr nicht das Recht hat, seinen Nachfolger zu bestimmen, da ist die

173 Ibidem: S. 241.
174 Ibidem: S. 188.
175 Ibidem: S. 190.
176 Zeh, 2013: S. 63–64.

Staatsverfassung mangelhaft"[177] und der Gesellschaft droht die Rückkehr in den natürlichen Zustand des Krieges aller gegen alle.

Durch die gegenseitig bedingte Machtabtretung an eine oberste Machtinstanz durch die Mehrheit der Untertanen entsteht somit das künstliche Gebilde eines Staates, der Leviathan, der allen Bürgern, nunmehr Untertanen, Frieden und Sicherheit gewährt: „Staat ist eine Person, deren Handlungen eine große Menge Menschen, kraft der gegenseitigen Verträge eines jeden mit jedem, als ihre eigenen ansehen, damit dieselbe nach ihrem Gutachten die Macht aller zum Frieden und zur gemeinschaftlichen Verteidigung verwende.[178] Hobbes vergleicht das so entworfene Staatsgebilde mit dem menschlichen Körper:

> Der große Leviathan (so nennen wir den Staat) ist ein Kunstwerk oder künstlicher Mensch […]. Bei dem künstlichen Menschen ist derjenige, welcher die höchste Gewalt besitzt, gleichsam die Seele, welche den ganzen Körper belebt und in Bewegung setzt; die Obrigkeiten und Befehlshaber stellen die künstlichen Glieder vor; die von der höchsten Gewalt abhängenden Belohnungen und Bestrafungen […] vertreten die Stellen der Nerven; […] die Staatsmänner […] sind das Gedächtnis; Billigkeit und Recht eine künstliche Vernunft; Einigkeit ist gesunder, Aufruhr hingegen kranker Zustand und Bürgerkrieg und Tod.[179]

In der Gestalt von Heinrich Kramer spielt Zeh implizit, aber dennoch eindeutig, in *Corpus Delicti* auf Hobbes metaphorische Verkörperlichung des Staates an, dort wo sie ihn die METHODE mit dem menschlichen Nervensystem vergleichen lässt und dessen Widerstandsfähigkeit dem menschlichen Organismus gleichsetzt:

> Zu diesem Zweck haben wir unseren Staat hochkomplex organisiert, komplexer als jeden anderen vor ihm. Unsere Gesetze funktionieren in filigraner Feinabstimmung, vergleichbar dem Nervensystem eines Organismus. Unser System ist perfekt, auf wundersame Weise lebensfähig und stark wie ein Körper – allerdings ebenso anfällig. Ein simpler Verstoß gegen eine der Grundregeln kann diesen Organismus schwer verletzen oder sogar töten.[180]

---

177 Hobbes, 2021: S. 196.
178 Ibidem: S. 176.
179 Ibidem: S. 17–18.
180 Zeh, 2013: S. 40–41.

Kramer bezieht die Verletzlichkeit des Staates auf die Gefahr der Hinterfragung dessen ideologischer Perfektion durch Widersacher, was den Verlust der absoluten Autorität und somit der Legitimation bedeuten könnte. Gegner der METHODE werden mit Viren identifiziert, die eine Gefahr für den gesunden Organismus des Staates darstellen:

> Heutzutage, sagt er, bestünden die gefährlichsten Viren nicht mehr aus Nukleinsäuren, sondern aus infektiösen Gedanken. Dann hält er inne und schweigt so lange, dass den Zuschauern der Schweiß ausbricht. Die METHODE als Immunsystem des Landes, fährt er schließlich fort, habe das aktuell grassierende Virus bereits identifiziert. Es werde vernichtet. Niemand könne sich den Selbstheilungskräften eines starken Körpers entziehen.[181]

Hobbes geht in der Anlehnung an den menschlichen Körper noch weiter, ja sogar so weit zu meinen, dass das Funktionieren eines Staates nur zu verstehen sei, wenn man sich vorab mit dem Funktionieren des Menschen selbst beschäftigt: „Wer hingegen eine ganze Nation leiten will, der muss, aus sich selbst heraus, nicht diesen und jenen Menschen, sondern das ganze Geschlecht kennenlernen".[182] In dieser Absicht stellt er seiner Staatstheorie eine Abhandlung vor allem über die geistigen Funktionen des Menschen voran: menschliche Sinne, Vorstellungskraft, Gedanken, Rede, Leidenschaften, Vernunft, Macht, Würde, Ehre, Religion.[183] Hobbes sieht im Menschen den natürlichen Körper, der Teil des Staates ist: „Der Mensch ist nicht nur ein natürlicher Körper, sondern auch ein Körper des Staates, das heißt sozusagen, Teil des Politischen".[184] Politik und Körper fallen zusammen, woraus man einen theoretischen Ansatzpunkt als Keim der modernen Biopolitik deduzieren könnte. Dies umso mehr, als Hobbes mit dieser Metapher darauf hinweist, dass es die tötbaren Körper der Untertanen sind, die den neuen politischen Körper des Abendlandes bilden.[185] Der Schritt zum Vorläufer des biopolitischen Gedankengutes, das Michel Foucault und Giorgio Agamben im 20. und 21. Jahrhundert

---

181 Ibidem: S. 215.
182 Hobbes, 2021: S. 20.
183 Hobbes, 2021: S. 21–164.
184 Folkers, A., & Lemke, T. (2014). *Biopolitik: ein Reader*. Berlin. Suhrkamp. S. 197.
185 Ibidem: S. 198.

weiterentwickeln werden, scheint vollzogen zu sein. Foucaults Verwaltung und Disziplinierung der menschlichen Körper, einerseits, sowie Agambens Theoretisierung des gesellschaftsunfähigen, ausstoßbaren Körpers, unter dem Begriff des „Homo sacer“, andererseits, weisen Gemeinsamkeiten mit Hobbes’ Verständnis der Ausübung der Staatsmacht auf (vgl. Kapitel 5.3.3.). Gleichsam muss *Corpus Delicti* als biopolitisches Experiment angesehen werden, indem der menschliche Körper die Hauptrolle spielt, als Teil des Ganzen, durch die METHODE zusammengehalten und autoritär geführt, tötbar sobald er dem Staatskörper die Legitimität abspricht. Mias Körper wird, als sie sich durch die Entfernung ihres Mikrochips im Arm der staatlichen Kontrolle entzieht, zum rechtlosen Gegenstand, ihr Körper wird zum frei tötbaren Objekt: „Der Rest bleibt hier und gehört niemandem mehr. […] Und damit allen. Vollkommen ausgeliefert, also vollkommen frei. Ein heiliger Zustand“.[186]

Man könnte subsumieren, dass Hobbes den Staat selbst als biopolitisches Objekt ansieht, denn er vergleicht ihn bis ins Detail mit einem großen übermächtigen Körper, der alle individuellen Körper einvernimmt und die von letzteren übertragene Energie (Macht) souverän ausübt. Dies in der Absicht, Leben zu schützen und abzusichern, denn ohne künstlichen Übermenschen (Staat) führen die Menschen ständig Krieg gegeneinander, ihren niederen Instinkten von Habgier, Eifersucht, Leidenschaft und Machtgier folgend. Nur diese künstliche Staatskonstruktion kann die Gesellschaft des natürlichen, gefahrvollen Kriegszustandes entheben.

Carla Gottwein sieht die Referenz auf Hobbes Staatstheorie in Kramers Erwähnung des „Naturzustandes“ des der METHODE vorangehenden Gesellschaftszustandes in der Orientierungslosigkeit „nahe dem Naturzustand“:[187] „Wenn Heinrich Kramer den Zustand der Gesellschaft vor In-Kraft-Treten der METHODE als ‚Naturzustand‘ beschreibt, der unter anderem geprägt ist von ‚Angst‘ und ‚privatem Egoismus‘, dann lässt sich diese Idee vom Naturzustand lesen mit der Hobbesschen Theorie“.[188]

---

186 Zeh, 2013: S. 262–263.
187 Zeh, 2013: S. 96–97.
188 Gottwein, 2010: S. Kapitel „Das Fundament der Methode“.

Für Giorgio Agamben ist Hobbes Naturzustand dem Ausnahmezustand gleichzusetzen, der aber, im Gegensatz zur hobbesschen Auffassung, nicht der Entstehung des Staates vorangeht, sondern als ein Produkt der willkürlichen, totalitären Macht über Leben und Tod des Souveräns zu verstehen ist.[189] Nach Agambens Auffassung ist demnach der Ausnahmezustand nicht auf den „pleromatischen Urzustand, in dem die Unterscheidung zwischen verschiedenen Gewalten (Legislative, Exekutive, usw.) noch nicht ausgebildet gewesen sei“[190] zurückzuführen, sondern auf den „kenomatischen Zustand (des) Rechtsvakuums“.[191] Die Einschließung des Lebendigen im Ausnahmezustand (Biopolitik) resultiere aus der Machtausübung im souverän erschaffenen Rechtsvakuum[192] und nicht aber aus dem Bestehen eines vorstaatlichen, natürlichen Zustandes.

Foucault kritisiert Hobbes in seiner Auffassung von Macht als rein rechtliches, zentralisiertes Instrument, das ihm inadäquat erscheint, um über die Bevölkerung dank biopolitischer Techniken und Taktiken zu herrschen: „Il faut se débarrasser du modèle du Léviathan, c'est-à-dire en somme d'un pouvoir conçu comme foyer central et décrit en termes juridiques, et analyser le pouvoir à partir des techniques et tactiques de domination. Le bio-pouvoir se comprend dans le cadre de cette redéfinition du pouvoir“.[193]

Emmanuel Tuchscherer interpretiert Hobbes' Souveränitätsverständnis im Sinne von Schmitts positivistischen Ansätzen (vgl. Kapitel 5.2.2.), an die sich auch *Corpus Delicti* anlehnt, nämlich dass die alleinige Tatsache,

---

189 Helmisaari, V. (2020). „Thomas Hobbes and Contemporary Italian Thinkers: Permanent War in Giorgio Agamben, Roberto Esposito and Antonio Negri“. *Publications of the Faculty of Social Sciences*. University of Helsinki. S. 39; 53.

190 Agamben, G. (2006). *Ausnahmezustand*. Berlin. Suhrkamp. S. 12.

191 Ibidem.

192 Ibidem: S. 9.

193 „Wir müssen uns vom Modell des Leviathans lösen, d.h. von einer juristisch definierten Macht, die im Mittelpunkt steht, um letztere unter dem Gesichtspunkt der Techniken und Taktiken der Herrschaft zu erfassen. Die Biomacht muss in dieser Neudefinition von Macht verstanden werden“ (eigene Übersetzung). Genel, K. (2004). « Le biopouvoir chez Foucault et Agamben ». *Methodos*, Savoirs et textes, 4. S. 13.

dass ein Befehl oder eine Entscheidung vom Souverän ausgeht, dessen Gültigkeit bewirkt, unabhängig von der Richtigkeit, Gültigkeit, Wahrheit, Moralität, Rationalität oder Kompetenz des Inhalts: „le sujet dispense du contenu".[194] Nach Hobbes verfügt der Souverän über das Entscheidungsmonopol, denn er ist der Begründer des Staates, ohne ihm untertan zu sein. Somit enthebt Hobbes den Souverän aller moralische oder materieller Verantwortlichkeit. „Summa Auctoritas" und „summa Potestas" fallen bei Hobbes zusammen. Dieselbe Verschmelzung von „Auctoritas" und „Potestas" dringt in *Corpus Delicti* durch: nicht die Richtigkeit der Verurteilung von Moritz und Mia ist ausschlaggebend, sondern die Tatsache, dass sie die METHODE ausspricht, im Namen der Bewahrung des Staates und dessen Staatsräson. Carl Schmitt wird zu diesem Thema der Machtausübung die positivistische Rechtstheorie entwickeln, auf die im Kapitel 5.2.3. eingegangen werden soll. Im Folgekapitel soll Schmitts Definition des „Politischen" mit Blick auf *Corpus Delicti* erörtert werden.

5.2.2. Carl Schmitts Staatstheorie

Carl Schmitt hat traurige Berühmtheit als Hitlers Rechtstheoretiker erlangt, dessen Theorien zum Fundament der Nationalsozialistischen Diktatur wurden, beginnend mit der Theoretisierung des Ausnahmezustandes, – den Agamben in *Homo sacer* untersuchen wird – den er als Ausdruck tatsächlicher Souveränität versteht:

> Dazu gehört vielmehr eine prinzipiell unbegrenzte Befugnis, das heißt die Suspendierung der gesamten bestehenden Ordnung. Ist dieser Zustand eingetreten, so ist klar, dass der Staat bestehen bleibt, während das Recht zurücktritt. Weil der Ausnahmezustand immer noch etwas anderes ist als eine Anarchie und ein Chaos, besteht im juristischen Sinne immer noch eine Ordnung, wenn auch keine Rechtsordnung. Die Existenz des Staates bewahrt hier eine zweifellose Überlegenheit über die Geltung der Rechtsnorm. Die Entscheidung macht sich frei von jeder normativen Gebundenheit und wird im eigentlichen Sinne absolut. Im

---

194 „Die Person befreit von Inhaltszwängen" (eigene Übersetzung). Tuchscherer, E. (2004). « Le Léviathan dans la doctrine de l'État de Thomas Hobbes : sens et échec du décisionnisme politique ». *Astérion. Philosophie, histoire des idées, pensée politique*, (2). S. 6).

> Ausnahmefall suspendiert der Staat das Recht, kraft eines Selbsterhaltungsrechtes, wie man sagt.[195]

Die nationalsozialistische Diktatur stützte sich auf den 1933 ausgerufenen Ausnahmezustand bis zu ihrem Niedergang 1945, unter dem Vorwand, die Integrität des Staates vor der kommunistischen Gefahr schützen zu müssen. Angeblich sollen die Kommunisten die Urheber des Brandes des Reichstages 1933 gewesen sein.

Im Interesse der existenziellen Bewahrung des Staates muss, im Verständnis von Schmitt, die Zugehörigkeit zum Staat nach eindeutigen Kriterien festgelegt werden: dazu bedarf es einer klaren Begriffsunterscheidung zwischen „Politischem" und „Nichtpolitischem", die als souverän gezogene Grenzlinie zwischen Staatsfeinden und -freunden, begriffen werden muss:

> Staat ist der politische Status eines in territorialer Geschlossenheit organisierten Volkes. [...]. Staat ist [...] ein besonders gearteter Zustand eines Volkes, und zwar der im entscheidenden Fall maßgebende Zustand und deshalb, gegenüber den vielen denkbaren individuellen und kollektiven Status, der Status schlechthin. Mehr lässt sich zunächst nicht sagen.[196]

Mit anderen Worten existiert der Staat nur als Gemeinschaft von Individuen, die nach bestimmten, „politischen" Kriterien als zum Staat zugehörig identifiziert werden.[197]

Um jedoch feststellen zu können, was genau diesen politischen Status ausmache, vermeint Schmitt, dass es notwendig sei, die Stellung von Politik und Politischem gegenüber Nichtstaatlichem, Gesellschaftlichem, Privatem festzustellen: „Als polemischer Gegenbegriff gegen solche Neutralisierungen und Entpolitisierungen wichtiger Sachgebiete erscheint der gegenüber keinem Sachgebiet desinteressierte, potentiell jedes Gebiet ergreifende totale Staat der Identität von Staat und Gesellschaft".[198] Jedoch welche Kriterien erlauben eine klare Diskriminierung zwischen politisch und nicht politisch? Die Antwort auf diese Frage ergibt sich aus

---

195 Schmitt, C. (1934). *Politische Theologie Vier Kapitel zur Lehre von der Souveränität*. München, Leipzig. Duncker & Humblot. S. 18–19.

196 Schmitt, C. (2015). *Der Begriff des Politischen: Text von 1932 mit einem Vorwort und drei Corollarien*. München, Leipzig. Duncker & Humblot. S. 20.

197 Hier liegt eines der Fundamente der nationalsozialistischen Rassenpolitik.

198 Ibidem: S. 24.

dem Gegensatz zwischen (politischem) Freund und (politischem) Feind, wobei dieser Gegensatz als rein rationell politisches Konzept nicht mit den Gegensätzen zwischen gut und böse, schön und hässlich, moralisch und unmoralisch gleichzusetzen ist. Ein politischer Feind kann durchaus gut sein, genauso wie ein politischer Freund böse oder unmoralisch sein kann:

> Die Unterscheidung von Freund und Feind hat den Sinn, den äußersten Intensitätsgrad einer Verbindung oder Trennung, einer Assoziation oder Dissoziation zu bezeichnen. [...] Er (der Feind, Anm. d. Verf.) ist eben der andere, der Fremde, und es genügt zu seinem Wesen, dass er in einem besonders intensiven Sinne existenziell etwas anderes und Fremdes ist, so dass im extremen Fall Konflikte mit ihm möglich sind, die weder durch eine im Voraus getroffene generelle Normierung noch durch den Spruch eines „unbeteiligten" und daher „unparteiischen Dritten" entschieden werden können. [...] Den extremen Konfliktfall können nur die Beteiligten selbst unter sich ausmachen; namentlich kann jeder von ihnen nur selbst entscheiden, ob das Anderssein des Fremden im konkret vorliegenden Konfliktfalle die Negation der eigenen Existenz bedeutet und deshalb abgewehrt oder bekämpft wird, um die eigene, seinsmäßige Art von Leben zu bewahren.[199]

In dieser eiskalten Konzeption des Politischen, das der Macht unbegrenzte Machtbefugnisse gegenüber politischen „Feinden" einräumt, liegt der Kern der unermesslichen Grausamkeit des nationalsozialistischen Regimes. Um dem Staat eine eindeutige Dimension zu verleihen, müssen dessen „Freunde" als Staatsbürger klar definiert werden und, a contrario, dessen Feinde ausgesondert und eliminiert werden, und dies aus rein rechtlich-politischen Betrachtungen. Die Entscheidung darüber, wer ein Feind ist, den es zu bekämpfen gilt, ist Ausdruck des souveränen Staates als politische Einheit der Bürger (Freunde). Denn „der Staat als die maßgebende politische Einheit hat eine ungeheure Befugnis bei sich konzentriert: die Möglichkeit Krieg zu führen und damit offen über das Leben von Menschen zu verfügen".[200] Genauso wie es kein dunkel ohne hell gibt, gibt es für Schmitt keine dem Staat zugehörige Bürger ohne die Ausgrenzung von Staatsfremden. Völker können nach dieser These nur als solche existieren, wenn sie sich „nach dem Gegensatz von Freund und Feind gruppieren".[201] In Schmitts Auffassung gibt es keinen Staat als politisches Gebilde

---

199 Ibidem: S. 27.
200 Ibidem: S. 46.
201 Ibidem: S. 29.

ohne Kampf, wobei der Kampf als Möglichkeit der physischen Tötung zu sehen ist, „denn erst im wirklichen Kampf zeigt sich die äußerste Konsequenz der politischen Gruppierung von Freund und Feind. Von dieser extremen Möglichkeit her gewinnt das Leben der Menschen seine spezifisch politische Spannung".[202] Politik findet nur dann statt, wenn einerseits Menschen ermächtigt werden zu töten und, andererseits, Menschen dazu genötigt werden, ihr Leben zu opfern.

Die METHODE in *Corpus Delicti* fundiert, in Anlehnung an Schmitts Theorie, auf einer kalt rationalen Gesundheitstheorie, die als politisches Zugehörigkeitskriterium zum Staat die bedingungslose Befolgung der Gesundheitsvorschriften verlangt. Jeder Bürger, der sich diesen Vorschriften, und somit der staatlichen Gesundheitsideologie, entgegensetzt, wird zum Feind degradiert, zum politisch Ausgegrenzten, dessen Tötung eine sachliche Folge staatspolitischen Selbstschutzes ist. Das politische Drinnen definiert sich durch die unbedingte Adhäsion an die Staatsräson und bestimmt das politische Hoheitsgebiet. Die METHODE bedient sich genau dieses Konzepts Freund-Feind, dessen sich die ideale Geliebte bewusst ist, weshalb sie Mia davor warnen möchte, Kramer bei der Ermittlung des mutmaßlichen Staatsfeindes durch die freiwillige Lieferung von Informationen über Moritz an die Hand zu gehen: „‚Aber nicht dem da', sagt die ideale Geliebte. ‚Der will beweisen, dass Moritz ein Staatsfeind war'".[203]

Weiter theoretisiert Schmitt, dass in einer vollkommen befriedeten Welt ohne physischen Krieg Politik verschwinden würde: „Eine Welt in der die Möglichkeit eines solchen Kampfes [...] verschwunden ist, [...] wäre eine Welt ohne die Unterscheidung zwischen Freund und Feind und infolgedessen eine Welt ohne Politik".[204] Im Sinne dieser kriegerischen Auffassung von Politik ist die Anprangerung Kramers von Methodenfeinden in *Corpus Delicti* zu situieren: „Anti-Methodismus ist ein kriegerischer Angriff, dem wir mit Krieg begegnen werden".[205]

Menschliche Gruppierungen können nach Schmitt aus den unterschiedlichsten Gründen politisch werden, indem sie sich als Freund und Feind

202 Ibidem: S. 35.
203 Zeh, 2013: S. 133.
204 Schmitt, 2015: S. 35.
205 Zeh, 2013: S. 97.

gegenüberstehen, bereit, aus religiösen, ethnischen, wirtschaftlichen Gründen usw. sich gegenseitig blutig zu bekämpfen:

> Das Politische kann seine Kraft aus den verschiedensten Bereichen des menschlichen Lebens ziehen, aus religiösen, ökonomischen, moralischen und anderen Gegensätzen; es bezeichnet kein eigenes Sachgebiet, sondern nur den Intensitätsgrad einer Assoziation oder Dissoziation von Menschen, deren Motive religiöser, nationaler (im ethnischen oder kulturellen Sinne), wirtschaftlicher oder anderer Art sein können [...].[206]

Der souveräne Staat bezieht somit für Schmitt die Kraft aus seiner politischen Einheit und der Möglichkeit, frei darüber zu entscheiden, wer ein Feind ist und ob der Intensitätsgrad erreicht ist, dass es eines Krieges zum Selbstschutz gegen eben diesen Feind bedarf. Das „ius bellicus" wirkt als Identitätsfaktor des „Staatseins", denn in einer allgemein befriedeten Welt werde es auch keinen Staat im politischen Sinne mehr geben. In dieser Optik definiert die Gesundheitspolitik als Staatsräson die Reichweite des Politischen in *Corpus Delicti*, das Politische wird vom Nichtpolitischen abgesondert, Freund und Feind, Kramer und Moritz, Kramer und Mia stehen sich als Widersacher gegenüber, ohne dass persönliche Betrachtungen ins Spiel kämen. Politik ist nicht menschlich, Politik ist rational, wie Kramer bestätigt: „Methodenfeinde sind Zyniker. Nur, und dieses Detail ist mir wichtig, nicht aus Bösartigkeit, sondern aus Unwissen".[207]

5.2.3. Hobbes und Schmitt

Schmitt ironisiert die hobbessche Staatstheorie als ein maschinelles Gebilde, das aus vor Angst zitternden Individuen entstand, die sich in ihrer Not des furchterregenden Naturzustandes einer höheren, absoluten Gewalt, einem sterblichen Gott unterwerfen: „Atomisierte Einzelne finden sich in ihrer Angst zusammen, bis das Licht des Verstandes aufleuchtet und ein auf die allgemeine und unbedingte Unterwerfung unter die stärkste Macht gerichteter Konsens zustande kommt".[208] Er interpretiert die Macht des Leviathan als die Macht eines Übermenschen, der über einen maschinell

206 Schmitt, 2015: S. 38.
207 Zeh, 2013: S. 93.
208 Schmitt, 2018: S. 51.

funktionierenden Staat absolut herrscht, indem er „Auctoritas" und „Potestas" in sich vereint: seine Entscheidungen sind in ihrer technischen Vollkommenheit wirksam, unabhängig von moralischen, rechtlichen oder inhaltlich geprägten Betrachtungen. Ein technisierter Staat „[...] hat seinen Wert, seine Wahrheit und seine Gerechtigkeit in seiner technischen Vollkommenheit. Alle anderen Wahrheits- und Gerechtigkeitsvorstellungen werden durch die Entscheidung des Gesetzesbefehls absorbiert [...]. Die Staatsmaschine funktioniert oder funktioniert nicht".[209]

Die Bemerkung der idealen Geliebten – „Ausgerechnet das perfekte Funktionieren der METHODE führt dazu, dass man ihren Sinn vergisst"[210] – ist zweifelsohne auf dieses sinnentfremdete, rein mechanische Funktionieren der schmittschen Staats- und Verwaltungsmaschine, ohne Hinterfragung von Moral, Werten, Pertinenz und Richtigkeit, zu beziehen. Denn die METHODE, überzeugt von ihrer Perfektion, nimmt sich die Freiheit, die Gesetze nicht auf ihre inhaltliche oder moralische Richtigkeit zu hinterfragen. Kramer macht daraus kein Hehl, wenn er die Unfehlbarkeit des Systems preist: „Unfehlbarkeit ist ein Grundpfeiler der METHODE. Wie sollten wir den Menschen im Land die Existenz einer Regel erklären, wenn diese Regel nicht vernünftig und in allen Fällen gültig, mit anderen Worten, unfehlbar wäre? Unfehlbarkeit verlangt Konsequenz, auf die uns der gesunde Menschenverstand verpflichtet".[211]

Das Menschliche verliert, zugunsten der funktionierenden Maschine, jeden Stellenwert in Schmitts Vorstellung, obwohl es der Mensch selbst ist, der Gesetze für Menschen erlässt. Genau diese Frage stellt Mia in *Corpus Delicti*: „Was [...] bedeutet Unfehlbarkeit im Angesicht des Menschlichen?".[212]

Tuchscherer untersucht, wie Schmitt die Grundidee der Aussage „auctoritas, non veritas, facit legem" von Hobbes übernimmt, nämlich dass die autoritäre Macht keiner rationellen oder moralischen Inhalte bedarf, um ihre Souveränität zu rechtfertigen.[213] Die Tatsache, dass eine Entscheidung vom Souverän ausgeht, ist Grund genug für deren Wirksamkeit.

---

209 Ibidem: S. 69.
210 Zeh, 2013: S. 94.
211 Ibidem: S. 41.
212 Ibidem: S. 42.
213 Tuchscherer, 2012: S. 6.

Hobbes erscheint nach Schmitts Auffassung in der Rolle des Vorläufers der positivistischen Rechtstheorie als „Gedanke des Staates als eines technisch vollendeten, von Menschen geschaffenen magnum artificium, als einer ihr ‚Recht' und ihre ‚Wahrheit' nur in sich selbst, nämlich in der Leistung und in der Funktion findenden Maschine [...]".[214] In einem solchen maschinell funktionierenden Staat, wenn er wirklich existiert und nicht nur Fiktion sein soll, gibt es kein Recht auf Widerstand.[215] Hobbes' sterblicher Gott bestimmt Recht und Unrecht, Wahrheit und Fiktion: „Er allein straft und belohnt. Er allein bestimmt kraft seiner souveränen Gewalt durch Gesetz [...]".[216]

In diesem Zusammenhang kritisiert Schmitt in Hobbes' Theorie eine dem absoluten Herrschertum fatale Bruchstelle zwischen öffentlicher und privater Sphäre: dadurch, dass Hobbes die Macht des Leviathans auf das Äußerliche und Öffentliche beschränkt, entziehen sich ihr die innere Gedankenwelt der Bürger, das Private, Geheime, Intime. Diese Trennung zwischen öffentlich und privat zwinge den Staat, seine Macht durch Unterdrückung und Angst zu behaupten und führe letztendlich zu seinem Ende, sobald Freidenkertum und intime Überzeugungen gegenüber dem öffentlichen Staatsraum Oberhand gewinnen.[217]

Schmitts Auslegung von Hobbes' vermeintlichem Positivismus scheint jedoch den naturrechtlichen Charakter der hobbesschen Staatsmacht zu übersehen: „Il n'est rien que le représentant souverain ne puisse faire à un sujet [...] en sorte que celui-ci n'est jamais privé d'aucun droit que ce soit, si ce n'est qu'étant lui-même le sujet de Dieu, il est, par cela même, tenu d'observer les lois de nature".[218]

Hobbes' Souverän steht über den Gesetzen und hat sich nur vor Gott zu verantworten. Die Gesetze, die er erlässt, sind rechtskräftig für die

214 Schmitt, 2018: S. 70.

215 Ibidem: S. 71.

216 Ibidem: S. 80.

217 Ibidem: S. 97.

218 „Es gibt nichts, was der souveräne Vertreter einem Untertanen nicht antun könnte [...], so dass letzterem niemals ein Recht entzogen wird, außer dass er, da er selbst Untertan Gottes ist, gerade deshalb verpflichtet ist, die Naturgesetze zu beachten" (Eigene Übersetzung). Tuchscherer, 2012, S. 17.

Untertanen, allein weil sie souveränen Ursprungs sind. Die Bürger akzeptieren diese Rechtswillkür und -unsicherheit als den Preis, den sie für Sicherheit und Ordnung bezahlen. Und genau letztere markieren gleichzeitig die Beschränkung der souveränen Macht, denn diese darf nicht die Sicherheit und den Schutz des Lebens der Bürger auf das Spiel setzen: „Verlangt der Herrscher von Untertanen, sich selbst zu töten oder zu verletzen, so besitzt dieser ein Recht auf Widerstand“.[219]

Schmitt hingegen interpretiert, offensichtlich entgegen Hobbes' Verständnis, das hobbessche Staatssystem als positivistischen Rechtsstaat, dessen maschinenähnlicher Verwaltungsapparat nach den Gesetzen des positivistischen Rechtsstaates funktioniert. Nach Schmitts Ansicht könne nur ein auf Gesetz und Legalität beruhender Staat einige Zeit die Schwachstelle der privaten Denk- und Meinungsfreiheit überbrücken, bevor er schließlich durch die heterogenen liberalen inneren Strömungen (Meinungsfreiheit, Parteienpluralismus) zerstört werde. „Der Staat selbst verwandelt sich in ein positivistisches Legalitätssystem. Aus dem legislator humanus wird eine machina legislatoria“.[220] Der Staat ist eine Maschine, die Gesetze erlässt, unbeachtet deren Inhalt und Wahrheit, deren Rechtskraft auf dem Durchlaufen eines gesetzlichen, formell vorbestimmten, Prozesses gründet. Es geht Schmitt nur um die Paradigmen „funktioniert / funktioniert nicht“. Die hobbessche natürliche Legitimität wird somit bei Schmitt zur positiven Legalität:

> Die bewundernswerte, durch unerhörte technische Erfindungen immer höher gesteigerte und vervollkommnete Armatur eines modernen Staates und der komplizierte Befehlsmechanismus seiner administrativen Ordnung erfordern eine bestimmte Rationalität und Form der Befehlsgebung und einen mit großer Sachkunde durchdachten Plan. Das alles bedeutet die Verwandlung der Legitimität in die Legalität, des göttlichen, natürlichen oder sonstigen vorstaatlichen Rechts in ein positives, staatliches Recht.[221]

Diese positivistische Interpretation widerspricht Hobbes' Auffassung, dass der Souverän über den Gesetzen steht und somit an keine rechtsstaatliche

219 Strüwing, M. (2004). *Studienarbeit: Carl Schmitt und der Leviathan des Thomas Hobbes*. München, Ravensburg. Grin Verlag. S. 10–11.
220 Schmitt, 2018: S. 100.
221 Ibidem: S. 103.

Verfassung gebunden ist. Schmitts Bemerkung, dass Entscheidung und Befehl auf psychologisch zwingenden Gesetzen beruhen, scheint diesen Widerspruch zu bestätigen.

Hobbes' Ideen sind zwar absolutistisch, aber mit dem Naturgesetz verbunden: Die Bürger tauschen Freiheit gegen Sicherheit ein, denn alles menschliche Handeln ist naturgewollt utilitaristisch, und eben dieser Auftrag der Sicherheit an Leviathan fungiert gleichzeitig als natürliche Grenze seiner Macht. Hobbes steht weiteres seinen Bürgern, im Gegensatz zu Schmitt, eine private Idee- und Denkfreiheit zu.

Und genau an diesem Punkt des natürlichen Rechts setzt Schmitts Verbiegung der hobbesschen Rechtsauffassung bis hin zur positivistischen ein, indem das positive Recht das Naturrecht ersetzt und bis in die tiefste menschliche Intimsphäre eindringt:

> Die Schuldigen sind für ihn aber indirekte Mächte wie „Geheimbünde und Geheimorden, Rosenkreuzer, Freimaurer, Illuminaten, Mystiker und Pietisten, Sektierer aller Art, die vielen ‚Stillen im Lande' und vor allem auch hier wieder der rastlose Geist des Juden".[222] Am Ende dieser Entwicklung stirbt für Schmitt die souverän-repräsentative Person, da sich das Innen zu sehr vom Außen unterscheidet. „Sein Werk aber, der Staat, überlebte ihn als eine gut organisierte Exekutive, Armee und Polizei, mit einem Verwaltungs und -Justizapparat und einer gut arbeitenden, fachlich gebildeten Bürokratie". Es entsteht ein positivistischer Rechtsstaat, der den einstigen Alleinherrscher mit Gesetzen bindet und damit marginalisiert.[223]

Schmitt geht somit über die hobbessche Schaffung eines mechanischen Staates hinaus bis hin zum rein positivistischen Staatsgebilde, das bis in das kleinste Detail rational und mechanisch organisiert ist, und dessen Gesetze ebenso mechanisch und normativ, ohne Rücksicht auf Vernunft, Sinn und Ethik ihres Inhaltes, blinde Anwendung finden.[224] Nur perfekt funktionierende gesetzliche und administrative Prozesse können nach seiner Meinung Konflikte unterbinden, Schutz gewähren und Machttreue erzeugen: das Recht wird positives Gesetz, die Rechtmäßigkeit wird zur

222 Strüwing, 2004: S. 13.
223 Ibidem: S. 13–14.
224 Tuchscherer, 2012: S. 20.

Gesetzmäßigkeit, die Gesetzmäßigkeit wird zum positivistischen Funktionsmodus der unpersönlichen und technischen Staatsmaschine.[225]

Schmitt hat sich, scheint es, Hobbes' Gedankengut angeeignet, um es zu seinen Zwecken zu denaturieren, indem der Staat als menschliche Konstruktion der minutiös geregelten technologischen Maschine des 20. Jahrhunderts zum Opfer fällt, die den Souverän selbst mit der kalt-rationellen Staatsmaschine überfährt und für eine entmenschlichte positivistische Normenanwendung sorgt.

Zeh übernimmt in *Corpus Delicti* Schmitts positivistischen Gedanken der funktionierenden oder nicht funktionierenden Staatsmaschine: „Was sollte vernünftigerweise dagegensprechen, Gesundheit als Synonym für Normalität zu betrachten? Das Störungsfreie, Fehlerlose, Funktionierende: Nichts anderes taugt zum Ideal".[226] Als erklärter Positivist[227] bestätigt Kramer die Legitimität der METHODE, weil sie funktioniert: „Die METHODE funktioniert gut. Es gibt keinen Grund sie durch etwas anderes zu ersetzen".[228] Noch deutlicher wird die Anspielung auf Schmitts Positivismus in Mias Manifest, in dem sie der METHODE ihr Vertrauen entzieht: „Ich entziehe einer Moral das Vertrauen, die zu faul ist, sich dem Paradoxon von Gut und Böse zu stellen und sich lieber an ‚funktioniert' oder ‚funktioniert nicht' hält".[229]

Kramers Festhalten am „Funktionieren" der METHODE, ungeachtet menschlicher, moralischer oder individueller Betrachtungen und Bedürfnisse erfolgt aus rein rationellen Gründen. Zeh kommentiert denn auch zu Kramers positivistischer Attitüde in *Fragen zu Corpus Delicti*:

> Kramer glaubt an die Methode, ohne sie für absolut richtig oder auch nur für besser als andere Denksysteme zu halten. Er hat sich einfach von den Kategorien „richtig und falsch", „gut und böse" usw. verabschiedet. Mit anderen Worten: Er betrachtet sich als einen amoralischen Menschen und orientiert sich eher an den Parametern von „funktioniert" und „funktioniert nicht".[230]

---

225 Ibidem: S. 22.
226 Zeh, 2013: S. 195.
227 Ibidem: S. 39.
228 Ibidem: S. 197.
229 Ibidem: S. 200.
230 Zeh, 202a: S. 70.

Kramers Haltung entspricht Schmitts Konzeption des positivistischen Staates, dieser „machina legislatoria“, die die Akteure des Staates einvernimmt und deren Handlungen legitimiert, solange sie dem reibungslosen „Funktionieren“ des Staates dienen. Das gute „Funktionieren“ entbindet gleichzeitig von individueller Verantwortung und Ethik.

Corpus Delicti entlehnt somit Hobbes’ *Leviathan* die Metapher des Staates als menschlicher Körper und Schmitts positivistisch, maschinell-formale Rechtsanwendung. Der Staat als „Immunsystem des Landes“[231] identifiziert die Viren (Methodenfeinde), die er, unfehlbar und methodisch, gemäß der positivistischen Vorgangsweise, ungeachtet moralischer Bedenken, vernichtet.

5.2.4. Rousseaus *Der Gesellschaftsvertrag (Le contrat social)*

Das Werk Rousseaus steht im Bücherregal in Mias Wohnung,[232] ohne weitere Präzision. Dessen lakonische Erwähnung veranlasst dennoch zu einer näheren Untersuchung auf mögliche Querverbindungen zu *Corpus Delicti*, die in der Folge, wenn vorhanden, aufgedeckt werden sollen.

Rousseau suchte nach einer juristisch-philosophischen Antwort auf die Fragen: „Wie können Souveränität und Volkskörper zusammenfallen?“ und „Wie kann das Volk, als Summe einzelner Individuen, als schaffende Kraft dieser Volkssouveränität wirken?“ Während Hobbes einen totalitären Ausweg aus dem konfliktuellen Naturzustand suchte, ging es Rousseau darum, losgelöst vom Naturrecht, eine politische Rechtstheorie zu entwickeln, die es ermöglicht, eine demokratische Republik zu gründen und zu erhalten, in der jeder Bürger frei im staatlichen Schutz leben könne. Rousseau formuliert das Ziel seines Unternehmens mit den folgenden Worten:

> « Trouver une forme d’association qui défende et protège de toute la force commune la personne et les biens de chaque associé, et par laquelle chacun s’unissant à tous n’obéisse pourtant qu’à lui-même et reste aussi libre qu’auparavant ». Tel est le problème fondamental dont le contrat social donne la solution.[233]

---

231 Zeh, 2013: S. 215.

232 Ibidem: S. 139.

233 „Es geht darum, eine Form des Zusammenschlusses zu finden, die mit gemeinschaftlicher Kraft die Person und das Eigentum jedes Einzelnen verteidigt und schützt, und in dem jeder, trotzdem er sich mit allen zusammenschließt, dennoch

Die Lösung des Problems der Machtübertragung vom Volk auf den Monarchen oder Despoten, ohne jedoch die Bürger zu unfreien, unterdrückten Untertanen zu degradieren, sucht Rousseau im Konzept des freiwilligen, vertraglich vereinbarten Verzichts jedes Einzelnen auf seine natürliche Freiheit zugunsten des Sozialkörpers als Ganzes. Als Gegenleistung für diesen freiwilligen Verzicht, werden jedem Mitglied die vertragliche Freiheit, einerseits, und der zivile Status mit Rechten und Verpflichtungen, andererseits, gewährt. Durch diese kollektive, vertragliche Abtretung des Naturrechts entsteht ein, von den Gesellschaftsmitgliedern distinkter, Gemeinschaftskörper, der Souverän, der nun über die Macht verfügt, die notwendigen Organe zeitgebunden (Regierung, Gericht, Parlament) mit der Erhaltung des Staates zu betrauen. Die Vertragspartner sind als Bürger (citoyens) Träger der Souveränität (kollektiver Wille) und als Untertanen (sujets) Träger von gesetzlichen Rechten und Pflichten im Verhältnis zum Staat. Alle zusammen bilden das Volk (peuple). Somit ist jedes Mitglied des Volkes in eine Doppelrolle eingebunden: jener als Mitglied des Souveräns gegenüber jedem Einzelnen und jener des Staatsangehörigen gegenüber eben diesem Souverän: „[...] comme membre du souverain envers les particuliers, et comme membre de l'Etat envers le souverain".[234] Als Folge des Übergangs der Menschen vom natürlichen zum zivilen Zustand verliert jeder Einzelne seine natürliche Freiheit zu tun was ihm beliebt, aber er gewinnt, als Gegenleistung, zivilrechtlich garantierte Freiheit und geschütztes Eigentum.[235]

Es ist die Souveränität, durch den sozialen Pakt begründet, die es dem Staat ermöglicht, für seinen Selbsterhalt zu sorgen. Rousseau vergleicht die Staatssouveränität mit der absoluten Macht, die jeder Mensch über seine eigenen Körperglieder ausübt: „Comme la nature donne à chaque homme un pouvoir absolu sur tous ses membres, le pacte social donne au corps

---

nur sich selbst gehorcht und so frei bleibt wie zuvor. Dies ist das grundlegende Problem, für das der Gesellschaftsvertrag die Lösung bietet" (eigene Übersetzung). Rousseau, J.-J. (1996). *Du contrat social ou principes du droit politique et autres écrits autour du Contrat social.* Paris. Le Livre De Poche. S. 79.

234 „[...] als Mitglied des Souveräns gegenüber dem Einzelnen und als Staatsangehöriger gegenüber dem Souverän" (eigene Übersetzung). Ibidem: S. 81.

235 Ibidem: S. 84.

politique un pouvoir absolu sur tous les siens, et c'est ce même pouvoir qui, dirigé par la volonté générale, porte [...] le nom de souveraineté".[236] Ein solider, lang andauernder Staat entsteht für Rousseau am besten in Zeiten des Friedens und des Überflusses, wenn das Verhältnis zwischen der Anzahl der Bürger und der Größe des Staatsgebietes so optimal ist, dass der Staat weder dazu genötigt ist zu expandieren oder vom Import abzuhängen, um die eigene Bevölkerung zu ernähren, noch er unnötige Kosten durch nicht nutzbare Flächen zu tragen hat.[237]

Kommt es unter solchen günstigen Bedingungen zu einem sozialen Abkommen zwischen allen Mitgliedern einer Nation, genießen alle Bürger die gleichen Rechte und obliegen den gleichen Pflichten, denn jeder Einzelne hat den sozialen Vertrag mit dem Souverän „unterschrieben". Das Staatsinteresse, im Namen des Volkswillens, ist streng getrennt vom individuellen Interesse des Einzelnen,[238] der Staat (Souverän), einerseits, und der einzelne Bürger, andererseits, bilden somit getrennte Einheiten. Ebenso genießt nun jeder Bürger den Schutz des Staates, aber im Gegenzug dazu, muss er es auch akzeptieren, wenn ihm so befohlen wird, für den Staat zu sterben: „[...] quand le prince lui a dit: « il est expédient à l'État que tu meures », il doit mourir ; puisque ce n'est qu'à cette condition qu'il a vécu en sûreté jusqu'alors et que sa vie [...] est un don conditionnel de l'État".[239] Im Wesentlichen soll der Staat Leben bewahren und schützen und nur dann, wenn dies für den Erhalt des Staates unabdinglich ist, müssen die Bürger bereit sein, für das Gemeinwohl zu sterben. Gleichermaßen muss jener Bürger, der den Sozialpakt und dessen Gesetze missachtet, getötet oder aus dem Volkskörper durch Exil entfernt werden.[240]

---

236 „Genauso wie die Natur jedem Menschen absolute Macht über alle seine Glieder verleiht, verleiht der Gesellschaftsvertrag dem Staatskörper die absolute Macht über die seinigen, wobei diese Macht dieselbe ist, die aus dem allgemeinen Willen resultiert und den Namen der Souveränität trägt" (eigene Übersetzung). Ibidem: S. 95.

237 Ibidem: S. 116.

238 Ibidem: S. 97–98.

239 „[...], wenn der Fürst zu ihm gesagt hat: ‚Es ist notwendig für den Staat, dass du stirbst', so muss er sterben; denn nur unter dieser Bedingung hat er bisher in Sicherheit gelebt und sein Leben ... ist ein bedingtes Geschenk des Staates" (eigene Übersetzung). Ibidem: S. 100.

240 Ibidem: S. 100–101.

Das Gesetz ist für Rousseau nichts anderes als Ausdruck des allgemeinen Willens. Es kann sich nicht auf einzelne Mitglieder des Volkskörpers beziehen, sondern nur auf den Volkskörper als Ganzes in seiner Allgemeinheit. Da das Gesetz dem Volkswillen entspringt, kann es auch nicht ungerecht sein, denn niemand ist ungerecht sich selbst gegenüber. Das Paradox liegt darin, dass das Volk gleichzeitig Souverän und Untertan ist, denn es erlässt die Gesetze, denen es gleichzeitig auch unterliegt.[241] Die Gesetzesmacht, die einzig dem Volkskörper gehört, muss durch eine exekutive Macht ergänzt werden, jedoch kann letztere nicht durch den Volkskörper ausgeübt werden, wenn es um die Anwendung des Gesetzes auf den Einzelfall geht. Dazu bedarf es einer Regierung, die das Bindeglied darstellt zwischen Souverän und Bürgern, der es obliegt, die Beachtung der Gesetze zu erwirken und Freiheit und Sicherheit im Staat zu bewahren.[242]

Der Souverän kann sich, gleich Hobbes, für die Republik (Regierung durch zahlreiche Volksvertreter), die Aristokratie (Regierung durch Wenige) oder für die Monarchie (Regierung durch einen allein regierenden Monarchen) entscheiden.

Interessant ist im gegenwärtigen Kontext der Coronakrise besonders das Augenmerk, das Rousseau auf die Gefahr des Ausnahmezustandes lenkt, der in einem demokratisch-republikanischen Staat ausgerufen wird, um den Erhalt des Staates in besonderen Krisen zu gewähren. Denn die Macht, so Rousseau, die für die Dauer dieses Ausnahmezustandes in die Hände begrenzter Staatsorgane oder gar in die Hände eines einzelnen Mannes gelegt wird, unter Ausschaltung des Gesetzgebers, droht sich bei zu langem Andauern in eine Diktatur zu verwandeln.[243] Besonders ausdrücklich warnt Rousseau vor allem vor der Verlängerung der Dauer von Ausnahmezuständen: „[...] il importe d'en fixer la durée à un terme très court qui jamais ne puisse être prolongé. [...] passé le besoin pressant, la dictature devient tyrannique ou vaine".[244]

241 Ibidem: S. 127.

242 Ibidem: S. 126.

243 Ibidem: S. 203–204.

244 „[...] es ist wichtig, seine Dauer (des Ausnahmezustandes, Anm. d. Verf.) auf einen sehr kurzen Zeitraum festzulegen, der niemals verlängert werden kann. [...] Denn sobald die Dringlichkeit vorbei ist, wird die Diktatur tyrannisch oder sinnlos" (eigene Übersetzung). Ibidem: S. 206.

„Rousseau, sagt Mia vor dem Bücherregal. Mit Widmung von Moritz".[245] Möglicherweise verweist Zeh in *Corpus Delicti* auf Rousseau, mit Hinweis auf Moritz' Widmung, um Rousseaus Staatstheorie sowohl im Sinne Mias als in jenem von Moritz auszulegen. Rousseaus Denken basiert auf der Suche nach einer Regierungsform, die zwar den freien Naturzustand des Menschen einschränkt, dessen Verlust jedoch mit einer neuen, zivilrechtlichen Freiheit und Sicherheit kompensiert. Der Freiheitsverzicht des Einzelnen soll zu einer neuartigen Freiheit im Interesse des Schutzes des Einzelnen und des Gedeihens der Nation führen.

Die METHODE in *Corpus Delicti* wird als die von einer starken Mehrheit akzeptierten Staatsform geschildert, so als ob deren Bürger ihr schweigendes kollektives Einverständnis zur Staatsräson der Gesundheit für alle erteilt hätten. Carla Gottwein teilt diese Interpretation, wenn sie feststellt, dass in der METHODE die Summe der Einzelwillen, im Sinne Rousseaus, zum allgemein akzeptierten Gemeinwillen erzogen wird.[246] Die METHODE scheint vom Volkssouverän beauftragt zu sein, die Gesundheit aller zu gewährleisten, unter Verzicht auf individuelle Freiheiten. Der Schutz der Gesundheit, das Gefühl der Sicherheit und der Entlastung von individueller Verantwortung scheinen die akzeptierte Gegenleistung für den Verlust der Grundfreiheiten zu sein. Die überwältigende Mehrheit der Bürger, einschließlich Mia, empfindet es als Normalzustand, sich ständig Gesundheitskontrollen unterziehen zu müssen, ja sogar als vorteilhaft und bequem. Solange diese kollektiv-vertragliche Machtübertragung an die METHODE nicht durch einzelne Gesellschaftsmitglieder in Frage gestellt wird, ist deren Existenz voll legitimiert und läuft keine Gefahr der Unterminierung. Es sei dahingestellt, ob das systemangepasste Verhalten der Bürger gegenüber der METHODE Ausdruck eines auf einem unausgesprochenen „contrat social" beruhenden Systems ist oder eher aus der Gleichgültigkeit als kausale Folge des Gefühls der Selbstverständlichkeit und Bequemlichkeit resultiert. Diese Bequemlichkeit in der Selbstverständlichkeit bringt Zeh auf den Punkt: „Aus dem Gefühl von Selbstverständlichkeit wird schnell Gleichgültigkeit. Und schließlich Erstaunen

---

245 Zeh, 2013: S. 139.
246 Vgl. in Gottwein, 2010 das Kapitel „Das Fundament der Methode".

darüber, auf unbemerkte Weise verloren zu haben, was man doch sicher glaubte".[247] Jedoch musste mutmaßlich am Anfang der Selbstverständlichkeit ein kollektiver Konsens bestehen, damit die METHODE sich überhaupt behaupten könne. Gefährlich sind für ihr Bestehen weder die Selbstverständlichkeit noch die Gleichgültigkeit, sondern der Bruch dieses unausgesprochenen sozialen Paktes durch einzelne Gesellschaftsmitglieder. Das Fortbestehen der METHODE ist umso mehr gefährdet, je weiter individueller und allgemeiner Wille auseinanderklaffen.[248] Dies folgt ebenso, a contrario, aus Rousseaus Schlussfolgerung zum perfekt funktionierenden Staat: „Dans une législation parfaite, la volonté particulière ou individuelle doit être nulle, la volonté de corps propre au gouvernement très subordonnée et, par conséquent, la volonté générale ou souveraine toujours dominante et la règle unique de toutes les autres".[249] Auf die ernste Gefahr des Auslebens individueller Interessen für den Gesellschaftskörper als Ganzes weist Kramer Mia gegenüber hin: „Wenn Sie, wie sie sagen, gerade ihr wahres Selbst gefunden haben, dann müssen sie sich auch fragen, wie dieses Selbst die Last einer solchen Verantwortung tragen soll".[250] Der Anspruch darauf, individuelle Interessen der Allgemeinheit gegenüberzustellen, muss im Keim erstickt werden, und rechtfertigt in Kramers Augen, wenn notwendig, die Anwendung der mittelalterlichen Folter: „In Situationen von besonderer Bedeutung und hoher Brisanz, wenn also eine Gefahr für das Große und Ganze vorliegt, kommt es vor, dass man auf veraltete Maßnahmen zurückgreifen muss".[251]

Hier kommt die Vorstellung Rousseaus vom gesamten Volkskörper als Träger der Staatssouveränität zutage, in dem einzelne, im Gegenstrom zum allgemeinen Willen wirkende Kräfte, unter allen Umständen ausgesondert werden müssen, um die Schwächung des Staates bis hin zu dessen Verfall

247 Zeh, 2016: S. 15.
248 Hobbes, 2021: S. 190.
249 „In einer fehlerfreien Gesetzgebung müssen der besondere oder individuelle Wille gleich null und der Wille der regierenden Körperschaft sehr untergeordnet sein, worauf darauf zu schließen ist, dass der allgemeine oder souveräne Wille immer dominant sein und als allein gültige Regel über allen anderen stehen muss" (eigene Übersetzung). Rousseau, 1996: S. 133.
250 Zeh, 2013: S. 247.
251 Ibidem: S. 249.

zu verhindern. Genauso wird auch der Bürger, der die Bequemlichkeit der Freiheit vorzieht, durch die Staatsgewalt zurückgedrängt, mit der zunehmenden Schwächung der Volkssouveränität als Folge: „Quand ceux-ci sont [...] plus amoureux du repos que de la liberté, ils ne tiennent pas longtemps contre les efforts [...] du gouvernement[...]“.[252]

Diese Kernerkenntnis Rousseaus liegt *Corpus Delicti* zugrunde: Der Bürger, der nach Sicherheit und Bequemlichkeit beim Staat sucht, verzichtet auf seine Freiheit. Erfolgt ein solcher Freiheitsverzicht auf kollektiver Ebene, verwandelt sich eine Nation unbewusst in ein Opfer diktatorischer Regierungskräfte. So gesehen könnte Rousseaus Staatsmodell als ebenso autoritär angesehen werden wie Hobbes absolutistische Staatsvorstellung, denn wer sich nicht dem Gemeinwillen fügt, dem droht Verbannung oder Tod,[253] genauso wie dies die METHODE als Bedrohung für die Demokratie vorexerziert.

5.3. Philosophische Einschläge

Das aufklärerische Gedankengut der extremen Rationalität und ganz besonders die biopolitischen Theorien von Michel Foucault und Giorgio Agamben nehmen in *Corpus Delicti* eine Sonderrolle ein. Ohne die nähere Befassung dieser philosophischen Strömungen ist eine erfolgreiche Annäherung an *Corpus Delicti* wohl kaum möglich. Die dem Werk zugrunde liegenden rationalistisch-biopolitischen Konzeptionen bestimmen von Grund auf dessen Wesen und machen es zu einem Paradebeispiel biopolitischer Stoffverarbeitung. Ohne Verständnis des Biopolitischen in einem Kontext purer Rationalität entgleiten dem Betrachter des Werkes dessen Kernaussagen. Den Werteverlust in einer Gesellschaft, in der Gott gestorben ist, erklärt ein Seitenblick auf Friedrich Nietzsche.

---

252 „Wenn diese [...] mehr in den Müßiggang als in die Freiheit verliebt sind, halten sie den Bedrängnissen [...] der Regierung nicht lange stand [...]“ (eigene Übersetzung). Rousseau, 1996: S. 168.

253 Vgl. Schmidt, M. G. (2019). *Demokratietheorien. Eine Einführung*. Berlin. Springer Verlag. S. 75.

5.3.1. Aufklärung in Horkheimer, Adorno und Kant

Corpus Delicti trägt offensichtliche Züge des aufklärerischen Verständnisses der Philosophen Max Horkheimer und Theodor Adorno. Es geht dabei um ein rein rationelles, wissenschaftlich belegbares Verständnis der Welt, in der Staunen, Mysterien und emotionell bedingte oder instinktive Handlungen keinen Platz haben.

Mia, als Biologin und Wissenschaftlerin, vertraut ursprünglich, gleich Kramer, allein rationellen Vorgaben. Kramers wie Mias aufklärerische Haltung kommt schon in der Überzeugung zum Tragen, dass ein ADN-Test unfehlbar sei. Eine instinktive Vermutung von Moritz' Unschuld, die zu näheren Untersuchungen hätte führen müssen, steht außer Frage, da sie im Widerspruch zum rationell-objektiven Resultat des ADN-Tests steht.[254] Indem der Mensch seine Überzeugungen allein auf objektive, rationell erfassbare Daten limitiert, entledigt er sich scheinbar der Unsicherheit, des Zweifels, des Zauderns und der Angst, verliert jedoch an Weitsichtigkeit und menschlichem Einschätzungsvermögen. Er wird zum starren Handlanger wissenschaftlicher Daten.

Horkheimer und Adorno resümieren diese Idee des menschlichen Wunsches, die Welt zu kontrollieren, um Angst und Zweifel zu entrinnen:

> Seit je hat die Aufklärung im umfassendsten Sinn fortschreitenden Denkens das Ziel verfolgt, von den Menschen die Furcht zu nehmen und sie als Herren einzusetzen. Aber die vollends aufgeklärte Erde strahlt im Zeichen triumphalen Unheils. Das Programm der Aufklärung war die Entzauberung der Welt.[255]

Diese Entzauberung der Welt ist für Adorno und Horkheimer das Resultat des menschlichen Strebens, alles rational erfassen zu wollen. Kant leitet den aufklärerischen Gedanken ein, indem er die Notwendigkeit des menschlichen Bestrebens unterschreibt, „sich seines Verstandes ohne Leitung eines anderen zu bedienen",[256] denn nur so avanciere er vom unmündigen zum mündigen Bürger.

---

254 Vgl. Zeh, 2013: S. 41.

255 Horkheimer, M., & Adorno, T. W. (2014). *Gesammelte Schriften, Band 5: Dialektik der Aufklärung und Schriften 1940–1950*. Frankfurt am Main. Fischer Verlag. S. 25.

256 Ibidem: S. 104.

Zeh prangert, gleich Adorno und Horkheimer, die Überrationalisierung der Welt, bedingt durch den Optimisierungswahn der heutigen Gesellschaft, als für letztere schädlich an:

> [...]die durch die Hinwendung zur Vernunft ihren Anfang nahm und [...] zu einer biologistischen Betrachtung aller menschlichen Regungen, nicht nur zu einer Entzifferung des Genoms, sondern auch zur Quantifizierung von Gefühlen als bloße hormonell-neuronale Effekte, zur Leugnung des freien Willens und zur naturwissenschaftlichen Jagd auf Seele und Bewusstsein führt. Nicht nur in *Corpus Delicti*, auch auf den algorithmisch betriebenen Datingplattformen unserer realen Welt wird selbst die Liebe als ein berechenbares und damit herstellbares Phänomen betrachtet. Hier erreicht die Kälte des Menschen im Umgang mit sich selbst ein neues Hochplateau – in *Corpus Delicti* ist Fluchtpunkt dieser Kälte das Einfrieren als eisgewordene Pervertierung des Rationalismus: Die totale Optimierung des Menschen ist seine totale Unschädlichmachung.[257]

Die „aufgeklärte Liebe“ beschränkt sich denn auch in *Corpus Delicti* auf immun kompatible Menschen, wie Mias Verteidiger Rosentreter bitter feststellen muss:

> Nach wissenschaftlich belegter Auffassung kommt eine Liebe wie meine aus immunologischen Gründen gar nicht vor. Ich habe einen Haupthistokompatibilitätskomplex der Klasse B-11 und bin somit als möglicher Partner für die Kategorien A-2, A-4 und A-6 qualifiziert. Und als ich die Frau meines Lebens traf, eine Frau wie kaltes Wasser auf einer Verbrennung – da war sie B-13. Wir haben nicht einmal versucht, eine Ausnahmegenehmigung zu erwirken. Völlig aussichtslos.[258]

Die so wissenschaftlich definierte Liebe entbehrt jeglicher menschlicher Betrachtung und folgt rein wissenschaftlichen Regeln der Tatsachenerkenntnis ähnlich Kants Auffassung aufgeklärten Denkens als die „Herstellung von einheitlicher wissenschaftlicher Ordnung und die Ableitung von Tatsachenerkenntnis aus Prinzipien“.[259] Dieser kantischen Schlussfolgerung zufolge ist der aufgeklärte Mensch imstande, selbst zu denken, logisch und folgerichtig aus Prinzipien auf einzelne Gesetze, Vorgänge

---

257 Zeh, 2020a: S. 175–176.
258 Zeh, 2013: S. 121–122.
259 Kant, I. (1968a). *Kants Werke. 2. Vorkritische Schriften*. Berlin. De Gruyter. S. 427–429.

oder Gegebenheiten zu schließen und aufgrund dieses geordneten Vorgehens Ergebnisse vorauszusehen, die er dann auch zu bestätigen vermag.[260]

Adorno und Horkheimer knüpfen an Kants Begriff der menschlichen Unmündigkeit an, indem sie letztere mit der menschlichen Unfähigkeit, das eigene Überleben zu sichern, gleichsetzen.[261] So vermeint der Mensch, laut Adorno und Horkheimer, die Lösung in der Herrschaft über die Natur zu finden, indem er sich dem Streben nach rationalem Wissen dank wissenschaftlichem Fortschritt verschreibt: „Was die Menschen von der Natur lernen wollen, ist, sie anzuwenden, um sie und die Menschen vollends zu beherrschen".[262] Unter diesem Blickwinkel wird für die beiden Philosophen alles Lebendige zur zerlegbaren, rational erfassbaren Materie, die es gilt zu kontrollieren: „Von nun an soll die Materie endlich ohne Illusion waltender oder innewohnender Kräfte [...] beherrscht werden. Was dem Maß von Berechenbarkeit und Nützlichkeit sich nicht fügen will, gilt der Aufklärung für verdächtig".[263] Alles muss erklärbar, erfassbar und kontrollierbar sein, Mystik, Geheimnis, romantisches Schaudern und mythologische Sehsüchte gehören der Vergangenheit an. Genau dieses kalt-rationale Denken wirft Mia Heinrich Kramer vor: „Wie stolz Sie darauf sind, kein Fanatiker zu sein! Wie sorgsam sie auf rationale Überlegenheit achten, auf analytische Distanz!".[264] Dieser Vorwurf Mias bringt die Dialektik der Aufklärung zwischen der Selbstbestimmung und der gleichzeitigen Degradierung des Menschen zum Objekt zum Ausdruck, denn indem „der Humanismus versucht, den Menschen zur Selbstbestimmtheit zu ermächtigen, drängt er ihn auch gleich wieder zurück in die Objektposition, weil er ihn als Gegenstand eines permanenten Gestaltungswillens behandelt".[265] In dieser Fluchtlinie verweisen ebenso Adorno und Horkheimer auf die von Zeh aufgezeigte Gefahr der Verdinglichung, denn Verdinglichtes bietet

260 Kant, I. (1968b). *Werke: Akademie-Textausgabe Band III, Kritik der reinen Vernunft 2, Auflage 1787*. Berlin. De Gruyter. S. 185.
261 Ibidem: S. 106.
262 Horkheimer & Adorno, 2014: S. 26.
263 Ibidem: S. 28.
264 Zeh, 2013: S. 261.
265 Zeh, 2020a: S. 175.

sich besonders als Forschungs- und Kontrollobjekt an. Indem der Mensch alles Lebendige rationalisiert, wird er selbst zum Objekt:

> An den Wendestellen der westlichen Zivilisation [...] wurde die Furcht vor der unerfassten, drohenden Natur, Konsequenz von der eigenen Verstofflichung und Vergegenständlichung, zum animistischen Aberglauben herabgesetzt und die Beherrschung der Natur drinnen und draußen zum absoluten Lebenszweck gemacht.[266]

In dieser Herabsetzung der Natur, inklusive des Menschen, zum „Ding" sehen Adorno und Horkheimer seine Distanzierung von allem Natürlichen:

> Die Menschen distanzieren denkend sich von Natur, um sie so vor sich hinzustellen, wie sie zu beherrschen ist. Gleich dem Ding, dem materiellen Werkzeug, das in verschiedenen Situationen als dasselbe festgehalten wird und so die Welt als das Chaotische, Vielseitige, Disparate vom Bekannten, Einen, Identischen scheidet, ist der Begriff, das ideelle Werkzeug, das in die Stelle an allen Dingen passt, wo man sie packen kann.[267]

Horkheimer und Adorno betonen hier die feindselige Opposition des aufklärerischen Gedankens gegen alles Natürliche, Intuitive, Unerklärbare und Angsteinflößende, das von natürlichen Vorgängen bestimmt wird.

Diese Distanzierung von der Natur findet sich in der METHODE wieder, in der es den Bürgern untersagt ist, den sterilen, desinfizierten Lebensraum zu verlassen und in nicht desinfizierte Gebiete, sprich in natürliche Gebiete von Wald und Wiesen, einzutreten.[268]

Wie es Adorno und Horkheimer anmerken, genügt es dem aufgeklärten Menschen nicht, sich von der Natur zu trennen, sondern er geht einen bedeutenden Schritt weiter bis zu deren Kontrolle und Unterwerfung, in der vermeintlichen Annahme, so Herr über Angst und Tod zu werden.

Adorno und Horkheimer bemerken dazu, dass diese Erhebung über die Natur der Gleichstellung des Menschen mit Gott gleichkommt: „Die Gottesebenbildlichkeit der Menschen besteht in der Souveränität über das Dasein, im Blick des Herrn, im Kommando".[269] Diese Vision des kontrollierenden „Herrn" gibt Zeh in *Corpus Delicti* wieder, dort wo sie Mia

---

266 Horkheimer & Adorno, 2014: S. 55.
267 Ibidem: S. 63.
268 Vgl. Zeh, 2013: S. 99.
269 Horkheimer & Adorno, 2014: S. 63.

mit einer Kommandozentrale vergleicht: „Mia selbst befindet sich oben in der Kommandozentrale, schaut durch Augenfenster hinaus und belauscht durch Ohrenlöcher ihre Umgebung. Tagein, tagaus gibt sie befehle, die der Körper bedingungslos auszuführen hat“.[270] „Göttliche“ Fügungen oder Zufälle sind außer Betracht, denn einen, über den Menschen stehenden, höheren Lenker gibt es nicht.

Dies stellt Mia sachlich mit den Worten Nietzsches, fest: „Gott ist tot“.[271] Wenn nur, wie Kramer behauptet, das „Störungsfreie, Fehlerlose, Funktionierende“[272] zum Ideal taugt, so kann das menschliche Geschick nicht durch Mysterien oder unkontrollierbare Ereignisse bestimmt werden. *Corpus Delicti* zeigt hier die Abwendung von Gott und Religion: Kramer ist Atheist, Mia steht zwischen Atheismus und Glaube.[273] Metaphysische Gedanken über den Sinn des Daseins oder über die der Natur innewohnende, transzendentale Fragen sind fehl am Platz. Wie Adorno und Horkheimer wiederholt betonen, darf dem aufgeklärten Auge nichts verborgen bleiben, für alles muss es eine Erklärung geben.[274] In der gleichen Logik wird Denken um des Denkens willen durch die mathematische Logik abgelöst, die Zahl löst Geist und Wort ab: „Mit der Preisgabe des Denkens, das in seiner verdinglichten Gestalt als Mathematik, Maschine, Organisation sich an den seiner vergessenden Menschen rächt, hat die Aufklärung ihrer eigenen Verwirklichung entsagt“.[275] Die Mathematik wird zur allein geltenden Disziplin erhoben, alles ist Mathematik, deren rationales Wesen imstande ist, alles zu erfassen, sie kann sogar Prozesse und Ergebnisse im Vorhinein ermitteln. Adorno und Horkheimer resümieren die Dominanz mathematischen Kalküls wie folgt:

> Natur ist, vor und nach der Quantentheorie, das mathematisch zu Erfassende; selbst [...] Unauflöslichkeit und Irrationalität, wird von mathematischen Theoremen umstellt. In der vorwegnehmenden Identifikation der zu Ende gedachten mathematisierten Welt mit der Wahrheit meint die Aufklärung vor der Rückkehr

270 Zeh, 2013: S. 87.
271 Zeh, 2013: S. 252. Vgl. auch Kapitel 7.3.2. zu Nietzsche.
272 Ibidem: S. 195.
273 Vgl. Zeh, 2013: S. 155.
274 Horkheimer & Adorno, 2014: S. 28.
275 Ibidem: S. 65.

> des Mythischen sicher zu sein. Sie setzt Denken und Mathematik in eins. Dadurch wird diese gleichsam losgelassen, zur absoluten Instanz gemacht. [...] „In der Galileischen Mathematisierung der Natur wird nun diese selbst unter der Leitung der neuen Mathematik idealisiert, sie wird – modern ausgedrückt – selbst zu einer mathematischen Mannigfaltigkeit". Denken verdinglicht sich zu einem selbsttätig ablaufenden, automatischen Prozess, der Maschine nacheifernd, die er selber hervorbringt, damit sie ihn schließlich ersetzen kann. [...] Die mathematische Verfahrungsweise wurde gleichsam zum Ritual des Gedankens. [...] Sie macht das Denken zur Sache, zum Werkzeug[...].[276]

Zeh verweist mit Bezug auf *Corpus Delicti* auf dieses mathematische Denken im Dienst der Optimierung und kommentiert dazu in *Fragen zu Corpus Delicti*: „Die METHODE ist also ein Überwachungssystem, das Unmengen von biologischen Daten sammelt und auswertet, also letztlich ein Algorithmen-Staat, der überzeugt ist, man könnte vernünftiges politisches Handeln quasi errechnen und über die errechnete Optimierung ohne Weiteres legitimieren".[277]

In diesem Zusammenhang muss man wiederum auf Adorno und Horkheimer zurückgreifen, die sich um den ständig fortschreitenden Verlust des Facettenreichtums menschlichen Denkens sorgen, wenn die mathematische Formel das Zepter übernimmt. Sie sehen dabei die Gefahr der Reduzierung der menschlichen Denksphäre auf wiederholende, rationalisierte Schemata, der Tautologie preisgegeben, die die Vielfältigkeit von Kenntnis und Erkenntnis reduzieren:

> In der Reduktion des Denkens auf mathematische Apparatur ist die Sanktion der Welt als ihres eigenen Maßes beschlossen. Was als Triumph subjektiver Rationalität erscheint, die Unterwerfung alles Seienden unter den logischen Formalismus, wird mit der gehorsamen Unterordnung der Vernunft unters unmittelbar Vorfindliche erkauft. Das Vorfindliche als solches zu begreifen, den Gegebenheiten nicht bloß ihre abstrakten raumzeitlichen Beziehungen abzumerken, bei denen man sie dann packen kann, sondern sie im Gegenteil als die Oberfläche, als vermittelte Begriffsmomente zu denken, die sich erst in der Entfaltung ihres gesellschaftlichen, historischen, menschlichen Sinnes erfüllen – der ganze Anspruch der Erkenntnis wird preisgegeben.[278]

276 Ibidem: S. 47–48.
277 Zeh, 2020a: S. 50.
278 Ibidem: S. 49.

Eine solche Beschränkung auf das rein mathematisch Erfassbare verhindert geistige Beweglichkeit, Anpassungsfähigkeit und Toleranz. Zeh verweist diesbezüglich insbesondere auf die Gefahr des normalisierten Denkens, das nur zwischen „normal" und „nicht normal" zu unterscheiden vermag, wobei die mathematisch berechnete „Normalität" notwendigerweise zur Abwertung all dessen, das sich außerhalb dieser „Normalität, situiert, führt.[279] Als extremes Beispiel möge die Ausgrenzung jüdischer Bürger aus dem arischen Volkskörper im nationalsozialistischen Deutschland dienen.

Wie Adorno und Horkheimer feststellen, verursacht das Denken gemäß mathematischen Prozessen nicht nur die Mechanisierung und geistige Verödung des Menschen, sondern leitet auch dessen Gleichmachung in der Masse ein, denn durch standardisierte Denkschemata wird der Mensch zum massifizierten Material:[280]

> Mit der Versachlichung des Geistes wurden die Beziehungen der Menschen selber verhext, auch die jedes Einzelnen zu sich. [...] Der Industrialismus versachlicht die Seelen. [...] Durch die ungezählten Agenturen der Massenproduktion und ihrer Kultur werden die genormten Verhaltensweisen dem Einzelnen als die allein natürlichen, anständigen, vernünftigen aufgeprägt. Er bestimmt sich nur noch als Sache, als statistisches Element, als success or failure. Sein Maßstab ist die Selbsterhaltung, die gelungene oder misslungene Angleichung an die Objektivität seiner Funktion und die Muster, die ihr gesetzt sind. Alles andere, Idee und Kriminalität, erfährt die Kraft des Kollektivs, das von der Schulklasse bis zur Gewerkschaft aufpasst.[281]

Die Menschen werden als Massenphänomen versachlicht, verdinglicht, in Kategorien zur Konformität und zum Gleichsein verdammt, gekoppelt mit der Forderung nach höchstmöglicher wirtschaftlicher Rentabilität und Effizienz. Anpassung und Selbstunterdrückung werden gesellschaftlichem Erfolg gleichgesetzt, wohingegen Individualismus und Andersartigkeit mit der gesellschaftlichen Ausgrenzung gestraft werden.

Adorno und Horkheimer kritisieren insbesondere die Tatsache, dass sich der massifizierte Mensch der Aberration seines Zustandes nicht mehr bewusst sei, sondern ihn sogar als unabdinglich empfinde: „Nur

279 Ibidem: S. 99.
280 Horkheimer & Adorno, 2014: S. 110.
281 Ibidem: S. 50–51.

die Beherrschten nehmen die Entwicklung, die sie mit jeder dekretierten Steigerung der Lebenshaltung um einen Grad ohnmächtiger macht, als unantastbar notwendige hin".[282] Auf genau diese Gefahr des unbewussten Freiheits- und Selbstbestimmungsverlustes legt *Corpus Delicti* ein besonderes Augenmerk, indem hier eine Gesellschaft geschildert wird, die im Namen eines augenscheinlichen „Glücks" der perfekten Gesundheit in die Falle eines autoritären Regimes gerät, ohne sich kritisch mit der Notwendigkeit und Legitimität der zahlreichen freiheitseinschränkende Kontrollmaßnahmen und Vorschriften auseinanderzusetzen. Letztere werden passiv zur „Normalität" erhoben und ohne weiteres Hinterfragen durch die Mehrheit befolgt.

Eine ebenso unmerkliche Entwicklung sehen Adorno und Horkheimer in der fortschreitenden Abwendung der Menschen von Natur, Humanismus und Menschlichkeit, die die Gesellschaft – im Wesentlichen auf kapitalistisch-materielle Werte gestützt und geholfen durch mathematisch-rationale Vorgehensweisen – in ein absurdes Dasein führt: „Die Absurdität des Zustandes, in dem die Gewalt des Systems über die Menschen mit jedem Schritt wächst, der sie aus der Gewalt der Natur herausführt, denunziert die Vernunft der vernünftigen Gesellschaft als obsolet".[283] Der Mensch vermeint irrtümlicherweise, geschützt in Masse und Staat, seinen von jeher existenziellen Ängsten wie Tod und Krankheit entrinnen zu können:

> Die Fatalität, durch welche die Vorzeit den unverständlichen Tod sanktionierte, geht ins lückenlos verständliche Dasein über. Der mittägliche, panische Schrecken [...] hat seine Korrespondenz gefunden in der Panik, die heute in jedem Augenblick bereit ist auszubrechen: die Menschen erwarten, dass die Welt, die ohne Ausgang ist, von einer Allheit in Brand gesetzt wird, die sie selber sind und über die sie nichts vermögen.[284]

Zehs Kritik knüpft an Adornos und Horkheimers Feststellung an, dass der moderne Mensch sich selbst in einem permanenten Angstzustand gefangen halte. In Zehs Verständnis sucht er den Ausweg aus seinen zahlreichen Furchtzuständen durch präventives Denken, in der Hoffnung durch

282 Ibidem: S. 61.
283 Ibidem: S. 62.
284 Ibidem: S. 51–52.

Rationalität 100%ige Garantien zu schaffen, und dies unbeachtet des Verzichts auf individuelle Freiheiten: „Prävention schützt den Einzelnen vor dem Lebensrisiko und die Herrschenden vor Machtverlust".[285] Ein Misslingen der Risikobeseitigung wird als Versagen gewertet. Durch diese Folie betrachtet, führt beispielsweise in der Aktualität ein positiver Test auf das Virus Sars-Cov-2, allen präventiven Maßnahmen zum Trotz, zu Schuldgefühlen durch den Betroffenen, der sich womöglich auch von der Kollektivität absondern muss. Genauso muss in *Corpus Delicti* ein Bürger, der wegen Nichtbeachtung der prophylaktischen Maßnahmen zur Erhaltung der Gesundheit krank wird, ausgegrenzt werden. Zeh kommentiert zur Präventionsidee in *Fragen zu Corpus Delicti*: „Die gesamte METHODE legitimiert sich durch den Präventionsgedanken".[286] Die Fülle der Vorschriften, Verbote, Datenerhebungen der METHODE soll einzig den Zweck erfüllen, schon präventiv jede Möglichkeit von Krankheit im Keim zu ersticken. Wie schlimm ein mögliches Versagen in der Krankheitsvermeidung ist, zeigt in *Corpus Delicti* Lizzies Schreck als ihre Tochter einen Schnupfen zu haben scheint, der sich jedoch glücklicherweise als Falschalarm erweist: „Aber wer fast krank geworden ist vor Angst, das war ich".[287]

Mit diesem rational-präventiven Denken geht die Konzeption der Verdinglichung des Körpers als notwendig perfekt funktionierende Maschine Hand in Hand, die für Adorno und Horkheimer durch die „Spaltung des Lebens in den Geist und seinen Gegenstand" in Gang gesetzt wurde.[288] Diese Dinglichkeit wird ebenso in *Corpus Delicti* betont: „Ihren Körper hat Mia nie geachtet oder gar geliebt. Der Körper ist eine Maschine, ein Fortbewegungsapparat, dessen Aufgabe vor allem im reibungslosen Funktionieren besteht".[289] Der Körper, und nicht der Geist, wird zum Gegenstand der Politik, sei es um ihn leben zu machen, zu optimieren, zu schützen, um ihm zu huldigen, sei es, um ihn auszusondern wie Schrott und ihn zu vernichten. Gefühl, Mitleid, Empathie werden durch kalte,

---

285 Zeh, J. (2020a). *Fragen zu „Corpus Delicti"*. München Btb, S. 172.
286 Ibidem: S. 170.
287 Zeh, 2013: S. 24.
288 Horkheimer & Adorno, 2014: S. 266.
289 Zeh, 2013: S. 87.

empfindungslose Rationalität, mechanisches Vorgehen und materielle Weltanschauung ersetzt, in einer Welt, in der der Stärkere den Schwächeren verachtet. Mitleid sei nach Kant „eine gewisse Weichmütigkeit und habe die Würde der Tugend nicht an sich".[290] Aufklärung und Biopolitik stellen gewissermaßen die zwei Seiten derselben Medaille dar, denn das Denken des Körpers als Ding, losgelöst von seinen geistigen, immateriellen Eigenschaften, eröffnet der Wissenschaft und der Macht den Zugang zur Physis und ebnet biopolitischem Gedankengut den Weg.

Zeh bedient sich der aufklärerischen Ideen in *Corpus Delicti*, um a contrario einen ihrer Grundgedanken zu vermitteln, nämlich dass der Mensch „[…]durch den Geist, nicht durch den Körper bestimmt [wird], weshalb Bildung und nicht Gesundheit der Weg in die Selbsterfüllung ist".[291] Wenn die „Materie sich selbst anglotzt",[292] dürfte der Mensch in Zehs Sicht bereits zum Objekt deklassiert sein, entfremdet von humanistischen Ansätzen.

5.3.2. Nietzsche

Nietzsches Beschäftigung mit dem Verlust der Werte, verbunden mit der Theoretisierung des Nihilismus sowie der ewigen Wiederholung des schon Gewesenen dürften Zehs Behandlung des Wertverlustes in der heutigen Gesellschaft als eines der Hauptthemen in *Corpus Delicti*, mit konditioniert haben. Vor allem von Nietzsches Werken *Also Sprach Zarathustra*[293], *Ecce Homo*[294] und *Zur Genealogie der Moral*[295] finden sich Spuren in *Corpus Delicti* wieder, die es in der Folge gilt, bloßzulegen.

Nietzsches notorischer Atheismus, gepaart mit einer tiefen Abneigung gegen Katholizismus, Religion und Religiosität, ziehen sich wie ein konstanter roter Faden durch seine Schriften.

290 Kant, 1968a: S. 215.
291 Zeh, 2020a: S. 174.
292 Zeh, 2013: S. 29.
293 Nietzsche, F. (2020a). *Also sprach Zarathustra: ein Buch für alle und keinen.* Anaconda Verlag.
294 Nietzsche, F. (2020b). *Ecce Homo: Vol. Band 4.* Anaconda Verlag.
295 Nietzsche, F. (2020c). *Zur Genealogie der Moral: Vol. Band 3.* Anaconda Verlag.

Gleich zu Beginn von *Also sprach Zarathustra* erfährt der Leser vom Tod Gottes: „Dieser alte Heilige hat in seinem Walde noch nichts davon gehört, dass Gott tot ist!".[296] Das Mitleid mit dem Menschen ist die Ursache seines Todes: „Gott ist tot; an seinem Mitleiden mit den Menschen ist Gott gestorben".[297] Wobei das Leiden der Menschen aus der Unterdrückung der natürlichen humanen Instinkte, die in permanente Schuldgefühle gegenüber dem selbst geschaffenen „Gott" konvertieren, resultiert. Nietzsche spricht in diesem Zusammenhang von der Selbstpeinigung des Menschen:

> Jener Wille zur Selbstpeinigung, jene zurückgetretene Grausamkeit des innerlich gemachten, in sich selbst zurückgescheuchten Tiermenschen, des zum Zweck der Zähmung in den „Staat Eingesperrten", der das schlechte Gewissen erfunden hat, um sich wehzutun, nachdem der natürliche Ausweg dieses Weh-tun-wollens verstopft war – dieser Mensch des schlechten Gewissens hat sich der religiösen Voraussetzung bemächtigt, um seine Selbstmarterung bis zu ihrer schauerlichsten Härte und Schärfe zu treiben. Eine Schuld gegen Gott: Dieser Gedanke wird ihm zum Folterwerkzeug. Er ergreift in „Gott" die letzten Gegensätze, die er zu seinen eigentlichen und unablöslichen Tier-Instinkten zu finden vermag, er deutet diese Tier-Instinkte selbst um als Schuld gegen Gott[...].[298]

Der Tod Gottes könnte als Befreiung für den Menschen interpretiert werden, jedoch mit der Kehrseite, dass mit seiner Abschaffung „der alte Glaube an eine gute Ordnung des Lebens verloren"[299] geht. Das Verschwinden Gottes, als ehemalige Vorgabe der moralischen Regeln, führt in ein „moralisches Interregnum"[300], es führt zur Orientierungslosigkeit des Menschen, es führt in den Nihilismus.

Dieser nihilistische Gedanke als Folge des Gottesverlustes wird eindeutig von Zeh in *Corpus Delicti* aufgegriffen, dort wo Mia auf Kramers Frage, ob sie an Gott glaube, antwortet: „Ich glaube nicht an ihn und er nicht an mich. Das beruht auf Gegenseitigkeit[...]".[301] Zeh beschreibt *in*

296 Nietzsche, 2020a: S. 8.
297 Ibidem: S. 85.
298 Ibidem: S. 308–309.
299 Stegmaier, W. (2018). „Anti-Lehren: Szene und Lehre in Nietzsches Also sprach Zarathustra" in A.C. Bertino (Ed.), *Europa im Geisterkrieg. Studien zu Nietzsche*. S. 282.
300 Ibidem: S. 282.
301 Zeh, 2013: S. 42.

Fragen zu Corpus Delicti, wie sehr jedoch Kramer sich der Notwendigkeit einer geistig-moralischen Leitlinie für den Menschen bewusst ist:

> Auch Kramer ist ein kopflastiger Typ und kennt deshalb die innere Zerrissenheit, die sich aus ständiger Grübelei ergibt. Er hat verstanden, dass diese tiefe Orientierungslosigkeit eine Folge des Gottesverlustes ist. Denn wenn es keinen Gott gibt, der absolute Werte setzt, bestimmte Wahrheiten postuliert, Regeln und Sichtweisen verordnet, dann löst sich die Welt in einem Orkan der Beliebigkeit auf, in dem sich der Mensch selbst verankern und seinen Platz finden muss.[302]

Der Verlust des Glaubens an Gott führt in Verwirrung, Orientierungslosigkeit und nihilistisches Denken. Für Stegmaier könnte die Todeserklärung von Gott auch wiederum der Schlüssel zur Lösung des Verlustes des Lebenssinnes sein, indem die Figur Gottes wieder restauriert wird, denn „einen Gott den man töten kann, hat man auch geschaffen. Man hat ihn geschaffen, um dem Leben im Ganzen einen Sinn zu geben, einen für alle gleichen, gemeinsamen, lernbaren Sinn".[303] Diese These bestätigt Mia in *Corpus Delicti*, dort wo sie ihre Gespräche mit dem verstorbenen Bruder evoziert:

> Das Gute an einer Schwester, hast du einmal zu mir gesagt, ist, dass man nicht an sie glauben muss. Das unterscheide mich, deine Schwester, von Gott, von dir selbst und von allem, was du denkst oder tust. Ich behauptete, dass außer Gott ohnehin niemand so dumm sei, permanent Beweise für seine Existenz zu verlangen. Du wurdest ernst und erwidertest, dass Gottes Existenz längst bewiesen sei, und zwar gerade durch die Sätze ›Es gibt keinen Gott‹ oder ›Gott ist tot‹. Weil ich das nicht einsehen wollte, musstest du es erklären. Wenn etwas wirklich nicht existiere, meintest du, brauchten wir es nicht zu leugnen oder für tot zu erklären.[304]

Zeh verweist hier auf Nietzsches Konzeption eines durch den Menschen geschaffenen Gottes als moralischen Wegweiser, dessen Abschaffung durch denselben Menschen im Chaos, d.h. im Nihilismus, mündet. Kramer wie Mia glauben nicht an Gott und kommen daher auch nicht in dessen „Genuss" als Wegweiser. Während sich jedoch Kramer, den Mia des Nihilismus bezichtigt, dem fanatischen Dogma der METHODE als Wegweiser

---

302 Zeh, 2020a: S. 69.
303 Stegmaier, 2018: S. 282.
304 Zeh, 2013: S. 252–253.

verschrieben hat, lebt Mia orientierungslos im Dazwischen wie eine Zaunreiterin (vgl. das Kapitel „Die Zaunreiterin“ in *Corpus Delicti*),[305] denn sie glaubt an nichts, hat sich aber auch keine eigenen Lebenswerte und -regeln, gleich Nietzsches „Übermenschen“, geschaffen. Bernadette Raedler sieht in Mia eine zwischen naturwissenschaftlichen und metaphysischen Argumenten schwankende Figur, deren Bewegungsraum durch die fiktive Figur der idealen Geliebten und die imaginäre Erinnerung an Moritz bestimmt wird.[306] Mia, als das Wesen dazwischen, dürfte sowohl eine Anspielung auf Agambens „Homo sacer“ als auch auf Nietzsches Nihilismus sein. Letzteren legt Zeh unterschiedlich für Mia und Kramer aus, indem sie nur Mia den vollendeten Nihilismus zuschreibt, nicht jedoch Kramer, der sich von der Suche nach dem Sinn befreit zu haben scheint, indem er sich durch den Glauben an die METHODE ein Ziel, einen Rahmen geschaffen hat:

> Wer offen zugibt, dass Glauben und Wissen für ein beschränktes Wesen wie den Menschen dasselbe sind; wer fordert, dass sich die Wahrheit deshalb der Nützlichkeit zu ergeben habe – der muss wohl ein Nihilist in Reinkultur sein. [...] Auch sie ist Nihilistin, nur dass die Abwesenheit einer objektiven Wahrheit bei ihr nicht zur Unbedingtheit, sondern zu quälender Haltlosigkeit führt. Mia kann alles begründen, genau wie das jeweilige Gegenteil. Sie kann jeden Gedanken, jede Idee rechtfertigen oder angreifen; für oder gegen jede Seite streiten; sie könnte mit oder ohne Gegner Schach spielen, und niemals gingen ihr die Argumente oder Strategien aus. Vor langer Zeit ist Mia zu der Erkenntnis gelangt, dass die Persönlichkeit eines Menschen vor allem aus Rhetorik bestehe, aber anders als Kramer hat sie es nicht für nötig befunden, weitere Schlüsse daraus zu ziehen. Im Grunde wähnt sie Kramer und sich selbst aus ähnlichem Holz geschnitzt, nur dass er an einem Punkt, an dem Mia angehalten hat, einfach weitergegangen ist. Als gäbe es ein Ziel. Als gäbe es etwas zu wollen. Die brennende Frage, was Kramer will, was man überhaupt wollen kann, scheint auf mystische Weise im gekonnten Servieren einer Wassertasse Antwort zu finden.[307]

Man könnte hier den Standpunkt vertreten, dass sich Kramer dem reinen Nihilismus entzieht, im Gegensatz zu Mia, denn er scheint seinem Leben ein Programm, ein determiniertes Wollen anstelle einer moralisierenden Gottgläubigkeit gegeben zu haben. Mia hingegen schwebt im wertelosen

305 Zeh, 2013: S. 152–158.
306 Raedler, B. (2019). *Metareferentielles Aspektkippen: Die Kognitionskunst der deutschen Gegenwartsliteratur*. Dissertation University of Calgary, S. 196.
307 Zeh, 2013: S. 138–139.

Leerraum ohne Halt, ohne Überzeugungen, ohne bestimmte Anhaltspunkte für ihr Dasein. Man muss sich hier fragen, wie Nietzsches Konzept des Nihilismus zu verstehen ist, wenn er in *Also sprach Zarathustra* bitter feststellt, dass mit der Entwertung der obersten Werte nicht nur eine „Interpretation" des Lebens zugrunde gegangen sei, sondern der Glaube an die Interpretation selbst:

> So erscheine es nun, „als ob es gar keinen Sinn im Dasein gäbe, als ob alles umsonst sei". Dies sei der „lähmendste Gedanke, namentlich noch wenn man begreift, dass man gefoppt wird und doch ohne Macht ist sich nicht foppen zu lassen". In seiner „furchtbarsten Form" gedacht aber sei dies der Gedanke „der ewigen Wiederkehr": „das Dasein so wie es ist, ohne Sinn und Ziel, aber unvermeidlich wiederkehrend, ohne ein Finale ins „Nichts".[308]

Ein Leben ohne festen Rahmen, ohne starke Ideen und sinnvolle Ziele scheint nach Nietzsches Auffassung die menschliche Lebenskraft zu lähmen. Wenn dazu noch der Glaube an die Möglichkeit der Schaffung fester Lebensinhalte verloren geht, so verfällt der Mensch in die nihilistische Stimmung der Leere und Sinnlosigkeit.

Mia bringt diese nihilistisch trostlose, immer wiederkehrende Leere zum Ausdruck, wenn sie bemerkt: „Seit keine Götter mehr im Spiel sind, ist das alles reichlich banal geworden".[309] Und diese Banalität wiederholt sich zu allen Zeiten und Epochen, sobald Menschen im Spiel sind: „Ein System ist so gut wie das andere. Das Mittelalter ist keine Epoche, Mittelalter ist der Name der menschlichen Natur".[310] Zeh verweist hier auf Nietzsches Nihilismus als Enttäuschung über den Menschen selbst im irdischen Dasein:

> Denn so steht es: Die Verkleinerung und Ausgleichung des europäischen Menschen birgt unsre größte Gefahr, denn dieser Anblick macht müde...Wir sehen heute nichts, das größer werden will, wir ahnen, dass es immer noch abwärts geht, ins Dünnere, Gutmütige, Klügere, Behagliche, Mittelmäßigere, Gleichgültigere, Chinesischere, Christlichere – der Mensch, es ist kein Zweifel wird immer „besser"... Hier eben liegt das Verhängnis Europas – mit der Furcht vor dem Menschen haben wir auch die Liebe zu ihm, die Ehrfurcht vor ihm, die Hoffnung auf ihn, ja den Willen zu ihm eingebüßt. Der Anblick des Menschen macht nunmehr

---

308 Stegmaier, 2018: S. 294.
309 Zeh, 2013: S. 171.
310 Ibidem: S. 250.

müde – was ist heute Nihilismus, wenn er nicht das ist? Wir sind des Menschen müde […].[311]

Corpus Delicti unterliegt dieser nihilistischen Grundstimmung, jener Desillusion über den Menschen, der trotz seiner Optimierungsbestrebungen ein begrenztes Wesen bleibt, dem es bisher nicht gelungen ist, über sich hinauszuwachsen. Zeh bemerkt in *Fragen zu Corpus Delicti* zur vergeblichen Suche des zeitgenössischen Menschen nach einem existenziellen Sinn: „Wenn die Antwort auf die Sinnfrage aber darin besteht, dass alles optimiert werden muss, vor allem man selbst, dann gibt es kein wirkliches Ziel mehr. Es gibt nur noch einen Fluchtpunkt, der sich immer weiter entfernt, je schneller man rennt".[312]

Die Begrenztheit des Menschen liegt an dessen Bedürfnis nach Zielen, nach Antworten auf den Sinn des Seins und des Tuns, nach Richtlinien und Entscheidungshelfern. Die Erschaffung Gottes und der Religion fand bedauerlicherweise im Widerspruch zur menschlichen Natur statt, mit Schuld, Sünden, Gewissensbissen und Neurosen als Nebenprodukten. Die große Gegenleistung für Frömmigkeit könnte man in der Verschiebung der Verantwortung und der Erklärung des Unerklärlichen auf die göttliche Gewalt sehen. Zeh bemerkt hierzu: „Früher war es, wenn etwas Schlimmes geschah, Gottes Wille und nicht persönliches Versagen. Schicksalsgläubigkeit bedeutete eine Entlastung von individueller Verantwortung. Die haben wir uns genommen mit der narzisstischen Idee, alles selbst zu können – und zu müssen".[313]

Die Abschaffung eines höchsten Lenkers, der über der Menschheit steht, mit gleichzeitiger Abschaffung des moralistisch religiösen Wertesystems, zwingt den Menschen, sein Schicksal bis in das kleinste Detail selbst in die Hand zu nehmen, sich ein eigenes Wertesystem aufzubauen und sich selbst zu leiten, wenn es darum geht, zu wissen, was gut oder schlecht, erlaubt oder verboten, sittlich oder unsittlich ist, denn „wenn im Himmel niemand sitzt, der unsere Geschicke lenkt – dann müssen wir es wohl selbst tun".[314]

---

311 Nietzsche, 2020c: S. 258.
312 Zeh, 2020a: S. 151.
313 Ibidem: S. 155.
314 Ibidem: S. 155.

Kramer scheint diese Erkenntnis wörtlich zu nehmen und ersetzt seine Abwendung von christlichen Überzeugungen durch seine Überzeugung über die Richtigkeit der METHODE als Alternativsystem, von dem er unter keinen Umständen abweicht. Gleich Kramer verankert sich Moritz in seiner eigenen Welt, in der er nach, von höheren Lenkern unabhängigen, Prinzipien lebt, ohne sich an die METHODE, an Gott oder an andere Obrigkeiten zu klammern. Der ständig offene Ausweg aus dieser selbst geschaffenen Welt, sollte sie eines Tages zusammenstürzen, verleiht ihm Stärke und Erhabenheit über das irdische Dasein: „Das Leben ist ein Angebot, das man auch ablehnen kann".[315] Nur Mia riskiert den tiefen Fall ins Nichts, denn sie will „nichts" bis zum Moment ihrer einschneidenden Sinneswandlung, womit Zeh Nietzsches Warnung vor dem menschlichen Verhängnis rezipiert: „Lieber will noch der Mensch das Nichts wollen, als nicht wollen [...]".[316]

Nietzsches Philosophie des Nihilismus bezieht sich nicht nur auf das Schicksal des Individuums, sondern muss, nach Eberhard Falcke, auf die europäische Menschheit als Ganzes ausgeweitet werden,[317] als Diagnose einer schwachen, dekadenten, werteverlustigen Gesellschaft, die jedoch gleich eines kranken Menschen durch Selbstüberwindung genesen könnte und „schöpferisch ihre (seine) eigene Zukunft gestalten kann".[318] Lee Sangbum spricht in diesem Kontext von Nietzsches philosophischen Experimenten (der Tod Gottes, der Nihilismus, die Umwertung aller Werte, die ewige Wiederkehr, Amor fati und der Übermensch), die unter den Überbegriff der „Gesundheitslehre" einzuordnen sind, insofern sie der Gesellschaft zu einer „gesunden" irdischen Existenz verhelfen sollen,[319] sich selbst überwindend, genauso wie der Kranke die Krankheit tapfer überwinden muss, um gesund zu werden. Nietzsche bekennt sich selbst

315 Zeh, 2013: S. 31.

316 Nietzsche, 2020c: S. 384.

317 Falcke, E. (1992). *Die Krankheit zum Leben: Krankheit als Deutungsmuster individueller und sozialer Krisenerfahrung bei Nietzsche und Thomas Mann.* Bern. Peter Lang. S. 62.

318 Sangbum, L. (2014). *Nietzsches Gesundheitsphilosophie Versuch einer Interpretation der philosophischen Methodologie Friedrich Nietzsches.* Dissertation. Humboldt-Universität zu Berlin. S. 11.

319 Ibidem: S. 11.

dazu: „[…] ich machte aus meinem Willen zur Gesundheit, zum Leben, meine Philosophie […]".[320]

Corpus Delicti greift gleichermaßen den die Gesellschaft umspannenden Begriff des Nihilismus als kränkelnde Schwäche auf, die Kramer denunziert: „Man redete ununterbrochen vom Werteverfall. […] Es war übersehen worden, dass auf jede Abschaffung eine Neuschaffung folgen muss. Was waren die konkreten Folgen? […] Chaos. Krankheit. Verunsicherung".[321]

Die Werteumkehrung, die In *Corpus Delicti* dank der METHODE erfolgt, um eine gesellschaftliche Erneuerung anzubieten, kann man spiegelverkehrt zu Zehs persönlichen Überzeugungen lesen, dass es an der Zeit sei, ökonomischen Optimierungskriterien, die auf körperlicher Performanz beruhen, demokratische und humanistische Werte entgegenzusetzen:

> Noch wichtiger finde ich aber, dass wir uns politisch an die Grundlagen unserer Demokratie erinnern, nämlich daran, dass alle Menschen gleich sind. Die Gesunde ist nicht besser als die Kranke, der Junge nicht besser als der Alte, der Schöne nicht besser als die Hässliche, die Dünne nicht besser als der Dicke, der Fitte nicht besser als der Schlappe, der Leistungsträger nicht besser als die Aussteigerin. Unmerklich haben wir unser gesamtes Leben den Prinzipien von Leistung, Optimierung und Bewertung untergeordnet, mit anderen Worten: totalökonomisiert. Ein Umdenken muss einsetzen, wenn wir als Gesellschaft und als Einzelne zu einem Gefühl der Zufriedenheit gelangen wollen. Dies ist die Botschaft von *Corpus Delicti*.[322]

Zeh möchte eine existenzbejahende Weltanschauung vermitteln, die dazu ermutigt, gesellschaftliche Veränderungen durch die Überwindung des jetzigen Zustandes zu ermöglichen. Hierin scheint sich Zeh Nietzsches Hoffnung auf die Fähigkeit des Menschen, sich durch den ‚Willen zur Macht – als Wille zu beständiger existenzialer Veränderung des Menschen […], als praktisches Gesundheitsprinzip des Lebens"[323] – zu befreien und zu verbessern, anzuschließen, indem sie Nietzsches Rezept des Wollens als einen möglichen Weg in die Freiheit aufgreift: „Wollen befreit: Das ist die wahre Lehre von Wille und Freiheit – so lehrt sie euch Zarathustra".[324]

---

320 Nietzsche, 2020b: S. 192.
321 Zeh, 2013: S. 97.
322 Zeh, 2020a: S. 135.
323 Sangbum, 2014: S. 15.
324 Nietzsche, 2020a: S. 82.

Für Nietzsche ist dieses Wollen, gepaart mit Überwindung, das Werk des Übermenschen: „Der Mensch ist etwas, das überwunden werden muss […]“.[325] Und gerade in diesem

> […] übermenschlichen Leben der beständigen Selbstbejahung und Selbstüberwindung des Menschen ist die Gesundheit als Gefühl der erhöhten Macht sowie der Erfüllung des Lebens die grundlegende Basis für eine neue Gesundheit […]. In diesem Augenblick ist der Leib des Menschen der Ort, in dem durch die Zunahme und die Abnahme der Macht eine psychologisch-physiologische Veränderung beständig entsteht. Nach Nietzsche ist der Wille, der die Krankheit stets überwindet und in jedem Moment wieder gesund werden will, „ein zäher Wille zur Gesundheit“, allein möglich durch den Zustand eines psychologisch-physiologischen „Rausches der Gesundheit“, der im ganzen Leib des Menschen wirkt.[326]

Das individuelle Verhalten des Kranken, um mit „zähem Willen“ zur Gesundheit zu gelangen, liefert die Metapher für die Gesellschaft, möchte sie sich gegenwärtig und zukünftig über herrschende Missstände erheben und sich erfolgreich selbst überwinden. Zu dieser Selbstüberwindung bedarf es, nach Nietzsche, des Leibes, gemeinsam mit der Seele und dem Selbst: „Ich gehe nicht euren Weg, ihr Verächter des Leibes! Ihr seid mir keine Brücken zum Übermenschen!“.[327] Der Leib[328] scheint hier als Metapher für die Kollektivität zu stehen, die mit Vernunft (Geist), Empfindsamkeit und Moral (Selbst) ihre existenziellen Bedingungen ändert und erneuert, indem sie die „Krankheit“, im Sinne der gesellschaftlichen Dekadenz, bejaht und dessen Überwindung als eine Chance zur „Genesung“ wahrnimmt.

In *Corpus Delicti* dürfte Nietzsches „Leib“ die nötige Zähigkeit des Willens zur Überwindung von Krankheit aufgebracht zu haben. Die METHODE verleiht den Anschein, das Werk des Übermenschen vollbracht zu haben und dennoch kontrastiert *Corpus Delicti*, vermutlich bewusst, mit Nietzsches Verständnis des beharrlichen, tapferen Werdens und Genesens des „Leibes“ vom kranken zum gesunden Zustand, vom Werteverlust hin zur Wertschöpfung. Die METHODE ist nicht das Resultat

---

325 Ibidem: S. 33.
326 Sangbum, 2014: S. 15–16.
327 Nietzsche, 2020a: S. 32.
328 Ibidem: S. 30: „Der Leib ist eine große Vernunft, eine Vielheit mit einem Sinne, ein Krieg und ein Frieden, eine Herde und ein Hirt“.

eines kollektiven Willens zur Neuerung, resultierend aus der Diagnose der „Krankheit", sondern eine einseitig und totalitär auferlegte Verpflichtung zur Krankheitsvermeidung. Nichts in *Corpus Delicti* ist „übermenschlich", das aus dem Schoss des Volksleibes geboren wäre, weshalb es auch nicht zu einer existenziellen, dauerhaften Erhöhung der Gesellschaft kommen kann. Es kommt nicht zu einer verinnerlichten Neuerschaffung der Werte, sondern Resignation und achselzuckende, passive Akzeptanz liefern das Substrat der METHODE. Dieser Zustand kann daher nur temporär sein, solange bis oppositionelle Kräfte Überhand nehmen und das aufgezwungene System in Frage stellen. Moritz und Mia leiten diese Infragestellung der METHODE ein und mit ihr die Infragestellung der METHODE als Alternative zur nihilistischen Gesellschaft.

5.3.3. Biopolitik

Wie schon mehrmals angedeutet, nimmt der biopolitische Gedanke in *Corpus Delicti* eine Sonderrolle ein, indem das Werk ein biopolitisches Gedankenexperiment vermittelt, für das zweifellos Michel Foucaults und Giorgio Agambens Anknüpfungen an den menschlichen Körper als Machtstrategie bestimmend sind. Zeh selbst bestätigt in *Fragen zu Corpus Delicti* ihre Beschäftigung mit „Texten von Michel Foucault und Giorgio Agamben"[329], wobei sie besonders auf den Einfluss von Agambens Ideen verweist, dessen Buch *Homo sacer* ihr geholfen habe, ihr „eigenes Unbehagen an der Biopolitik besser zu verstehen".[330] Mehrere Autoren haben bisher auf das Eindringen biopolitischer Diskurse in *Corpus Delicti* angedeutet: Gottwein (2010), Müller-Dietz (2011), Smith-Prei (2012), Nover (2013), Seidel (2014), Schönfellner (2018), Koellner (2016) und Branco (2019).

In der Folge gilt es, die relevanten Züge von Foucaults und Agambens Theorien mit Blick auf *Corpus Delicti* hervorzuheben und zu untersuchen. Es wird darum gehen zu erkennen, inwiefern Zeh explizit oder implizit biopolitische Referenzen im Roman vornimmt. Dazu ermöglicht die Kenntnis von Foucaults und Agambens Konzepten, ohne *Corpus Delicti* dabei aus

329 Zeh, 2020a: S. 91.
330 Ibidem: S. 98.

den Augen zu verlieren, ein tieferes und bewussteres Verständnis von Zehs Entwurf der METHODE als Gesundheitsdiktatur, insbesondere mit Bezug auf die Aktualität der demokratischen Beschneidungen im Rahmen der eben durchlebten Coronapandemie. Eine Betrachtung von *Corpus Delicti* durch die biopolitische „Brille" erweitert zuletzt gewiss den Bereich der Deutungsmöglichkeiten für den Rezipienten des Werkes.

Nach Meinung von Judith Meurer-Bongardt scheint es wenig verwunderlich, dass *Corpus Delicti* deutlich biopolitische Züge aufweist, denn dystopische/utopische Literatur und biopolitische Ansätze sind eng miteinander verknüpft, „da es auch in der Biopolitik um eine ‚Entwicklung, Steigerung oder Verbesserung' der Lebensumstände oder auch ‚Lebensprozesse' geht, die durch (staats)politisches Handeln erreicht werden sollen, das […] Lebensprozesse als ein besonderes Handlungsfeld der Politik versteht".[331] Ich würde als Ursache dieser Verknüpfung zusätzlich das rationale Denken der aufgeklärten Gesellschaft sehen, die sich des verdinglichten Menschen bedient, um über ihn zu herrschen. Von der Verdinglichung der Naturphänomene im Allgemeinen bis zur Objektivierung des menschlichen Körpers im Besonderen ist nur noch ein kurzer Schritt.

Im weiteren Sinne kann der Begriff „Biopolitik" als Phänomen der Beziehungen zwischen der Politik und dem Leben als solches bzw. den Lebenswissenschaften verstanden werden oder anders resümiert ist Gegenstand der Biopolitik „[…] the survival of the species and of both the individual and the social body".[332] Zeh vermutet in der Relation zwischen dem Körper und der Politik den Ursprung gefährlicher, diktatorialer Devianzen: „Agamben kann man so interpretieren, dass jedes politische Anknüpfen an den Körper, also jede Form von Biopolitik, in den Totalitarismus führt oder bereits totalitäre Elemente enthält".[333]

Möchte man diese weitgehenden Definierungsversuche etwas genauer betrachten, kann man Biopolitik mit dem kalkulierten Eingriff in das

---

331 Meurer-Bongardt, J. (2018). „Wir Menschen der Zukunft? Bipopolitik und Utopie in der nordeuropäischen Gegenwartsliteratur". Norduropaforum Jhg. 2018. S. 60.

332 Prozorov, S. & Rentea, S. (2017). *The Routledge handbook of biopolitics*. London. Routledge. S. 5.

333 Zeh, 2020a: S. 98.

menschliche Leben, den menschlichen Körper und dessen soziale Beziehungen mithilfe von technologischen, juristischen oder politischen Mitteln gleichsetzen. Jedoch auch diese Definition erscheint als unvollkommen, indem sie die temporal-soziologische Komponente auslässt, die Biopolitik an unsere Zeit, an die Moderne knüpft. Diesen temporalen Bezug, mit besonderem Augenmerk auf die Idee der Optimierung des menschlichen Körpers, stellen Helene Gerhards und Kathrin Braun her:

> Biopolitik als modernes Phänomen wird damit im Kern durch die Form der Verknüpfung von Vergangenheit, Gegenwart und Zukunft einerseits und die Form der Verknüpfung von Einzelnem und Ganzem andererseits bestimmt. Diese Verknüpfungen zeichnen sich durch die Logik der Optimierung und Funktionssteigerung des Menschen aus.[334]

Besonders hervorzuheben ist hier, nach Gerhards und Braun, das Streben nach an den Menschen geknüpfte Perfektion, nach Leistungserhöhung und Konformität, wobei die Konzepte von Perfektion, Leistungserhöhung und Konformität je nach dem historischen Moment variieren. So ist beispielsweise die Perfektion des Menschen im nationalsozialistischen Sinne gewiss anders zu verstehen als der dem heutigen Modell entsprechende perfekte, schlanke, junge, sportliche und leistungsfähige Mensch. Ebenso variiert die Spannweite der biopolitischen Intervention je nach dem historischen Moment. Im 19. Jahrhundert profilierte sie sich, wie Ute Planert hervorhebt, geschlechtsspezifisch differenziert zwischen Mann und Frau. So knüpfte sie das Ideal des deutschen Mannes an dessen Körper – „physische Stärke, Selbstbeherrschung, Wehrhaftigkeit und freiwillige Unterordnung unter ein größeres Ganzes“[335] –, den letzterer in den Dienst der Nation zu stellen hatte. Dieser Identifikation des Mannes mit dem Foucaultschen Maschinenkörper,[336] der diszipliniert, kräftig und fleißig im Interesse des Volkskörpers wirkt, steht der Gattungskörper der Frau entgegen, in der sozialen Rolle als Mutter und Familienhüterin, deren Körper als schwächer und krankheitsanfälliger betrachtet wurde und somit als ungeeignet für die

334 Gerhards, H., & Braun, K. (2019). *Biopolitiken – Regierungen des Lebens heute*. Wiesbaden. Springer. S. 5.
335 Planert, U. (2000). „Der dreifache Körper des Volkes: Sexualität, Biopolitik und die Wissenschaften vom Leben“. *Geschichte Und Gesellschaft*, *26*(4), S. 553.
336 Ibidem: S. 547.

Anforderungen von Politik und Industriegesellschaft erschien. Planert verweist auf diese Herabsetzung des weiblichen Körpers: „Es war ihr Körper und damit die […] Natur selbst, welche die Frau für die moderne Industriegesellschaft und die politischen Einrichtungen ungeeignet machte“.[337] Während diese anfänglich geschlechtsspezifische Sphäre biopolitischen Einwirkens im späteren Hitlerdeutschland undifferenziert auf das gesamte Volk als Volkskörper erweitert wurde, fokussiert sie sich heute eher auf die individuelle Sphäre des Einzelnen.

Ende des 19. Jahrhunderts begann die Meinung zu zirkulieren, dass geistige und moralische Charakteristika an den Körper geknüpft seien und deshalb physisch erkennbar seien. Dieser scheinbar sichtbare Beweis der gesellschaftlichen Untauglichkeit von „Frauen, Juden, Schwarzen, Irren, sexuell ‚Contrairen‘ und jenen die sich nicht in die geltende Gesellschaft einfügen“[338] sowie Kranken, musste zur Entfernung derartiger, den Volkskörper bedrohender, Elemente führen. Es ist nur zu offensichtlich, dass derartige biopolitische Theorien und Gebaren als Instrumente der Macht dienten, dessen Radikalität in Hitlers Rassenpolitik kulminierte.

Ein besonders extremes Beispiel biopolitischer Governance liefert gewiss Hitlers großangelegte Rassenpolitik im absurden Streben nach der „Erhöhung“ der deutschen Rasse, durch Aussonderung aus dem Volkskörper aller unerwünschten „Körper“ der Juden, Kommunisten und Homosexuellen in den Gaskammern der Konzentrationslager oder der Kranken, Behinderten und Träger von „schlechten“ Genen in speziellen Sanatorien und Kliniken, die gleichfalls über Gaskammern verfügten.[339]

Karl Löwith betont mit Bezug auf die Schrecken der Totalitarismen des 20. Jahrhunderts insbesondere das Eindringen der Politik bis in die intime Privatsphäre des Menschen, das den Punkt des Abgleitens in die Totalitarismen markierte:

---

337 Ibidem: S. 557.

338 Ibidem: S. 561.

339 Hier wird Hitlers sogenanntes Programm T4 angesprochen, das zwischen 1939 und 1941 dazu diente, unter Aufsicht der Ärzte (Genetiker, Eugeniker) Kranke und Behinderte im Schatten der Öffentlichkeit gezielt zu ermorden (vgl. Zoeke, 2017).

> Diese Neutralisierung der politisch maßgebenden Unterschiede und das Hinausschieben ihrer Entscheidung hat sich seit der Emanzipation des dritten Standes und der Ausbildung der bürgerlichen Demokratie und ihrer Weiterbildung zur industriellen Massendemokratie bis zu dem entscheidenden Punkt entwickelt, wo sie nun in ihr Gegenteil umschlägt: in eine totale Politisierung aller, auch der scheinbar neutralsten Lebensgebiete. So entstand im marxistischen Russland ein Arbeiterstaat, „der mehr und intensiver Staat ist als jemals ein Staat der absoluten Fürsten" (Schmitt), im faschistischen Italien ein korporativer Staat, der außer der nationalen Arbeit auch den Dopolavoro und das gesamte geistige Leben normiert, und im nationalsozialistischen Deutschland ein völlig durchorganisierter Staat, der auch noch das bisher privat gewesene Leben durch Rassengesetze und dergleichen normiert.[340]

Diese Politisierung des Lebens bis in die privateste Sphäre des Menschen, wie sie auch Zeh in *Corpus Delicti* vorexerziert, wird durch Michel Foucault aus dem sozio-politischen Blickwinkel betrachtet, als Dialektik zwischen dem Individuum und dem Volkskörper, während die italienische Linie, allen voran Giorgio Agamben, gefolgt von Antonio Negri und Roberto Esposito, Biopolitik vordergründig mit juristischen Fragestellungen in Verbindung bringt.

Nach der vorhergehenden kurzen temporal-historischen Einführung zum Begriff „Biopolitik" sollen nun in den folgenden Kapiteln die Ideen Foucaults und Agambens nur so weit theoretisch umrissen werden, als sie dem Verständnis des biopolitischen Grundtons von *Corpus Delicti* dienlich sind.

5.3.3.1. Michel Foucault und Corpus Delicti

Während Foucault sich mit der Disziplinierung des Körpers des Einzelnen sowie mit der Verwaltung der Summe der Körper der Gesellschaft als Mittel der Leistungssteigerung und Lebensverbesserung befasst, also auf den von Zeh kritisierten Optimierungsgedanken eingeht, versucht Agamben sich in der juristischen Erklärung des Phänomens der ungestraften Aussonderung von menschlichen Körpern im Ausnahmezustand. Erhöhung und Verbesserung der menschlichen Physis, einerseits, und massenhafte Tötung, andererseits, sind, auch wenn dies paradoxal scheinen mag, eng

340 Folkers, A., & Lemke, 2014: S. 193.

miteinander verflochten. Zeh geht auf diese dialektische Verbindung in *Fragen* zu *Corpus Delicti* ein:

> Optimierung setzt eine Unterscheidung zwischen „gut“ und „schlecht“ voraus. Es gibt dann besseres und schlechteres Leben – die Nazis nannten es „wert“ und „unwert“ –, über das an höherer Stelle entschieden wird. [...] Wer Optimierung anstrebt, muss auch Abwertungen vornehmen. Dann ist nicht mehr jedes Leben „normal“ und gleich viel wert. Das kranke, behinderte oder einfach nur extrem unfitte Leben wird zum traurigen Störfall, den man so gut wie möglich verbessern, oder, wenn das nicht geht, aus dem gesunden „Volkskörper“ ausgrenzen muss.[341]

Zeh knüpft hier an Foucaults Frage an wie, wenn vordergründig Biomacht sich mit dem Leben befasst, eine solche Macht auch töten kann, wenn [...] es im Wesentlichen darum geht, das Leben aufzuwerten, seine Dauer zu verlängern, seine Möglichkeiten zu vervielfachen, Unfälle fernzuhalten oder seine Mängel zu kompensieren? Hier kommt der Rassismus ins Spiel“.[342] Foucault bezieht sich auf die rassistische Ideologie im Hitlerdeutschland, Zeh spielt auf das „ökonomisierte, biologisch determinierte Menschenbild unserer Zeit“[343] an, in dem der „Wert“, sprich die Stellung des Menschen in der Gesellschaft von dessen Anpassung an die sozialen Erwartungen bezüglich der Selbstoptimierung abhängt. Zeh diagnostiziert diesen Drang nach der ständigen Verbesserung des „Ichs“ als besorgniserregende „Antriebsfeder des zeitgenössischen Menschen“[344]: „In unserer Wahrnehmung haben sich sämtliche Lebensbereiche in freie Märkte verwandelt: berufliches Fortkommen, Kommunikation, Sport, Partnerwahl und Liebe, soziale Erfolge, ja, das Glücklichsein selbst. Und auf allen diesen Märkten haben wir ein Produkt, das es ständig zu verbessern gilt: Ich“.[345] Der dafür zu zahlende Preis ist, laut Zeh, der Freiheitsverlust[346] und auf genau diesen Freiheitsverlust, bedingt durch den Zwang gesundheitlicher Optimierung, bezieht sich Zeh in *Corpus Delicti*.

---

341 Zeh, 2020a: S. 99.
342 Folkers & Lemke, 2014: S. 14.
343 Zeh, 2020a: S. 99.
344 Ibidem: S. 150.
345 Ibidem: S. 151.
346 Vgl. Ibidem: S. 153.

Hier kommt Foucaults Konzeption der Biopolitik als Mittel der Lebenserhöhung zum Durchbruch: Foucault diagnostiziert eine Wende im Rollenverständnis der Macht als Ausgangspunkt für die moderne Biopolitik, denn während sich einst souveräne Macht vor allem durch die Macht Leben zu nehmen, also töten zu können, auszeichnete, kehrt die Biomacht die Macht in jene über das Leben um, mit dem Ziel, in das Leben einzugreifen, es zu regulieren, zu bestimmen, zu erhöhen, zu verbessern: „Man könnte sagen, das alte Recht, sterben zu machen oder leben zu lassen, wurde abgelöst von einer Macht, leben zu machen oder in den Tod zu stoßen".[347] Die Macht des Tötens als Ausdruck der Souveränität wird nun durch die Macht des Tötens als Folge des Bestrebens, das menschliche Geschlecht, die menschliche Rasse zu verteidigen, zu schützen und zu erhöhen abgelöst.[348]

Schon Kramers politisches Manifest unterschreibt Foucaults Konzeption der ständigen Erhöhung und Verbesserung der menschlichen Körper: „Gesundheit will täglich erhalten und gesteigert sein, über Jahre und Jahrzehnte hinweg [...]. Gesundheit ist nicht Durchschnitt, sondern gesteigerte Norm und individuelle Höchstleistung".[349] Dieses Streben nach gesundheitlicher Perfektion entspricht Foucaults Verständnis der Ausschöpfung und Optimierung des Lebens. Um dies zu erreichen, bedient sich die METHODE eines ausgeklügelten Systems der Normierung, Kontrolle und Sanktionierung im Falle der Verletzung der zahlreichen Vorschriften und Verbote, die der Erhaltung der Gesundheit dienen und Krankheit ausrotten sollen. Im Interesse der Artverbesserung dürfen beispielsweise nur immunkompatible Menschen heiraten.[350] Das gesamte Staatssystem basiert auf dem Grundgedanken der gesundheitlichen Optimierung, deren Substrat der menschliche Körper bildet.

Bezug nehmend auf Aristoteles beschreibt Foucault, wie eben dieser menschliche Körper Opfer des politischen Kalküls und somit biopolitisches Instrument wurde: „L'homme pendant des millénaires, est resté ce

---

347 Folkers & Lemke, 2014: S. 68.

348 Foucault, M. (2006). *La volonté de savoir : droit de mort et pouvoir sur la vie.* Paris. Gallimard. S. 104–105.

349 Zeh, 2013: S. 9.

350 Vgl. Ibidem: S. 127.

qu'il était pour Aristote: un animal vivant et de plus capable d'une existence politique ; l'homme moderne est un animal dans la politique duquel sa vie d'être vivant est en question".[351] Das Biologische wird Gegenstand der Politik und markiert seitdem nach Foucault „l'entrée du biologique en politique".[352] Das Leben der Menschen wird nun verwaltet, eingebunden in politische Strategien und Machtgebaren, die über das Wie des Lebens jener, die leben sollen, und über den Tod jener, die nicht leben dürfen, entscheiden.

Andreas Folkers und Thomas Lemke rückverfolgen die Entwicklung des Körpers vom dressierten Objekt der individuellen Disziplinarmacht seit Beginn des 18. Jahrhunderts[353] bis hin zum massifizierten Objekt der Datenerhebung zu Kontroll- und Lenkungszwecken. Diese Machtausübung auf jeden einzelnen Körper dank Kontrollen, Berichten, Aufzeichnungen, nannte Foucault „Disziplinartechnologie der Arbeit" in der „Serie Körper – Organismus – Disziplin – Institutionen".[354] Die Machtausübung liegt im Detail jeder Bewegung, jedes Verhaltens, jedes Teiles des Körpers; die menschlichen Körper müssen im Staatsinteresse fassoniert werden und gleichzeitig gehorsam sein, sie müssen der Macht unterworfen und gleichzeitig veränderbar, nutzbar und optimierbar sein.[355]

In *Corpus Delicti* kommt diese minutiöse individuelle Disziplinarkontrolle durch die Erhebung und Auswertung von unzähligen Daten zur Gesundheit jedes einzelnen Bürgers eindeutig zum Tragen: Schlaf- und Ernährungswerte, sportliche Performanz, medizinische und hygienische Proben, Bakterienkonzentration in der Wohnung müssen regelmäßig an die Behörden der METHODE übermittelt werden und alle Daten jedes

351 „Der moderne Mensch ist seit Jahrtausenden das geblieben, was er für Aristoteles war: ein lebendes Tier und darüber hinaus zu einer politischen Existenz fähig; der moderne Mensch ist ein Tier, in dessen Politik sein Leben als Lebewesen auf dem Spiel steht" (eigene Übersetzung). Foucault, M. (1976a). *Histoire de la Sexualité 1 : La volonté de savoir*. Gallimard: S. 188.

352 „den Eintritt des Biologischen in die Politik" (eigene Übersetzung). Foucault, 2006: S. 108.

353 Vgl. Folkers & Lemke, 2014: S. 91.

354 Ibidem: S. 99.

355 Foucault, M. (2012). *Surveiller et punir : naissance de la prison*. Gallimard. S. 138.

Bürgers sind von seinem Mikrochip im Arm jederzeit abrufbar. Die Ideologie der METHODE in *Corpus Delicti* knüpft somit auch in ihrem Wahn der Datensammlung und -verwaltung lückenlos an das foucaultsche Verständnis von Biopolitik als kollektive Macht der Körperregulierung des Einzelnen an, vordergründig zu dessen Verbesserung, Erhöhung und Optimierung, hintergründig jedoch mit der Gefahr totalitärer bis hin tödlicher Devianzen. Devianzen die, wie es Sabine Schönfellner hervorhebt, zur „Marginalisierung des Individuums und seines Körpers“[356] führen.

Mylène M. Branco betrachtet diese Reduzierung des Bürgers vom holistischen Menschen auf seine alleinige organische Physis vom medizinischen Standpunkt: „The dictatorship in Zeh's novel records its citizens' medical history in the form of factual medical reports that reduce an individual to her or his organic physicality“.[357] Diese Herabsetzung des Körpers zum politisch-medizinisch relevanten Objekt, das selbst in der intimsten Sphäre nicht vor dem staatlichen Zugriff bewahrt ist, kommt zum Ausdruck als Mia zu Gericht vorgeladen wird und nackt am Untersuchungsstuhl sitzt:

> Jetzt sitzt Mia mit nacktem Oberkörper und leerem Blick im Untersuchungsstuhl. Von Handgelenken, Rücken und Schläfen hängen Kabel. Ihre Herztöne, das Rauschen des Bluts in den Adern, die elektrischen Impulse der Synapsen sind zu hören – ein Orchester von Wahnsinnigen, das die Instrumente stimmt. Der Amtsarzt ist ein gutmütiger Herr mit gepflegten Fingernägeln. Er streicht Mia mit einem Scanner über den Oberarm, als wäre sie eine Bohnendose auf dem Kassenband im Supermarkt. Auf der Präsentationswand erscheint ihr Foto, gefolgt von einer langen Reihe medizinischer Informationen.[358]

Wie Zeh in *Corpus Delicti* aufzeigt, ist das dressier-, kontroll- und disziplinarbare Individuum der öffentlichen Hand ausgeliefert, die dessen Daten im Interesse gesamtgesellschaftlicher Zielsetzungen sammelt, verwertet und verwaltet.

So verweist Foucault denn auf die notwendige Einbindung des Individuums in ein größeres Ganzes, nämlich darauf, dass auf die individualisierte

356 Schönfellner S. (2018b). *Die Perfektionierbarkeit des Menschen? posthumanistische Entwürfe in Romanen von Juli Zeh, Kaspar Colling Nielsen und Margaret Atwood*. Berlin. Weidler Buchverlag, S. 83.

357 Branco, M. M. (2019). *The Politics of Medicine in German and Anglophone Dystopian Fiction*. Dissertation. University of Kent. S. 188.

358 Zeh, 2013: 53.

Disziplinarmacht eine die Bevölkerung in ihrer Vielfalt erfassende Verwaltung folgt: die Individuen müssen räumlich aufgeteilt werden, jeder muss an seinen Platz gewiesen werden, um dessen Kontrolle und Überwachung in der großen Masse zu ermöglichen. Diese auf die einzelnen Körper einwirkende disziplinäre Biopolitik stellt eine individuelle Ordnung im großen Ganzen her: „Elle permet à la fois la caractérisation de l'individu comme individu, et la mise en ordre d'une multiplicité donnée. Elle est la condition première pour le contrôle et l'usage d'un ensemble d'éléments distincts : la base pour une microphysique d'un pouvoir qu'on pourrait appeler cellulaire".[359]

Abgegrenzte Räume, wie Klosterzellen, Internate, Kasernen, Fabriken ermöglichen die räumliche Einteilung und Überwachung sowie die Disziplinierung und Sanktionierung der Individuen, die genauen Anweisungen und Vorschriften folgen, genaue Gesten und körperliche Positionen einnehmen, genaue Zeiten oder Übungen befolgen müssen. Kranke Individuen werden erfasst und abgesondert, Arbeiter werden in ihrer Arbeitsleistung und -disziplin überwacht, Schüler werden nach Rang und Schulleistung eingeteilt.[360]

Ab der 2. Hälfte des 18. Jahrhundert, einhergehend mit der Entstehung der kapitalistischen Gesellschaft, wird die Aufmerksamkeit nicht nur auf den einzelnen Körper gerichtet, sondern auf die Gesellschaft als Summe der Körper, die im Interesse von Politik und Wirtschaft gelenkt werden muss (Geburten- und Todesrate, Fortpflanzung, Gesundheitsniveau, Lebenserwartung, uvm). Auf diesen Dualismus der Kontrolle des Einzelnen und der Lenkung der Bevölkerung in ihrer Gesamtheit verweisen Folkers & Lemke: „Die Disziplinen des Körpers und die Regulierungen der Bevölkerung bilden die beiden Pole, um die herum sich die Macht organisiert hat".[361] Foucault sieht in diesem neuen massifizierten Phänomen, das

---

359 „Sie ermöglicht sowohl die Charakterisierung des Individuums als solches als auch die Anordnung einer gegebenen Vielfalt. Sie ist die Vorbedingung für die Kontrolle und Nutzung einer Reihe von unterschiedlichen Elementen: die Grundlage für eine Mikrophysik der Macht, die man als zellulär bezeichnen könnte" (eigene Übersetzung). Foucault, 2012: S. 151.

360 Ibidem: S. 143–163.

361 Folkers & Lemke, 2014: S. 99.

nun die Gattung Mensch in seiner gesellschaftlichen Gesamtheit erfasst, die Biopolitik der menschlichen Gattung[362] oder die „Serie Bevölkerung – biologische Prozesse – Regulierungsmechanismen – Staat".[363] So schreibt Foucault über den Unterschied zwischen Disziplin und Biopolitik: „[...]la discipline est individualisante, la biopolitique est massifiante. La biopolitique s'adresse à l'homme vivant : non plus au corps, mais à la multiplicité des hommes comme masse globale affectée de processus d'ensemble qui sont propres à la vie".[364] Zusammengefassend durchläuft die politische Macht im Verständnis von Foucault Transformationen, um die Menschen, im ersten Schritt, als Individuen durch Disziplin und, im zweiten Schritt, als Masse durch eine koordinierte und zentralisierte Biopolitik zu kontrollieren:

> À la vieille mécanique du pouvoir de souveraineté, beaucoup trop de choses échappaient, à la fois par en bas et par en haut, au niveau du détail et au niveau de la masse. C'est pour rattraper le détail qu'une première accommodation a eu lieu : accommodation des mécanismes de pouvoir sur le corps individuel, avec surveillance et dressage – cela a été la discipline. [...] Et puis vous avez ensuite, à la fin du XVIIIe, une seconde accommodation, sur les phénomènes globaux, sur les phénomènes de population, avec les processus biologiques ou bio-sociologiques des masses humaines. Accommodation beaucoup plus difficile car, bien entendu, elle impliquait des organes complexes de coordination et de centralisation.[365]

---

362 Ibidem: S. 92.

363 Ibidem: S. 99.

364 „Die Disziplin individualisiert, die Biopolitik massifiziert. Die Biopolitik befasst sich mit dem lebenden Menschen: jedoch nicht mehr mit dem einzelnen Körper, sondern mit der Vielfalt der Menschen als globale Masse, die durch die dem Leben eigenen Prozesse beeinflusst wird" (eigene Übersetzung). Genel, 2004: S. 5.

365 „Die alten Mechanismen des Regierens übersahen zu viel drunten wie droben, im Detail wie in der Masse. Um dem Detail gerecht zu werden, fand eine erste Anpassung statt: die Anpassung der Machtmechanismen an den individuellen Körper, den es zu überwachen und dressieren galt – das war die Disziplin. [...] Und dann haben Sie, Ende des 18. Jahrhunderts, eine zweite Anpassung, nämlich an globale Phänomene, an die Phänomene der Bevölkerung und ihre biologischen oder bio-soziologischen Prozesse als Massenphänomen. Letztere ist natürlich viel schwieriger, denn sie bedarf einer komplexen Organisation der Koordination und der Zentralisation" (eigene Übersetzung). Foucault, M. (1997). *« Il faut défendre la société »* : Cours au Collège de France, *1975–1976*. Paris. Seuil. S. 222.

Folkers & Lemke kommentieren dazu, dass diese kollektive Biomacht durch verallgemeinerte, normalisierende Disziplinarmechanismen ausgeübt wird, „die, nunmehr verinnerlicht, unsere gewöhnlichen und alltäglichen Praktiken regeln, doch im Gegensatz zur Disziplin dehnt sich die Kontrolle über die strukturellen Orte sozialer Institutionen hinaus durch flexible und modulierende Netzwerke aus".[366] Somit wird sowohl das individuelle als auch das kollektive Leben Gegenstand politischen Kalküls und politischer Verantwortung im Namen eines höheren staatlichen Interesses, das kapitalistischer oder ideologischer Natur sein kann.

Foucaults Theorie der individuellen Disziplinierung in Verbindung mit der gesamtgesellschaftlichen Lenkung findet in der in *Corpus Delicti* verhandelten Tendenz ihren vollen Niederschlag. Foucaults biopolitische Vision spiegelt sich schon in Kramers Überzeugung wider, dort wo Zeh ihn sich zu seiner Überzeugung der Richtigkeit der METHODE mit folgenden Worten bekennen lässt: „Ich bin überzeugt, dass sich aus dem natürlichen Lebenswillen ein politisches Recht auf Gesundheit ergibt. Ich bin überzeugt, dass ein System nur dann gerecht sein kann, wenn es an den Körper anknüpft – denn durch unsere Körper, nicht im Geiste sind wir einander gleich".[367] Die politische Überzeugung Kramers ist hier unverkennbar und repräsentiert das ideologische Fundament der METHODE, so wie es eingangs in Kramers Manifest Gesundheit als Prinzip staatlicher Legitimation festgelegt ist.[368] So geht es in *Corpus Delicti*, wie Zeh es selbst in *Fragen zu Corpus Delicti* bestätigt, „um Gesundheitswahn, um Biopolitik und um Körperoptimierung".[369] Schon der Buchtitel „Corpus Delicti" weist auf die zentrale Rolle des Körpers hin, der als Tatgegenstand zu sehen ist, denn der Körper ist Träger der Gesundheit und wird als solcher zum kriminellen Tatgegenstand, sobald er sich nicht den Zwängen der METHODE unterwirft. Im Roman überspitzt Zeh die Biomacht der METHODE, deren politisches Programm auf der Disziplinierung und Kontrolle jedes einzelnen Körpers beruht, mit dem Ziel, allen Bürgern die absolute Gesundheit zu garantieren. Erhöhung und Verbesserung des Lebens gehören ebenso zur

366 Folkers & Lemke, 2014: S. 278–279.
367 Zeh, 2013: S. 194.
368 Ibidem: S. 10.
369 Zeh, 2020a: S. 22.

Politik der METHODE wie Repression und Entfernung aus dem Volkskörper. Die Zugehörigkeit zum Staat METHODE wird nicht mehr im Wesentlichen durch die territoriale Ausdehnung, sondern durch die Befolgung der gesundheitlichen Vorschriften, sprich den gesunden Körper, bestimmt. Zeh folgt hier der Foucaultschen Auffassung zum Momentum der Geburt der Biopolitik, dort wo er feststellt, dass sich mit der Verwaltung der Volksgesundheit, der Geburten- und Todesrate, des Lebensraumes und der Lebensbedingungen der Übergang vom Staat als geographisches Hoheitsgebiet zum Staat als Bevölkerung, mit der damit einhergehenden politischen Einbindung von Leben und Gesundheit vollzogen habe. Genau dieser Übergang markiere, laut Foucault, den entscheidenden Moment der Geburt der modernen Biopolitik, die gleichzeitig den Schutz des Lebens und dessen massenhafte Tötung im Holocaust ermöglichte: „Il en résulte une sorte d'animalisation de l'homme effectuée par les techniques politiques les plus sophisitiquées. Alors apparaissent dans l'histoire aussi bien la multiplication des possibilités des sciences humains et sociales, que la possibilité simultanée de protéger la vie et d'en autoriser l'holocauste".[370]

Diesen Übergang vom Staat als geographischen Raum zum Staat als Bevölkerung vollzieht auch Carl Schmitt, wie schon im Kapitel 5.2.2. ausgeführt wurde, indem er zwischen „Politischem" und „Nichtpolitischem", also zwischen als zum Staat zugehörigen und vom Staat zu bekämpfenden Individuen unterscheidet. Ebenso muss in *Corpus Delicti* der gesunde Körper als dominantes Merkmal der politischen Zugehörigkeit zur METHODE erkannt werden.

Foucaults Annäherung an den Begriff der Biopolitik ist vorrangig sozialtheoretischer Natur, indem er danach trachtet, die Beziehung zwischen dem Individuum und der Gesellschaft als Ganzes zu erfassen: Der Staat führt die einzelnen Bürger zu einem „besseren" Leben, um die Kraft der Gesamtbevölkerung und damit des Staates als Ganzes zu erhöhen, wobei

370 „Das Ergebnis ist eine Art Animalisierung des Menschen, die mit den raffiniertesten politischen Techniken durchgeführt wird. Dann tauchen in der Geschichte sowohl die Vervielfältigung der Möglichkeiten der Human- und Sozialwissenschaften als auch die Möglichkeit, Leben gleichzeitig zu schützen und es dem Holocaust auszuliefern, auf" (eigene Übersetzung). Foucault, M. (1994). *Dits et écrits. 3, 1976–1979*. Paris. Gallimard : S. 719.

ein „besseres“ Leben sich nicht nur auf das körperliche Wohl bezieht, sondern auf verbesserbare Lebensumstände im weiteren Sinne, wie Lebensumfeld, medizinische Versorgung, kulturelles Angebot, Qualität der Ausbildung, Arbeitsbedingungen uvm., im Sinne von „Leben, Überleben und besseres Leben“.[371]

Durch diese Folie ist auch das trügerische Bestreben der METHODE in *Corpus Delicti*, den Bürger zu einem „besseren“, sprich „gesünderen“, Leben zu führen, zu verstehen. Vor dem Hintergrund vermeintlich lobenswerter Absichten verbergen sich jedoch Unfreiheit und Staatskontrolle bis hin in alle Lebensbereiche.

Im Foucaultschen Verständnis von Biopolitik als Verbesserung des Lebens geht es darum, die Sterblichkeitsrate als endemisches Problem anstatt als epidemisches, punktuelles Problem zu sehen. Darunter versteht Foucault die permanenten Faktoren „des Entzugs von Kräften, der Verminderung der Arbeitszeit, des Energieverlustes und ökonomischer Kosten, und zwar ebenso sehr aufgrund des von ihnen produzierten Mangels wie der Pflege, die sie kosten können. Kurz, Krankheit als Bevölkerungsphänomen [...] als permanenter Tod, der in das Leben hineinschlüpft, es unentwegt zerfrisst, es mindert und schwächt“.[372] Gesundheitsprävention, Krankenversicherung, Altersversorgung, Einflussnahme auf die Lebensbedingungen werden zu Themen der Biopolitik.

Diese für die Biopolitik charakteristische Abkehr von Faktoren der Lebensbeeinträchtigung, wie Krankheit und Tod, wird ganz klar *in Corpus Delicti* als kritischer Ansatzpunkt aufgenommen. Der Tod wird nicht als der natürliche Gegenspieler des Lebens anerkannt, sondern als unerwünschter Störfaktor weit in die Ferne gerückt.

Die Biomacht macht also, nach Foucault, leben, sie reguliert das Leben der Menschen in der Gesellschaft in allen ihren biologischen Details, wobei der Tod der Endpunkt dieser Macht ist, der Moment in dem sich das Individuum dem Zugriff der Macht entzieht, indem es in seine privateste Intimsphäre zurückfällt.[373] Wenn vordergründig Biomacht sich mit

---

371 Gerhards & Braun, 2019: S. 23.
372 Folkers & Lemke, 2014: S. 93.
373 Ibidem: S. 97.

dem Leben befasst, stellt sich für Foucault ebenda auch die Frage, wie eine solche Macht töten kann, „wenn […] es im Wesentlichen darum geht, das Leben aufzuwerten, seine Dauer zu verlängern, seine Möglichkeiten zu vervielfachen, Unfälle fernzuhalten oder seine Mängel zu kompensieren? Hier kommt der Rassismus ins Spiel".[374] Foucault bezieht sich hier auf die Gefahr der Wertung des Lebens auf die auch Zeh, wie bereits erwähnt, in Fragen *zu Corpus Delicti* verweist.[375]

Als das extremste Beispiel eines Staates in dem die Biomacht im reinen Zustand, gemeinsam mit der traditionellen Macht über Leben und Tod, vorgeführt wurde, nennt Foucault das nationalsozialistische Deutschland. So stellt er fest: „Wir haben in der Nazigesellschaft mithin diesen außergewöhnlichen Sachverhalt vorliegen, dass sie als Gesellschaft die Bio-Macht absolut verallgemeinert, aber gleichzeitig das souveräne Recht zu töten generalisiert".[376] Biomacht sowie absolute mörderische und selbstmörderische Diktatur finden sich in diesem Staat vereint, im Bestreben, die deutsche Rasse zu perfektionieren und die störenden Elemente zu eliminieren – allen voran die jüdische Bevölkerung – bis hin zu deren Endlösung. Die Opferung nicht nur der ausgegrenzten Elemente, sondern sogar des gesamten deutschen Volkes als der Krieg verloren war, machen den nationalsozialistischen Staat zum rassistischsten und tödlichsten Staat aller Zeiten. Auf die Frage, wie die biopolitische Verwaltung des menschlichen Lebens, im eigentlichen Sinne der Erhöhung, Verbesserung und Optimierung in die Todesmassaker des 20. Jahrhundert führen konnte antwortet Foucault:

> Der Tod, der auf dem Recht des Souveräns beruhte, sich zu verteidigen oder sich verteidigen zu lassen, wird nun zur banalen Kehrseite des Rechts, das der Gesellschaftskörper auf die Sicherung, Erhaltung oder Entwicklung seines Lebens geltend macht. Nie waren die Kriege blutiger als seit dem 19. Jahrhundert und niemals richteten die Regime – auch bei Wahrung aller Proportionen – vergleichbare Schlachtfeste unter ihren eigenen Bevölkerungen an. Aber diese ungeheure Todesmacht kann sich zum Teil gerade deswegen mit solchem Elan und Zynismus über alle Grenzen ausdehnen, weil sie ja nur das Komplement einer positiven „Lebensmacht" darstellt, die das Leben in ihre Hand nimmt, um es zu steigern

374 Ibidem: S. 14.
375 Zeh, 2020a: S. 99.
376 Folkers & Lemke, 2014: S. 110.

> und zu vervielfältigen, um es im Einzelnen zu kontrollieren und im gesamten zu regulieren. Kriege werden nicht mehr im Namen eines Souveräns geführt, der zu verteidigen ist, sondern im Namen der Existenz aller. […] Die Massaker sind vital geworden. Gerade als Verwalter des Lebens und Überlebens, der Körper und der Rasse, haben so viele Regierungen in so vielen Kriegen so viele Menschen töten lassen.[377]

Foucault stellt hier sehr deutlich den gefährlichen Zusammenhang zwischen dem Streben nach perfektioniertem Leben und der möglichen Massentötung dar. Letztere folgt paradoxerweise aus dem Zugriff auf den menschlichen Körper im Rahmen einer Politik der Erhöhung und Verbesserung des „Volksköpers" als Resultat der Dialektik wert/unwert, gut/schlecht.

Mit *Corpus Delicti* appliziert Zeh diese möglichen gefährlichen Ansätze auf das aktuelle 21. Jahrhundert, indem sie Foucaults Dialektik wert/unwert mit gesund/ungesund ersetzt. Das Prinzip bleibt jedoch unverändert: Das Streben nach dem perfekten Menschen – der in den Augen der METHODE dann „perfekt" ist, wenn er vollkommen gesund ist – führt zur Ausgrenzung bis hin zur ungestraften Tötung von ungesunden Menschen oder von Widersachern, die sich gegen die Ideologie der Gesundheitsdiktatur stellen. Angesichts des aktuellen Trends des gesunden, fitten Körpers als Sozialstatut, als gesellschaftlichen Integrationsfaktor und als ökonomische Performanzmaschine, dürfte Zeh auf Foucaults Theorie der Biopolitik zurückgreifen, um ihrer Warnung vor der Wiederholung möglicher Devianzen der nahen Vergangenheit ein zusätzliches Gewicht zu verleihen.

Zeh wie Foucault beschäftigen sich in diesem Zusammenhang auch mit dem Verhältnis von Biopolitik zum ökonomischen Liberalismus, mit der Frage, ob Biopolitik und Demokratie, und die damit verknüpfte freie Selbstbestimmung des Einzelnen, überhaupt zusammen denkbar sind oder ob biopolitischer Wille nicht unweigerlich in ein undemokratisches System mündet, im Extremfall in den deutschen Nationalsozialismus, im moderaten Fall in unsere heutige Gesellschaft mit der Tendenz von Politik und Wirtschaft, die Individuen zu bestimmen und zu lenken.[378] Betrachtet man

377 Foucault, M. (1986). *Der Wille zum Wissen. Sexualität und Wahrheit I.* Frankfurt am Main. Suhrkamp. S. 165.

378 Foucault entwickelte jedoch diese ökonomische Perspektive nicht mehr weiter.

die Selbstbestimmung des Einzelnen als ein zentrales biopolitisches Thema, liegt die Schwierigkeit in der Ambivalenz derselben: „Sie (die Selbstbestimmung) oszilliert zwischen der Artikulation von Freiheitsansprüchen gegenüber extern auferlegten Verhaltenszwängen[…]".[379] Mit dieser Überlegung spricht Peter Wehling die komplexe Frage der Entscheidungsfreiheit der Individuen an, deren Meinungsfindung stark durch äußere Faktoren beeinflusst wird und in den seltensten Fällen als „frei" bezeichnet werden kann, bedingt durch den gesellschaftlichen Druck, wie Schönheitsideale, Modeströmungen, Konformismus, Wertvorstellungen, gesellschaftliche Normen uvm. In diesem Sinne sind möglicherweise die Entscheidungen, fleißig die Muskelmasse im Kraftraum zu vergrößern, gewisse Gesundheitsprodukte zu konsumieren oder auf Alkohol und Rauchen zu verzichten, nicht stets Ausdruck freier Selbstbestimmung. Nach Wehling instruiert Biopolitik „[…] gesellschaftliche Erwartungen an die Nützlichkeit, Fitness und Leistungsfähigkeit des Einzelnen, mit der diskursiven Konstruktion von Unzulänglichkeiten und Defiziten sowie der Suggestion verfügbarer technologischer Verbesserungsmöglichkeiten".[380]

Gemeinschaftskörper und Individuen wetteifern heute gemeinsam im Streben nach Perfektion in den unterschiedlichsten Bereichen wie Nullrisiko, fitter und muskulöser Körper, Lebensverlängerung, Pränataldiagnostik, Genetik, reproduktives Klonen, Rauchverbot, Präventivmedizin, Familienpolitik uvm. Zehs kritischer Blick fällt auf genau diese körperbetonte Gesellschaft des Nullrisikos und der sozialen Zwänge physischer Selbstoptimierung, nicht zuletzt ökonomisch bedingt, womit sie Foucaults Reflexionen zu diesem Thema weiterführt. Zeh diagnostiziert in *Fragen zu Corpus Delicti* das aktuelle Weltbild als exzessiv liberal-ökonomisch, das primär auf Rentabilitätszwang und Messbarkeit fußt: „Die Ökonomisierung unserer Weltwahrnehmung ist längst wo weit fortgeschritten, dass es den meisten von uns völlig normal erscheint, den Menschen und sein Leben unter Kosten-, Effizienz- und Optimierungsgesichtspunkten zu betrachten. Alles ist messbar, alles ist verbesserungsfähig".[381] Weiteres

379 Wehling, P. (2008). „Selbstbestimmung oder sozialer Optimierungsdruck? Perspektiven einer kritischen Soziologie der Biopolitik". *Leviathan*, *36*(2), S. 261.
380 Gerhards & Braun, 2019: S. 29.
381 Zeh, 2020a: S. 94.

bringt sie diese Abwendung von moralischen, geistigen, intellektuellen Werten zugunsten des Erfass- und Kontrollierbaren in *Corpus Delicti* zum Ausdruck: „Geblieben ist der Körper, den wir zum Zentrum aller Bemühungen machen. Der Körper ist uns Tempel und Altar, Götze und Opfer. Heilig gesprochen und versklavt."[382]

Michael Meyen fasst den materiellen Rentabilitätszwang mit folgenden Worten zusammen: „Wer krank ist, kostet Geld. Wer krank ist, muss von den anderen getragen werden. Und wer den Menschen nur noch ‚als ein Stück Humankapital' sieht, fängt an, das ‚Leben unter Kosten-, Effizienz- und Optimierungsgesichtspunkten zu betrachten'".[383] Es scheint auf der Hand zu liegen, dass diese gesundheitliche Kostenrechnung Zeh zum kritischen Nachdenken über die gegenwärtige Beziehung zwischen Staat und körperlicher Intimität veranlasst hat. Wie Zeh es selbst in *Fragen zu Corpus Delicti* bestätigt, nimmt ihre eigene Gesundheit sowie alles, das sich an den eigenen Körper knüpft, für sie einen besonders zentralen, sensiblen Platz im Bereich der individuellen Privatsphäre ein. Es scheint an dieser Stelle angebracht, an Zehs bereits erwähnte Bemerkung zu erinnern: „Dabei empfinde ich alles was mit Körper, Gesundheit oder Geburt zu tun hat, als äußerst intim. Das ist mein persönlicher Bereich, in dem nur ich Chef sein will".[384]

Dass eben dieser intimste Bereich zum Gegenstand der Politik wird, beweist für Zeh die bereits erwähnte Gesetzesinitiative von Ulla Schmid 2007, die die Bürger einerseits der Krankenkassenpflicht unterwirft und andererseits die Möglichkeit einräumt, dass Bürger, die durch eigenes Verschulden krank werden, höhere Beiträge zahlen müssen und in den Genuss verminderter Leistungen kommen. Eine solche Verpflichtung zur körperlichen Performanz manifestiert sich auch im aktuellen Trend der Körperfixiertheit, der Erhebung des Körpers zum Zeichen des Erfolgs wie dessen Verdammung als Ursache für Misserfolg. Ihr Unbehagen über diese Beobachtung bringt Zeh ebenso in *Fragen zu Corpus Delicti* zum Ausdruck: „Eine Gesellschaft, die Gesundheit zum Erfolgsprinzip erklärt und

---

382 Zeh, 2013: S. 170.
383 Meyen, M. (2020). *Demokratie, Gesundheit, Freiheit.* ForDemocracy. S. 93.
384 Simantke, 2012.

Krankheit als eine Form von Versagen ansieht, erscheint mir auf dem besten Weg, inhuman und unsolidarisch zu werden".[385] Wer sich in der Gesellschaft behaupten will, muss sich normierten Prozessen beugen und auf Individualität, persönliche Kreativität und Anderssein verzichten, denn die Gesellschaft schreibt die Kriterien des Erfolges vor, indem sie Bildung, Kompetenzen und Performanz normiert. Dieser Wahn der sozio-normativen und digitalen Kontrolle in der heutigen Gesellschaft wird von Zeh wiederholt kritisiert: „Das Zauberwort heißt ‚Kontrolle'. Obwohl sich die meisten Menschen dessen vielleicht gar nicht bewusst sind, wird gerade unsere Epoche, die vermeintlich der individuellen Freiheit huldigt, vor allem von den Leitbildern ‚Kontrolle' und ‚Konformität' beherrscht".[386] Die ständige Datensammlung mit Hilfe der digitalen Technologien und sozialen Netzwerke verstärkt diesen Kontrollmechanismus über das Verhalten der Bürger und bietet zudem die Möglichkeit, erwünschte Verhaltensmuster zu fördern und unerwünschte zu bremsen.[387]

Um dies zu veranschaulichen, wird der Mensch in *Corpus Delicti* auf seinen Körper als dingliches Instrument einer totalitären Gesundheitspolitik reduziert, unter Eliminierung persönlicher Selbstbestimmung. Wie Sabine Schönfellner dazu bemerkt, konzentriert sich die METHODE „auf die Beherrschbarkeit und Formbarkeit des Körpers"[388], dessen Verdinglichung – „Materie, die sich selbst anglotzt"[389] – die ökonomische Rationalität der Gesellschaft zum Ausdruck bringt. Die Konzeption des menschlichen Körpers als maschinenartiges Ding bringt Mia in *Corpus*

385 Ibidem: S. 92.

386 Ibidem: S. 95.

387 Zeh bezieht sich auf die Technik des „nudging" aus Marketingkreisen, die dazu dient, erwünschte Verhalten zu fördern. Hollands & al. definieren die Technik des „nudging" wie folgt: Interventions that involve altering the properties or placement of objects or stimuli within micro-environments with the intention of changing health-related behavior. Such interventions are implemented within the same micro-environment as that in which the target behavior is performed, typically require minimal conscious engagement, can in principle influence the behavior of many people simultaneously, and are not targeted or tailored to specific individuals (Vlaev, Dolan & Darzi, 2016: S. 551).

388 Schönfellner, 2018b: S. 84.

389 Zeh, 2013: S. 29.

Delicti wiederum zum Ausdruck: „Ihren Körper hat Mia nie geachtet oder gar geliebt. Der Körper ist eine Maschine, ein Fortbewegungs-, Nahrungsaufnahme- und Kommunikationsapparat, dessen Aufgabe vor allem im reibungslosen Funktionieren besteht. Mia selbst befindet sich in der Kommandozentrale, schaut durch Augenfenster hinaus und belauscht durch Ohrenlöcher ihre Umgebung. Tagein, tagaus gibt sie Befehle, die der Körper bedingungslos auszuführen hat.[390]

Als unerwünschte Konsequenzen des verdinglichten Körpers hebt Zeh nicht nur dessen Ökonomisierung hervor, sondern auch dessen Eintritt in die öffentliche Sphäre, denn, wenn man an Ulla Schmids Gesetzesentwurf denkt, kommen sich Öffentlichkeit und Privatsphäre gefährlich nahe und erinnern an Agambens Warnung vor der Koinzidenz von privater und öffentlicher Sphäre, des Zusammenfalls von zōē/oikos und polis, Intimsphäre und Politik.

5.3.3.2. Giorgio Agamben und Corpus Delicti

Foucault erahnte bereits, was Agamben in *Homo sacer* weiterentwickeln wird: Dass gerade die besondere Bedeutung, die dem menschlichen Leben zugeschrieben wird, zu dessen extremer Politisierung führen wird. Zeh weist Agambens Theorie des „Homo sacer", die als juristische Ergänzung zu Foucaults Theorie gelesen werden muss, bekannterweise eine zentrale Rolle in *Corpus Delicti* zu. Deshalb soll hier kurz theoretisch Agambens Konzept des „Homo sacer" umrissen werden, bevor es zur Untersuchung der Durchkreuzung von letzterem mit *Corpus Delicti* kommt.

Die Motivation der Entstehung des Werkes *Homo sacer* verortet Agamben im Versuch, die schwer in Worte fassbaren Schrecken des 20. Jahrhunderts und deren Kulminierung in den Konzentrationslagern der Nazis als Demonstration der totalen Politisierung des aller Rechte entblößten menschlichen Körpers zu erklären. „Homo sacer" bezeichnet den seiner Rechte entblößten Menschen, des Opfers nicht mehr würdig, dem ungestraft das nackte Leben genommen werden darf: „[…] das nackte Leben, das heißt das Leben des homo sacer, der getötet werden kann, aber nicht geopfert werden darf".[391] Die Definition des „Homo sacer" im altrömischen

390 Zeh, 2013: S. 87.
391 Agamben, G. (2015). *Homo sacer die souveräne Macht und das nackte Leben.*

Recht wurde von Festus überliefert: „At homo sacer is est, quem populis iudicavit ob maleficium; neque fas est eum immolari, sed qui occidit, parricidi non damnatur".[392] Im Lateinischen hat das Adjektiv „sacer" eine Doppelbedeutung, es kann sowohl „heilig" als auch „verflucht" bedeuten.[393] Im modernen Sinn könnte man die Idee der „Homini sacri" als die jener Menschen auffassen, die als einstige Bürger mit vollen Rechten durch Ausnahmebestimmungen zu Menschen ohne Rechte degradiert werden, die nun als nackte Körper nicht mehr durch das Rechtssystem geschützt sind und daher straflos dem Tod ausgesetzt werden können. Die extremste Form erfuhr die Idee des „Homo sacer" sicherlich, wie schon durch Foucault erwähnt, im Rahmen der nationalsozialistischen Konzentrationslager sowie des eugenetischen Programms T4.[394]

Das Konzept des „Homo sacer" kann nur in Verbindung mit dem rechtlichen Ausnahmezustand verstanden werden, das heißt der Suspendierung des geltenden Rechts basierend auf faktischen Gegebenheiten, die der Exekutive unter Ausschaltung des Parlaments außerordentliche Macht verleiht. Agamben schreibt dazu, „dass man das Dritte Reich vom juristischen Standpunkt aus als Ausnahmezustand betrachten kann, der sich zwölf Jahre lang hinzog".[395] So leitet denn Carl Schmitt sein Werk *Politische Theologie* bedeutungsschwer mit dem folgenden Satz ein: „Souverän ist wer über den Ausnahmezustand entscheidet".[396] Nur einen Tag nach dem Brand des deutschen Reichstages, am 28. Februar 1933, wurde die Verordnung zum Schutz von Volk und Staat auf der Grundlage des Artikels 48 der Weimarer Verfassung von Hindenburg als Reichspräsident und

---

Berlin. Suhrkamp Verlag. S. 18.

392 „Sacer aber ist derjenige, den das Volk wegen eines Delikts angeklagt hat; und es ist nicht erlaubt, ihn zu opfern; wer ihn jedoch umbringt, wird nicht wegen Mordes verurteilt". Ibidem: S. 81.

393 Vgl. Weiß, M. G. (2003). „Biopolitik, Souveränität und die Heiligkeit des nackten Lebens: Giorgio Agambens Grundgedanke". *Phänomenologische Forschungen*. S. 276.

394 Vgl. Zoeke (2017).

395 Agamben, G. (2006). *Ausnahmezustand*. Suhrkamp. S. 8.

396 Schmitt, 1934: S. 17.

Hitler als Reichskanzler unterzeichnet, unter dem Vorwand der immanenten kommunistischen Gefahr für den Staat[397]:

> Auf Grund des Artikels 48 Abs. 2 der Reichsverfassung wird zur Abwehr kommunistischer staatsgefährdender Gewaltakte folgendes verordnet: § 1 Die Artikel 114, 115, 117, 118, 123, 124 und 153 der Verfassung des Deutschen Reichs werden bis auf weiteres außer Kraft gesetzt. Es sind daher Beschränkungen der persönlichen Freiheit, des Rechts der freien Meinungsäußerung, einschließlich der Pressefreiheit, des Vereins- und Versammlungsrechts, Eingriffe in das Brief-, Post-, Telegraphen- und Fernsprechgeheimnis, Anordnungen von Hausdurchsuchungen und von Beschlagnahmen sowie Beschränkungen des Eigentums auch außerhalb der sonst hierfür bestimmten gesetzlichen Grenzen zulässig.[398]

Ohne den Ausnahmezustand zu nennen, suspendierte diese Verordnung die wesentlichen Grundrechte und blieb, bis zum Fall des nationalsozialistischen Regimes, zwölf Jahre lang, von 1933 bis 1945, in Kraft. Eine der wesentlichen Praktiken dieses Ausnahmeregimes stellte beispielsweise die unbegrenzte Haft ohne Gerichtsverfahren dar, wodurch der willkürlichen Inhaftierung als Machtinstrument keine Grenzen mehr gesetzt waren.[399]

Wesentlich ist es anzumerken, dass im Ausnahmezustand der Staat und seine Organe zurücktreten und selbst die Unterscheidung zwischen privat und öffentlich deaktiviert wird,[400] womit dem Zugriff zum Intimsten des Menschen, nämlich seinem Körper, Tür und Tor geöffnet werden. Das natürliche Leben, das nackte Leben, wird zum Gegenstand der politischen Macht im Ausnahmezustand.[401] Agamben erinnert in diesem Zusammenhang an die Auffassung der griechischen Klassiker, die streng das natürliche Leben (zōē) und dessen Privatsphäre in der Familie, mit der Funktion der Fortpflanzung (oikos), vom Leben in der öffentlichen Gesellschaft (bios in

---

397 Die Nationalsozialisten schrieben den Brand des Reichstages den Kommunisten zu, als Vorwand für ihre Gefährlichkeit für den Staat. Vermutlich wurde dieser Brand absichtlich durch die Nationalsozialisten zu diesem Zweck inszeniert.

398 von Hindenburg, P., Hitler, A., Frick, W., & Gürtner, F. (1933). „Verordnung des Reichspräsidenten zum Schutz von Volk und Staat [Reichstagsbrandverordnung]“, S. 83.

399 Balke, F. (2008). „Beyond the Line: Carl Schmitt und der Ausnahmezustand“. *Philosophische Rundschau*, *55*(4), S. 281.

400 Ibidem: S. 274.

401 Genel, 2004: S. 17.

der polis) trennten. Das natürliche Leben und die menschliche Intimsphäre befanden sich hier in einem Verhältnis der Inklusion-Exklusion gegenüber der Politik.

Unter diesem Blickwinkel ist Mias Trauer um ihren verstorbenen Bruder Moritz eine öffentliche Angelegenheit, denn Privatsphäre gibt es in der METHODE nicht. Selbst die intimsten Bereiche des Menschen sind somit in der Gesundheitsdiktatur politisiert (Inklusion). Folglich ist in *Corpus Delicti* auch das psychische Wohlbefinden eine öffentliche Angelegenheit, denn die Verbindung zwischen dem allgemeinen und dem persönlichen Wohl ist so eng, dass sie „keinen Raum für Privatangelegenheiten lässt".[402] Dieses Aufgehen der privaten in der öffentlichen Sphäre verweist auf Agambens „nackten" Körper im Ausnahmezustand, der die METHODE durch ein juristisches Artefakt dazu legitimiert, in Mias Privatleben, bis in ihre tiefste psychologische Sphäre, einzugreifen. Körper und Psyche befinden sich sozusagen in einem vogelfreien Zustand, sobald Mia nicht allen gesundheitlichen Vorschriften und Anforderungen entspricht.

Man erinnere sich ebenfalls an das Unverständnis der Richterin Sophie dafür, dass Mia ihre tiefe, persönliche Trauer um ihren verstorbenen Bruder Moritz als private Angelegenheit betrachtet: „Ich hielt meinen Schmerz für eine Privatangelegenheit. Privatangelegenheit? fragt Sophie erstaunt. Hören Sie […][403] Frau Holl […] Ich muss Sie bitten mir zu erklären, was Sie mit Privatangelegenheit meinen".[404] Diese Überspitzung betont Zehs Überzeugung, dass „Der Umgang mit dem eigenen Körper […] zum intimen Bereich der persönlichen Freiheit"[405] gehört. Die freie Verfügung über den eigenen Körper, über gesunde und ungesunde Lebensweisen, über den eigenen Körper betreffende Entscheidungen, über Tod und Leben – man erinnere sich an Moritz, für den „das Leben ein Angebot ist, das man auch ablehnen kann"[406] – sind für sie der Kern eines demokratischen Systems. Der Verlust dieser intimen, privaten Freiheit droht, wie es Agamben in *Homo sacer* ausführt, in einem totalitären System zu münden, in dem der

402 Zeh, 2013: S. 64.
403 Ibidem: S. 58.
404 Ibidem: S. 62.
405 Zeh, 2020a: S. 93.
406 Zeh, 2013: S. 31.

Mensch nur als systemkonformer Körper existiert, aber aus dem er auch, sobald er nicht mehr „systemkonform“ ist, ungestraft ausgeschlossen werden kann. Dies hat die nationalsozialistische Diktatur nur allzu deutlich gezeigt.

Jede Stellung gegen die Inklusion in der Exklusion impliziert unweigerlich das Ausscheiden aus dem System und somit das Austreten aus dessen Rechtssystem. Mia befindet sich genau in diesem rechtlich leeren Raum, dem Ausnahmezustand, auf den Zeh explizit hinweist und mutiert dadurch zum „Homo sacer“, der seine Legitimität im Ausnahmezustand schöpft, wie Kramer Mia aufklärt: „Für Methodenfeinde gelten die Gesetze des Ausnahmezustandes“.[407]

Agambens Konzeptualisierung des „Homo sacers“, des nackten Menschen, der das Substrat der Machtpolitik bildet, als Versuch, das rechtliche Vakuum totalitärer Willkür zu erklären, wird somit in *Corpus Delicti* in der Figur von Mia verdeutlicht, dort wo sie, sich des sicheren Todes wähnend, feststellt: „Mir kann nichts passieren. Technisch gesprochen, bin ich jetzt eine Heilige“.[408] Indem sie sich den Mikrochip aus dem Arm reißt, betritt Mia den Raum dazwischen, zwischen Inklusion und Exklusion, wodurch sie sich dem rechtlichen Zugriff durch die METHODE entzieht:

> Hier, Kramer. Ein Geschenk für Sie. Auf dem ausgestreckten Handteller hält Mia ihm den blutigen Chip hin, den sie sich aus dem Arm gezogen hat. Nehmen Sie. Das bin ich. Ihr rechtmäßiger Besitz. [...] Danke, sagt Kramer, zieht ein weißes Taschentuch hervor und schlägt den Chip darin ein. Der Rest bleibt hier und gehört niemandem mehr. [...] Und damit allen. Vollkommen ausgeliefert, also vollkommen frei. Ein heiliger Zustand.[409]

Mias Körper stellt sich mit der Entfernung des Mikrochips außerhalb des Systems der METHODE, sie ist nicht mehr drinnen, aber auch nicht draußen in Sicherheit, sie ist dazwischen im rechtlichen Vakuum, der straflosen Tötung ausgeliefert. Sie wird hier, wie Martin Weiß es ausdrückt, zum genuinen Produkt „der Politisierung des Menschen, ein ‚nacktes Leben‘ auf der ‚Schwelle‘ zwischen Natur (zōē) und bios“,[410] ein „Sein“ zwischen

---

407 Ibidem: S. 220.
408 Zeh, 2013: S. 204.
409 Ibidem: S. 262–263.
410 Weiß, 2003: S. 273.

Menschlichem und Tierischen, zwischen Natur und Kultur, „zum im Menschen produzierten Nicht-Menschen“.[411] In diesem Zustand ist Mia weder im Besitz ihrer zutiefst menschlichen Intimsphäre, noch ist sie in die Gesellschaft integriert, vielmehr wird sie zum „Nicht-Menschen“, zum „Homo sacer“, degradiert. Die Entfernung des Mikrochips markiert somit Mias Austreten aus der biopolitischen Kontrollsphäre der METHODE und muss gleichzeitig als Endpunkt deren Machtausübung verstanden werden.

Gottwein sieht in den Begriffen des „heiligen Zustandes“ sowie in der Tatsache des „Nicht-Opfer-Sein-Könnens“ einen expliziten Hinweis auf Agambens Figur des „Homo sacer“.[412] Ich kann ihr jedoch nicht zustimmen, wenn sie behauptet, dass der Status des „Homo sacer“ die METHODE zwar dazu legitimiere, Mia aus dem Rechtssystem auszuschließen, nicht aber dazu, sie zu foltern. Meines Erachtens muss Agambens Konzeption dahingehend interpretiert werden, dass genau dieser Zustand des „Homo sacers“ der METHODE das Rechtsinstrument liefert, willkürlich über Mias Leben zu bestimmen, die Folter miteingeschlossen.

Carrie Smith-Prei interpretiert Mias Austreten aus dem System durch Rückzug in ihren eigenen Körper, wenn auch in Gefangenschaft, als einen Akt des Widerstandes: „Resistance first becomes possible through Mia's marginalization and disenfranchisement from all forms of collectivity as she retreats into her individual body in imprisonment, which in turn makes her inaccessible to systemic and rebellious discourses".[413] Mit diesem Austritt wird Mia, so Smith-Prei, wieder zum natürlichen, krankheitsanfälligen Körper, der nicht den Normen des unnatürlichen, gesunden Körpers der Methode entspricht: „[...] the healthy body represents the systemic norm and the natural or unhealthy body the rebellious norm“.[414]

Der Übergang Mias vom „gesunden“, also „methodenkonformen“ zum rebellischen, „ungesunden“ Körper als Leben dazwischen wird schon angekündigt, dort wo die ideale Geliebte Mia als Zaunreiterin definiert:

411 Ibidem: S. 274.
412 Gottwein, 2010: S. Kapitel „Die Offenbarung der Mechanismen der Methode“.
413 Smith-Prei, C. (2012). “Relevant Utopian Realism: The Critical Corporeality of Juli Zeh's Corpus Delicti”. *Journal of Germanic Studies*, 48 (1), S. 114.
414 ibidem: S. 115.

> Die Hexe ist ein Heckengeist. Ein Wesen, das auf Zäunen lebt. Der Besen war ursprünglich eine gegabelte Zaunstange. „Was hat das mit mir zu tun?" „Zäune und Hecken sind Grenzen, Mia. Die Zaunreiterin befindet sich auf der Grenze zwischen Zivilisation und Wildnis. Zwischen Diesseits und Jenseits, Leben und Tod, Körper und Geist. Zwischen Ja und Nein, Glaube und Atheismus. Sie weiß nicht, zu welcher Seite sie gehört. Ihr Reich ist das Dazwischen. Erinnert dich das an jemanden?" Darauf erwidert Mia nichts. Sie steigt vom Hometrainer und stellt sich ans Fenster. [...] „Wer keine Seite wählt", sagt die ideale Geliebte, ist ein Außenseiter. Und Außenseiter leben gefährlich. Von Zeit zu Zeit braucht die Macht ein Exempel, um ihre Stärke unter Beweis zu stellen. Besonders, wenn im Inneren der Glaube wackelt. Außenseiter eignen sich, weil sie nicht wissen, was sie wollen. Sie sind Fallobst.[415]

Mit dieser Metapher stellt Zeh eine deutliche Verbindung zu Agambens Binom „Ausnahmezustand-Homo sacer" her, denn die METHODE verfügt, im von ihr selbst verhängten Ausnahmezustand, über die Macht darüber zu entscheiden, wer Feind und wer Freund ist – man erinnere sich an Schmitts bedeutungsvolle Feststellung: „Souverän ist wer über den Ausnahmezustand entscheidet"[416] – und somit steht es ihr frei, Mia aus der Gesellschaft zu entfernen, ohne jegliche Bindung an ein Rechtssystem, denn sowohl die Exkludierte als auch die METHODE als Souverän stehen „in einer Ausnahme-Beziehung zur polis, insofern seine (des Souveräns, Anm. d. Verf.) Beziehung zur Rechtsordnung dadurch charakterisiert ist, dass er (ebenfalls, Anm. d. Verf.) außerhalb der Rechtsordnung steht".[417] Die METHODE, als originelle Schöpferin der auf der Gesundheit aller Bürger fundierenden Staatsräson und des damit verbundenen Normensystems, ist nicht selbst in dieses System inkludiert. Von dem Moment, an dem Mia sich gegen die METHODE entscheidet, steht es daher letzterer frei, in ihre Intimsphäre einzudringen (Aufhebung des Naturzustandes), sie aus ihrer politischen Gemeinschaft auszuschließen (Entmenschlichung) und sie zu foltern, zu töten oder zu internieren. An kein Rechtssystem gebunden, denn Mia ist aus diesem hinausbefördert worden, kann die METHODE ungestraft und in aller Willkürlichkeit über Mias nacktes Leben entscheiden, ohne Rechenschaft abzulegen.

---

415 Zeh, 2013: S. 155.
416 Schmitt, 1934: S. 17.
417 Weiß, 2003: S. 280.

Für Agamben bedeutet deshalb die Einbindung des natürlichen Lebens (zōē) in das öffentliche Leben (polis) dessen Politisierung und somit den Beginn der Biopolitik: die Politik macht keinen Halt mehr vor der intimsten Sphäre des Menschen, der in gewisser Weise „nackt" im öffentlichen Leben steht und dessen intimste Belangen Gegenstand von politischen Strategien und Entscheidungen werden: „[...]das Eintreten der zōē in die Sphäre der polis, die Politisierung des nackten Lebens als solches, bildet auf jeden Fall das entscheidende Ereignis der Moderne [...]".[418]

Durch diesen Einbruch der öffentlichen Macht in die körperliche Intimsphäre des Menschen kommt es zur Verlagerung der Souveränität auf den physischen Körper als Träger derselben. Die Begründung der Macht in der alleinigen Existenz als physiologisches Lebewesen erfährt ihren Paroxysmus in der national-sozialistischen Diktatur, deren biopolitische Ideologie der deutsche Genetiker Othmar Verschuer im Jahr 1936 leider sehr gut auf den Punkt bringt:

> „Der neue Staat kann keine andere Aufgabe kennen als die sinngemäße Erfüllung der zur Forterhaltung des Volkes notwendigen Bedingungen." Dieses Wort des Führers bringt zum Ausdruck, dass alle Politik des nationalsozialistischen Staates dem Leben des Volkes dient. [...] Wir wissen heute: Das Leben eines Volkes ist nur garantiert, wenn rassische Eigenart und Erbgesundheit des Volkskörpers erhalten bleiben.[419]

Volksrasse und -gesundheit werden, anknüpfend an den menschlichen Körper, zu Kriterien der Volkszugehörigkeit erhoben. Alle jene, die diesen biopolitischen Maßstäben nicht entsprechen oder sich dagegen erheben, werden juristisch gesehen zu rechtlosen „Homini sacri", die ungestraft aus dem Volkskörper entfernt werden müssen und dürfen.

Jener Bürger, der nicht den Gesundheitskriterien der METHODE entspricht oder deren Legitimität und Unfehlbarkeit in Frage stellt, wird ebenso automatisch zum „Homo sacer" degradiert und folglich innerhalb des Rechtssystems der METHODE exkludiert, wodurch er, nunmehr jedes rechtlichen Schutzes entbehrend, vogelfrei ausgestoßen und/oder getötet werden kann.

---

418 Agamben, 2015: S. 14.
419 Agamben, 2015: S. 156.

Carl Schmitt bestätigt das biopolitische Verständnis der Nazidiktatur, indem er den Begriff des Politischen auf die Separation zwischen „bloßem Leben und politischer Existenz“[420] gründet. Er definiert die politische Existenz als eine besondere Art des Seins, denn „etwas Totes, etwas Minderwertiges oder Wertloses, etwas Niedriges, kann nicht repräsentiert werden. Ihm fehlt die gesteigerte Art (des) Sein(s), die einer Heraushebung in das öffentliche Sein, einer Existenz, fähig ist“.[421] Die nationalsozialistische Diktatur Hitlers liefert zu dieser biopolitischen Trennung zwischen „Sein“ und „Nichtsein“, zwischen „wertem Leben“ und „unwertem Leben“, zwischen „Homo politicus“ und „Homo sacer“ nur zu zahlreiche Beispiele: Juden, Kommunisten, Homosexuelle und Behinderte fielen der Politik der Rassenreinheit zum Opfer und bestätigen den gefährlichen Schritt von Biopolitik hin zur Thanatopolitik.[422] Als Souverän über Tod und Leben, entschied der Führer über die Werteskala jedes einzelnen Lebens: „In der modernen Biopolitik ist derjenige souverän, der über den Wert oder Unwert des Lebens als solches entscheidet“.[423]

Ebenso scheidet die METHODE in *Corpus Delicti* „gesundes“ und deshalb „wertes“ Leben von ungesundem und deshalb „unwertem“ Leben. Wie Zeh in *Fragen zu Corpus Delicti* erläutert, ist Moritz’ Erkrankung an Leukämie in seinen Jugendtagen ein Schandfleck in den Augen der METHODE, wodurch Moritz in der Werteskala des schutzwürdigen Lebens tief nach unten rutscht:

> Die Erkrankung ist ein schwarzer Fleck in der Familiengeschichte. Die METHODE hat versucht, dieses Vorkommnis aus den Akten zu tilgen, denn das Auftreten von Leukämie ist auch ein Schandfleck für das System, das ja durch Erbuntersuchungen und Zuchtauswahl – man darf innerhalb der METHODE seinen Partner nicht frei aussuchen – das Auftreten solcher Defekte zu vermeiden versucht.[424]

---

420 Balke, 2008: S. 304.

421 Schmitt, C. (1928). *Verfassungslehre, von Carl Schmitt.* Duncker Und Humblot. S. 210.

422 Ein Schüler des griechischen Philosophen Aristippe, Hegesias, war dafür bekannt, dass er versuchte, seine Mitbürger zum Selbstmord anzuregen, weshalb er „peisithanatos“ genannt wurde, also derjenige der zum Sterben animiert (De Crescenzo, 2000: S. 300).

423 Agamben, 2015: S. 151.

424 Zeh, 2020a: S. 78–88.

Die nationalsozialistische Rassenpolitik, in *Corpus Delicti* in „Gesundheitspolitik" umbenannt, ist ein anschauliches Beispiel biopolitischen Gebarens im Sinne von Agambens „Homo sacer", indem der Abstammungsnachweis (Ariernachweis) darüber entschied, ob ein Körper zu schützen und zu achten oder ob er, im Gegenteil, ungestraft zu sterilisieren, marginalisieren oder zu eliminieren sei. Es ist in diesem Zusammenhang interessant, Emmanuel Lévinas zu zitieren, der die verhängnisvolle biopolitische Ankettung des Menschen an seinen Körper skizziert:

> An seinen Körper gekettet verweigert sich der Mensch der Macht, sich selbst zu entkommen. Die Wahrheit ist für ihn nicht mehr die Anschauung eines fremden Schauspiels – sie besteht in einem Drama, in dem der Mensch selbst der Schauspieler ist. Der Mensch gibt sein Ja und sein Nein unter dem Gewicht seiner ganzen Existenz [...].[425]

Diese Ankettung an den Körper, die dem Menschen die Freiheit nimmt, indem er Ziel politischer Entscheidungen und Strategien wird und sich nicht einmal mehr durch geistige Erhöhung von sich selbst befreien kann, bringt Zeh in *Corpus Delicti* treffend auf den Punkt:

> Die Naturwissenschaft [...] hat die lange Ehe zwischen dem Menschen und dem Übermenschlichen geschieden. Die Seele, Spross dieser Verbindung, wurde zur Adoption freigegeben. Geblieben ist der Körper, den wir zum Zentrum aller Bemühungen machen. Der Körper ist uns Tempel und Altar, Götze und Opfer. Heiliggesprochen und versklavt. Der Körper ist alles.[426]

Lévinas unterstreicht diesen, dem Menschen zum Verhängnis gewordenen, Zusammenfall von Geist und Körper, der jede geistige Erhebung über die körperliche irdische Hülle unmöglich macht, wobei gerade dieses physische Dasein zum Gegenstand politischen Kalküls wird. Aristoteles Trennung zwischen zoé und bios in der polis als Trennlinie zwischen privatem Leben und politischer Existenz wird ebenso zunichte gemacht, wie die Verselbständigung und Verehrung der Vernunft der Aufklärung. Lévinas sieht in dieser Ankettung des Menschen an seinen Körper nicht nur den Verlust der ideellen Freiheit, sich über die eigene Körperlichkeit zu erheben, sondern vor allem den Verlust der Menschlichkeit des Menschen selbst: „[...]

---

425 Folkers & Lemke, 2014: S. 223–224.
426 Zeh,2013: S. 170.

l'humanité même de l'homme".[427] Dieser Verlust des „Menschlichen" findet seit der Menschenrechtserklärung von 1789 statt, die die Geburt des Menschen zu einem politischen Ereignis erhob. Seit diesem Moment sind Politik und Körper immer näher gerückt, noch teilweise getrennt durch den Ausnahmezustand, um im nationalsozialistischen Totalitarismus gänzlich zusammenzufallen: Gegenstand der Politik wurde der menschliche Körper selbst, der Ausnahmezustand konnte nicht mehr als solcher gelten, denn er wurde zum Normalzustand von 1933 bis 1945: „Wenn Leben und Politik, die ursprünglich voneinander getrennt und durch das Niemandsland des Ausnahmezustandes miteinander verbunden waren, dazu tendieren, identisch zu werden, dann wird alles Leben heilig (im Sinne des ‚Homo sacer', Anm. der Verf.) und alle Politik Ausnahme".[428] Politik, Leben, Euthanasie und Eugenik fielen somit zusammen und verwandelten die Biopolitik in Thanatopolitik, in der dem Führer die absolute Macht zukam, über den Wert oder Unwert des Lebens, ohne das Gewicht einer Gegenmacht, direkt zu entscheiden, mit einem Wort: die ganze Nation wurde zu „Homini saceri".

Zeh verweist in *Corpus Delicti* auf diese potentiell latenten Gefahren der Erhebung des Lebens, sprich der Gesundheit, anknüpfend an die menschliche Physis, zum höchsten, gesellschaftlichen Wert, denn die höchste Wertung des gesunden Lebens erlaubt der METHODE auch dessen Abwertung, wie im Fall Moritz, bis hin zum Ausschluss, wie im Fall Mia. Lebenserhöhung und Lebensverachtung bilden eine risikoreiche dualistische Einheit, die, im leichteren Fall, zu Freiheitsverlusten, Verboten und Strafen und, im schlimmeren Fall, zur Massentötung führen kann.

Die aktuelle Coronapandemie bestätigt Zehs Befürchtungen der Gefahr der Politisierung des menschlichen Körpers im Streben nach Gesundheit als höchstes Ziel, indem sich der Bürger, aus Angst vor Krankheit und Tod, undemokratischen Prozessen und Regelungen fügt, im vermeintlichen Glauben, so seine Gesundheit zu schützen. Der Körper wird zum Spielball politischen Kalküls und ebnet freiheitseinschränkenden Maßnahmen

---

427 „Die Menschlichkeit des Menschen selbst" (eigene Übersetzung). Lévinas, E. (1934). „Quelques réflexions sur la philosophie de l'hitlérisme". *Esprit (1932–1939)*, *3(26)*. S. 208.

428 Folkers & Lemke, 2014: S. 120–121.

den Weg, deren Gefahren und zukünftige Auswirkungen nur schwer abgeschätzt werden können.

5.4. *Gesundheitsrechtliche Einflüsse* in Corpus Delicti

Eine aufmerksame Lektüre des Art. I der Erklärung von Alma-Ata aus dem Jahr 1978 lässt darauf schließen, dass letzterer Zeh bei der Verfassung von Kramers politischem Manifest[429] als Vorlage gedient haben könnte. Ebenso dürfte die Erklärung der 51. Weltgesundheitsversammlung der Weltgesundheitsgemeinschaft im Mai 1998 (GESUNDHEIT 21), gemeinsam mit der schon mehrmals erwähnten Gesetzesinitiative von Ulla Schmid, Zeh in ihrem Vorhaben bestärkt haben, die Gesundheitsdiktatur in *Corpus Delicti* als Warnmal zu entwerfen. Aus diesem Grund sollen kurz wichtige Etappen der konzeptuellen und rechtlichen Entwicklung zum Thema Gesundheit in Deutschland und auf der internationalen Ebene nachgezeichnet werden:

Mit Eintritt des 18. Jahrhunderts kam ein bürgerlicher Diskurs über gesunde Lebensführung, als Ausdruck verstärkter Beschäftigung mit dem diesseitigen Leben auf, den Foucault mit dem Nachlassen des kirchlichen Einflusses erklärt: „Aus der Sorge um das Heil der Menschen im Jenseits wurde die Sorge um ihr Heil im Diesseits. In diesem Kontext erhält das Wort ‚Heil' mehrere Bedeutungen: es meint nun Gesundheit, Wohlergehen […], Sicherheit und Schutz von Unfällen aller Art".[430] Mit dem Aufstieg des Bürgertums und dem Beginn des wirtschaftlichen Kapitalismus wird diese Sorge um die eigene Gesundheit nicht nur eigenverantwortlich gehandelt, sondern wird laut Andreas Frewer und Heiner Bielefeldt zur Verantwortlichkeit gegenüber der Gesellschaft:

> Zusammen mit der Vorstellung, dass „Krankheit durch vernünftige Verhaltensregeln und Vorschriften" vermieden werden könne, entwickelt sich ein bürgerlicher Normendiskurs, in dem Gesundheit und gesunde Lebensführung zur „Pflicht gegenüber der Allgemeinheit" werden. Wer dennoch krank wird, wird aus ökonomischer Sicht missbilligt: „Der Bürger muß gesund und arbeitsfähig seyn, um

---

429 Zeh, 2013: S. 9–10.

430 Poczka, I. (2017). *Die Regierung der Gesundheit: Fragmente einer Genealogie liberaler Gouvernementalität*. Bielefeld. Transcript Verlag. S. 33.

> das Seine zur Erhaltung des Ganzen beitragen zu können. Ist er dies nicht, so fällt er dem Staate zur Last und ist schlimmer als ein todtes Mitglied“.[431]

Ende des 18. Jahrhunderts wurde in Deutschland der Ruf nach einer öffentlichen Gesundheitspolitik laut, in der Staat und Ärzte Hand in Hand, in einem politisch geregelten Rahmen, die Gesundheit der Bevölkerung als eine öffentliche Angelegenheit handhaben sollten. Ein erstes Beispiel eines Entwurfes öffentlicher Gesundheitspolitik liefert Johann Peter Franks Werk *System einer Vollständigen Medizinischen Polizey*.[432] Darin entwarf der Autor ein Modell der Gesundheitskontrolle, das alle Lebensbereiche betraf, von Geburtenkontrolle, Bevölkerungskontrolle, Ernährungs- und Hygienemaßnahmen bis hin zur Verhinderung von Unfällen. Foucault kommentiert Franks Werk als den ersten Entwurf eines umfassenden öffentlichen Gesundheitsprogramms:

> Franks Werk enthält das erste große Programm eines öffentlichen Gesundheitswesens für den modernen Staat. Es erläutert [...] was eine Regierung tun muss, um für die Bevölkerung ausreichend Ernährung, ordentliche Wohnverhältnisse, verlässliche ärztliche Versorgung und solide medizinische Einrichtungen zu gewährleisten, kurz, was eine Regierung bewerkstelligen muss, um das Leben des Einzelnen zu fördern. Das Buch von Frank hilft uns zu erkennen, dass die Sorge für das Leben des Einzelnen um diese Zeit zu einer Aufgabe des Staates wurde.[433]

Mit der beginnenden Industrialisierung wurde die Verwaltung und Erhöhung der Volksgesundheit zusehends zu einem Faktor der Wettbewerbsfähigkeit und der Machterhaltung der Staaten durch die Erhöhung der Leistung, sprich Gesundheit im weiten Sinne, der Bevölkerung.

Das 19. und der Beginn des 20. Jahrhundert mit seinem Spektrum von neuen gesundheitlichen Herausforderungen, die auf die zunehmende Industrialisierung und die Hand in Hand gehende dichte Urbanisierung

---

431 Frewer, A., & Bielefeldt, H. (2016). *Das Menschenrecht auf Gesundheit, Normative Grundlagen und aktuelle Diskurse*. Bielefeld. Transcript Verlag. S. 32.

432 Frank, J. P. (1792). *System einer vollständigen medizinischen Polizey*. In einem freyen Auszuge mit Berichtigungen von Joh. Christ. Fahner. 48, 22, 8°. Berlin. Vieweg.
Johann Peter Frank, einflussreicher Mediziner (vgl. Austriaforum), wurde mit diesem Werk zum Begründer der Hygiene und des öffentlichen Gesundheitswesens (vgl. dazu Haag, 2009)

433 Poczka, 2017: S. 54.

zurückzuführen sind, sieht sich mit der Notwendigkeit konfrontiert, ein Gesundheitssystem zu entwickeln, das imstande ist, Gesundheit und damit Menschenleben zu erhalten. Nach dem 1911 vom Soziologen Rudolf Goldscheid entwickelten Prinzip der „Menschenökonomie" „galt es doch, in der intensiven Produktion und Reproduktion ‚sparsam' mit Menschenleben umzugehen".[434] Die Notwendigkeit eines wirkungsvollen Systems der Gesundheitsvorsorge und der medizinischen Behandlung aus zunächst rein ökonomischen Überlegungen wird besonders deutlich durch den Werks- und Fürsorgearzt bei Thyssen, Franz Redeker, zum Ausdruck gebracht:

> Die mit der Industrialisierung verbundene Gestaltung der Lebensform der Arbeitsbevölkerung bedingt eine geistige und körperliche Degeneration, die die Leistungsfähigkeit der Bevölkerung in wenigen Generationen so tief zu drücken droht, dass diese wirtschaftlich nicht mehr tragbar ist. Die Verhütung dieser degenerativen Wirkung ist demnach für die Industrie von vitaler Bedeutung.[435]

Der deutsche Staatsrechtler, Ökonom und Soziologe Lorenz von Stein beschäftigte sich 1867 in seinem mehrteiligen Werk zur Verwaltungslehre auch mit dem öffentlichen Gesundheitswesen als der Summe von Individuen, die selbst über ihre Gesundheit bestimmen, aber nur solange sie nicht kollektiven Interessen entgegenstehen:

> Der Begriff der öffentlichen Gefundheit enthält nämlich die Gefundheit der einzelnen Staatsbürger als Element des öffentlichen Verkehrslebens, infofern diefelbe einerfeits die Grundlage der Gefundheit aller übrigen, andererfeits das Ergebniß derfelben ift. Der Begriff felbft beruht auf einfachen Verhältniffen. So lange nämlich der Einzelne für fich gedacht wird, ift feine Gefundheit das Ergebniß entweder feiner individuellen Conftitution, oder feiner Lebensweife. Sie ift in diefem Sinne feine eigene Angelegenheit, und es ift feine Sache, fich diefelbe zu fchützen und zu erhalten.[436]

Trotz Anerkennung der Gesundheit als individuelle Angelegenheit wird dennoch der Spielraum der Selbstbestimmung stark eingeschränkt, sobald Individuen Teil einer Gesellschaft sind. Von Stein legitimiert die Rolle

434 Labisch, A. (1992). *Homo hygienicus: Gesundheit und Medizin in der Neuzeit.* Frankfurt Am Main. Campus. S. 288.

435 Redeker, F. (1923). Ideologie und Formen der industriellen Wohlfahrtspflege. *Zeitschrift Für Schulgesundheitspflege*, *36*. S. 303.

436 Von Stein, L. (1867). *Die Verwaltungslehre. Bd. 3. Stuttgart.* Cotta Verlag, S. 1.

des Staates in den Bereichen von Gesundheitsprävention und -erhaltung, sobald dies im Interesse des Allgemeinwohls notwendig und wünschenswert scheint oder sobald der Einzelne nicht in der Lage ist, allein seine Gesundheit zu schützen:

> So wie aber der Einzelne in das Leben der Geſammtheit hineintritt, verliert er bis zu einem gewiſſen Grade die Möglichkeit, Herr ſeiner Geſundheit zu bleiben, und andererſeits wird er als Theil der Gemeinſchaft für ſeine Geſundheit auch verantwortlich. Denn er iſt gezwungen, in dem Leben der Gemeinſchaft alle diejenigen Einflüſſe in ſich aufzunehmen, welche auf ſeine Geſundheit wirken, und dieſe Einflüſſe ſind immer mächtig, oft geradezu übermächtig, wenn der Einzelne der Geſammtheit iſolirt gegenüber ſteht. Es iſt andererſeits kein Zweifel, daß dieſe Geſundheit aller Einzelnen in der menſchlichen Gemeinſchaft zu einer der wichtigſten Bedingungen des Wohlſeins und der Entwicklung aller wird. Denn auf ihr beruht die ganze geiſtige und wirthſchaftliche Produktionskraft des Menſchen, und wo ſie fehlt, wird er aus einem die Gemeinſchaft fördernden Element zu einem hemmenden […] Indem nun dieſe Geſundheit jedes Einzelnen von der aller andern an ſich und von der Lebensweiſe und der Thätigkeit derſelben abhängt, entſteht der Begriff der allgemeinen Geſundheit, als der durchſchnittlichen Höhe der geſunden Kraft bei allen einzelnen Individuen; und dieſe allgemeine Geſundheit wird zur öffentlichen Geſundheit, inſofern und inſoweit eben dieſe durchſchnittliche Höhe der geſunden Kraft einerſeits, und der Schutz derſelben bei jedem Einzelnen andererſeits von den Einwirkungen abhängt, die der Verkehr des Geſammtlebens für jeden Einzelnen mit oder ohne ſeinen Willen mit ſich bringt. Daraus nun ergibt ſich leicht das Verhältniß der Geſundheit zur Verwaltung […]. ſo ergibt ſich, daß es die Aufgabe der Verwaltung ſein muß, diejenigen Bedingungen im Leben der Gemeinſchaft herzuſtellen, welche die Geſundheit überhaupt einerſeits vor den ihr aus dem Verkehr des Geſammtlebens erwachſenden Gefahren ſchützen, und andererſeits dieſelben herſtellen und fördern können.[437]

Von Stein weicht jedoch später von seiner ursprünglichen Position zugunsten des Allgemeinwohls und zulasten der individuellen Freiheit ab, dort wo er die Aufgabe des Gesundheitswesens im Schutz des Einzelnen gegen die Gefährdungen seiner Gesundheit durch die Gemeinschaft (also durch Dritte oder die Umwelt) sowie in der Förderung der Gesundheit durch die Bereitstellung einer medizinischen Versorgungsstruktur sieht. Jeder Bürger hat das Recht auf Schutz und Pflege seiner Gesundheit, unabhängig von seiner sozialen und gesellschaftlichen Stellung (soziales Verwaltungsprinzip). Um jedoch das individuelle Recht der Bürger vor missbräuchlichen

---

437 Ibidem: Band 3, S. 2.

staatlichen Eingriffen zu schützen, bleibt es „Sache der freien Selbstbestimmung des Einzelnen, sich der Angebote des Gesundheitswesens zu bedienen oder nicht“[438] (Prinzip der freien Persönlichkeit). Mit der Erhebung der Gesundheit des Einzelnen zum obersten ethischen Prinzip schiebt Von Stein einen Riegel vor die Missachtung der persönlichen Freiheit durch den Staat. Um die Notwendigkeit des Schutzes des Einzelnen gegen unrechtmäßige Eingriffe des Staates endgültig zu betonen, bestätigt Von Stein den persönlichen Charakter der Gesundheit, die jedem Individuum eigen sein muss: „Jeder soll vor allen Dingen und grundsätzlich der Hüter und Förderer seines eigenen Lebens, seiner eigenen Gesundheit sein“.[439]

Ende des 19. Jahrhunderts kam unter der Weimarer Republik die Auffassung auf, dass die Gesundheit nicht nur im Wesentlichen der Wirtschaft förderlich zu sein hat, indem sie die Arbeitskraft der Industriearbeiter erhöht, sondern dass allgemein ein gesunder Volkskörper als Ganzes sich aus „gesunden“ Individuen zusammenzusetzen habe. Somit wurde jeder Kranke oder sonst Minderwertige („Geisteskranke, Menschen mit körperlichen Gebrechen, sozial und sexuell von der Norm abweichende sowie als ethnisch different oder kriminell betrachtete Personen3)[440] als Schädiger des Volkskollektivs stigmatisiert. In der gleichen Linie lag die Politik der Eugenik, indem sie die Fortpflanzung von „körperlich oder geistig für [...] die Zeugung gesunder Kinder Untauglichen3[441] zu unterbinden suchte. Dem Bestreben, Deutschland wieder zu einer mächtigen Nation zu machen, lag die Idee der Volksgesundheit und -hygiene zugrunde, die dank der perfekten Gesundheit aller Bürger die Stärke der Nation ausmacht. Als ein Aspekt der Normierung von gesunden Individuen, die einen starken Volkskörper bilden, muss auch die Normierung des körperlichen Schönheitsbegriffs gesehen werden, nach dem sowohl Männer als auch Frauen „Körperpflege zu betreiben und durch ‚geeignete Leibeszucht‘ ihre Körperformen zu verbessern[442] hatten, um dem Ideal des schönen, straffen und

438 Welsh, C. (2016). *Brauchen wir ein Recht auf Krankheit? Das Menschenrecht auf Gesundheit.* Bielefeld. Transcript Verlag. S. 226.

439 Von Stein, L. (1882). *Das Gesundheitswesen. Erstes Hauptgebiet zweiter Theil der „Innern Verwaltungslehre“.* Stuttgart. Verlag Cotta. S. 133.

440 Planert, 2000: S. 573.

441 Ibidem: S. 572.

442 Ibidem: S. 574.

starken Körpers möglichst zu entsprechen. Dieses Ideal erlebte im Nazideutschland des 20. Jahrhunderts den Höhepunkt mit der bereits erwähnten Rassengesetzgebung und der Idealisierung des „reinrassigen arischen" Volkes.

Im Anschluss an die Nachkriegszeit nach 1945, befassten sich mehrere internationale Rechtsquellen mit dem Thema der Gesundheit im Interesse der Allgemeinheit. So würdigt Art. 25 der Allgemeinen Erklärung der Menschenrechte von 1948 ein Recht auf soziale staatliche Fürsorge, inklusive der medizinischen Versorgung, sowie auf Sicherheit:

> Jeder Mensch hat Anspruch auf eine Lebenshaltung, die seine und seiner Familie Gesundheit und Wohlbefinden einschließlich Nahrung, Kleidung, Wohnung, ärztlicher Betreuung und der notwendigen Leistungen der sozialen Fürsorge gewährleistet; er hat das Recht auf Sicherheit im Falle von Arbeitslosigkeit, Krankheit, Invalidität, Verwitwung, Alter oder von anderweitigem Verlust seiner Unterhaltsmittel durch unverschuldete Umstände. [...].[443]

Dem Staat wird hier eine allgemeine Verpflichtung auferlegt, allen Bürgern – ohne Differenzierung zwischen „schutzwürdigen" und „nicht schutzwürdigen" Menschen – ein Recht auf gesundheitliche Versorgung und angemessene Lebensbedingungen einzuräumen.

Diese Rechtsverkündung erfährt eine weiterführende Formulierung im Artikel 11 der Sozialcharta der Europäischen Menschenrechtskonvention von 1961,[444] die die Vertragsstaaten ausdrücklich dazu verpflichtet, aktiv alle notwendigen Maßnahmen zu treffen, um die Gesundheit der Bürger wirksam zu schützen: „Um die wirksame Ausübung des Rechtes auf Schutz der Gesundheit zu gewährleisten, verpflichten sich die Vertragsparteien, entweder unmittelbar oder in Zusammenarbeit mit öffentlichen oder privaten Organisationen geeignete Maßnahmen zu ergreifen, [...]".

Der Internationale Pakt über wirtschaftliche, soziale und kulturelle Rechte von 1966 räumt in Artikel 12[445] jedem Einzelnen das Recht ein, den für ihn höchstmöglichen Grad an körperlicher und geistiger Gesundheit zu

443 UNO (1948). „Allgemeine Erklärung der Menschenrechte 1948".
444 Council of Europe (1961). „Sozialcharta der Europäischen Menschenrechtskonvention vom 18.10.1961", Art. 11.
445 UNO (1966). „Internationaler Pakt über wirtschaftliche, soziale und kulturelle Rechte, 16.12.1966", Art. 12.

erreichen: „Die Vertragsstaaten erkennen das Recht eines jeden auf das für ihn erreichbare Höchstmaß an körperlicher und geistiger Gesundheit an".

Einer aufsteigenden Tendenz folgend, verleiht die Erklärung von Alma Ata im Jahre 1978[446] der Gesundheit nun den Stellenwert eines Grundrechts:

> Die Konferenz bekräftigt mit Nachdruck, dass Gesundheit, die der Zustand völligen körperlichen, seelischen und sozialen Wohlbefindens und nicht nur das Freisein von Krankheit oder Gebrechen ist, ein grundlegendes Menschenrecht darstellt und dass das Erreichen eines möglichst guten Gesundheitszustands ein äußerst wichtiges weltweites soziales Ziel ist, dessen Verwirklichung Anstrengungen nicht nur der Gesundheitspolitik, sondern auch vieler anderer sozialer und ökonomischer Bereiche erfordert.[447]

Dieser Text liegt zweifellos der Einleitung von Kramers Manifest „Gesundheit als Prinzip staatlicher Legitimation" in *Corpus Delicti* zugrunde, dessen Formulierung unverwechselbar in der Erklärung von Alma Ata zu erkennen ist: „Gesundheit ist ein Zustand des vollkommenen körperlichen, geistigen und sozialen Wohlbefindens – und nicht die bloße Abwesenheit von Krankheit.[448] Dass sich Zeh auf jenen Text stützt, der erstmals der Gesundheit den Rang eines Grundgesetzes verleiht, ist vermutlich kein Zufall, denn Kramers Manifest erhebt die Gesundheit zum leitenden Prinzip der METHODE.

Anhand den zitierten Rechtsquellen kann man im Laufe der 2. Hälfte des 20. Jahrhunderts die Evolution 1. simples Recht auf Gesundheit – 2. staatliche Verpflichtung, die Gesundheit durch gezielte Maßnahmen aktiv zu gewährleisten – 3. Gesundheit als Grundrecht, das nicht nur als das Freisein von Krankheit, sondern als integraler Zustand des Wohlbefindens zu verstehen ist – verfolgen

Es obliegt den Staaten, die nötigen Voraussetzungen für ein rundum gesundes Leben zu schaffen, wie die Gewährleistung von hygienischen Lebensbedingungen, Wasser- und Nahrungsmittelversorgung sowie die Einrichtung eines funktionierenden, für alle Bürger zugänglichen,

---

446 Weltgesundheitsorganisation (1978): „Internationale Konferenz über primäre Gesundheitsversorgung *von Alma-Ata*", 12.9.1978.

447 Weltgesundheitsorganisation, 1978: Art. I.

448 Zeh, 2013: S. 9.

Gesundheitswesens. Man könnte diese Verpflichtungen auch als Verpflichtung zur Beseitigung von Hindernissen und Zuständen sehen, die den Bürger daran hindern, die bestmögliche Gesundheit zu bewahren oder wiederzuerlangen.

Diesen staatlichen Pflichten[449] steht die individuelle Freiheit jedes Einzelnen gegenüber, über seine Gesundheit und seinen Körper selbst zu bestimmen. Diesbezüglich bemerkt der UN-Ausschuss für wirtschaftliche, soziale und kulturelle Rechte in seiner 22. Sitzung im Jahre 2000: „Gesundheit ist ein fundamentales Menschenrecht, das für die Ausübung der anderen Menschenrechte unerlässlich ist. Jeder Mensch ist berechtigt, ein Höchstmaß an Gesundheit zu erreichen, um ein Leben in Würde zu führen".[450] Das Recht auf Gesundheit muss jedenfalls in der Relation zu anderen Grundrechten betrachtet werden, indem es mit letzteren interagiert, ohne aber über letztere eine erhabene Monopolstellung einzunehmen. In diesem Sinne stellt der UN-Ausschuss für wirtschaftliche, soziale und kulturelle Rechte in seiner allgemeinen Bemerkung Nr. 14 klar:

> Das Recht auf Gesundheit steht in enger Beziehung zu und ist abhängig von der Verwirklichung anderer Menschenrechte, wie sie in der International Bill of Rights enthalten sind, einschließlich der Rechte auf Nahrung, Wohnung, Arbeit, Bildung, menschliche Würde, Leben, Diskriminierungsverbot, Gleichheit, Folterverbot, Privatsphäre, Zugang zu Information, Vereinigungsfreiheit, Versammlungsfreiheit und Freizügigkeit. Diese und andere Rechte und Freiheiten stellen integrale Bestandteile des Rechts auf Gesundheit dar.

Im Gegensatz zu Juli Zehs entworfener Gesundheitsdiktatur, die die individuelle Freiheit zugunsten der absoluten Gesundheit auslöscht, streben die oben zitierten internationalen Texte, ausgehend von der allgemeinen Menschenrechtserklärung von 1948 bis hin zur Erklärung von Alma Ata 1978, nicht die perfekte absolute Gesundheit, sondern das höchst mögliche gesundheitliche Niveau für alle an, jedoch unter Beachtung der individuellen Freiheit und Selbstbestimmung.

---

449 Allgemeine Bemerkung Nr. 14: Das Recht auf ein Höchstmaß an Gesundheit (Artikel 12), Zweiundzwanzigste Sitzung (2000), E/C.12/2000/4 des UN-Ausschuss für wirtschaftliche, soziale und kulturelle Rechte, in: Frewer & Bielefeldt, 2016: 241 ff.

450 Ibidem: S. 241.

Das bisherige heilige Credo der Wahrung der persönlichen Rechte auf den eigenen Körper scheint in der Folge eine Abschwächung mit der Weltgesundheitserklärung der 51. Weltgesundheitsversammlung der Weltgesundheitsgemeinschaft im Mai 1998 zu erfahren: „GESUNDHEIT 21 – Das Rahmenkonzept Gesundheit Für Alle (GFA) für die europäische Region der WHO" betont nicht nur ausdrücklich die Position der Gesundheit als fundamentales Menschenrecht,[451] sondern auch die notwendige „Partizipation und Rechenschaftspflicht des Einzelnen wie auch von Gruppen, Gemeinschaften, Institutionen, Organisationen und Sektoren in der gesundheitlichen Entwicklung".[452] So heißt es in Artikel 1:

> Wir, die Mitgliedstaaten der Weltgesundheitsorganisation (WHO) bekräftigen unsere Verpflichtung auf das in der WHO-Satzung verankerte Prinzip, dass es zu den Grundrechten eines jeden Menschen gehört, sich der bestmöglichen Gesundheit erfreuen zu können, und damit bekräftigen wir zugleich die Würde und den Wert einer jeden Person und die für alle geltenden gleichen Rechte, aber auch das Prinzip, dass alle die gleichen Pflichten und Verantwortlichkeiten für die Gesundheit haben.

Das von der WHO entworfene Konzept „Gesundheit für alle" für 51 europäische Staaten scheint demnach noch einen Schritt weitergehen zu wollen, indem es nicht nur auf die Entfaltung des vollen gesundheitlichen Potentials unserer Gesellschaft als Ganzes abzielt, sondern neben der öffentlichen Hand sogar jeden einzelnen Bürger dafür verantwortlich macht, eben dieses volle gesundheitliche Potential zu erreichen. Nun erscheint die Gesundheit als fundamentales Grundrecht, das jedoch über anderen Grundrechten steht, indem es den Individuen nicht mehr freisteht, krank zu sein oder zu werden, sondern sie tragen zusätzlich die persönliche Mitverantwortung für das Erreichen der höchstmöglichen Gesundheit aller. So sollen die Gesundheit maximal gefördert und die Krankheiten optimal verhindert werden sowie die dazu nötigen, förderlichen Lebensbedingungen geschaffen werden.

---

451 Weltgesundheitsorganisation Regionalbüro für Europa (1998). „*GESUNDHEIT21:* eine Einführung zum Rahmenkonzept ‚Gesundheit für alle' für die Europäische Region der WHO". S. 4.

452 Ibidem: S. 4.

Die METHODE in *Corpus Delicti* situiert sich in der Linie dieses Konzepts „Gesundheit für alle“ zugunsten des Rechts auf Gesundheit als nicht relativiertes Recht und mehr noch als absolute Verpflichtung aller Bürger die Gesundheit zu erhalten, wobei die Frage aufgeworfen wird, ob die Absolutierung eines Rechts die Unterdrückung anderer genauso fundamentaler Rechte zu rechtfertigen imstande sein kann, eine Frage, mit der die Welt während der Coronapandemie ständig konfrontiert war und noch immer ist.

Die Erreichung des Zieles einer möglichst gesunden Gesellschaft im Sinne der „Gesundheit für alle“ soll durch angemessene Lebensbedingungen in einer gesundheitsfördernden Umwelt und eine gute medizinische Versorgung für alle Menschen- und Altersgruppen gewährleistet werden.

Übertragbare Krankheiten müssen durch eine flächendeckende Impfstrategie ausgerottet werden, nicht übertragbare Krankheiten sollen, dank einer gesunden Lebensweise und eines gesunden Lebensumfeldes, unterbunden werden, die medizinische Versorgung muss für die gesamte Bevölkerung zugänglich sein und dazu beitragen, Krankheiten zu vermeiden. Selbst Unfälle oder körperliche Verletzungen, bedingt durch Gewalt oder durch schlechte Arbeitsbedingungen, sind zu vermeiden.

Die gesamte Gesellschaft muss die sozialen und ökonomischen Bedingungen schaffen, um allen Bürgern ein krankheitsfreies Leben zu gewährleisten. Armut, Gewalt, Drogenabhängigkeit jeglicher Art, psychische Belastungen und Stress müssen bekämpft werden. Die folgende Grafik zeigt jene Determinanten der Gesundheit, auf die sich das Konzept GFA stützt:

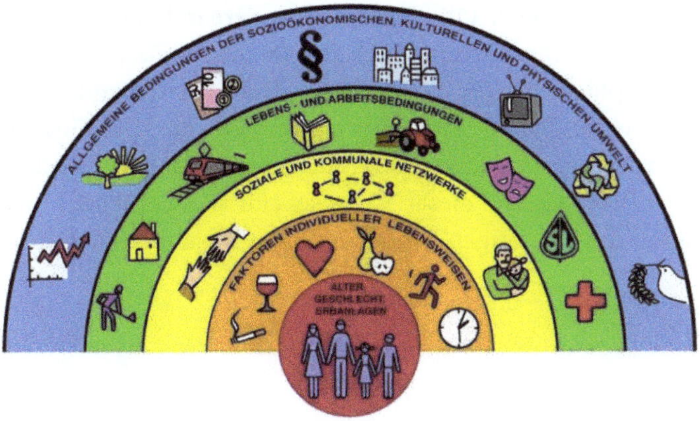

Quelle: Dahlgren, G. & Whitehead, M. (1991). „Policies and strategies to promote social equity in health “. Stockholm, Institute for Future Studies, 1991.

Ausgehend von den genetischen Anlagen jedes einzelnen Menschen, seiner persönlichen Lebensweise im Sinne von Ernährung und Lebensstil, seiner sozialen und wirtschaftlichen Bedingungen bis hin zum Lebensraum im weitesten Sinne und der Umwelt müssen alle Faktoren so aufeinander abgestimmt werden, dass die Gesundheit aller Bürger gewährleistet werden kann.

Diese Maßnahmen werden nicht nur als staatliche Verpflichtung angesehen – „An der Schwelle zum 21. Jahrhundert haben wir eine große Verpflichtung, Maßnahmen zur Verbesserung der Gesundheit der 870 Millionen Einwohner der Region zu treffen“[453] –, sondern als Verpflichtung aller. Diese individuelle Verantwortlichkeit, die Gesundheit zu bewahren oder möglichst wenig krank zu werden, macht sich in der derzeitigen Gesellschaft, wie schon erwähnt, am Gebaren mancher Krankenkassen bemerkbar, die ihren Kunden, die gesundheitsförderliche Verhalten an den Tag legen, Prämiennachlässe gewähren.

Dieses Konzept 21 Gesundheit für alle, in Verbindung mit den bereits stattfindenden freiheitseinschränkenden Praktiken der Krankenkassen, hat sicherlich Juli Zeh in ihrer Sorge bestärkt, dass das Grundrecht

453 Ibidem: S. 3.

„Gesundheit“ gefährliche Oberhand über andere individuelle Grundrechte und Freiheiten nehmen könnte. Darüber hinaus befürchtet Zeh, dass die staatliche Verpflichtung des Bürgers zur absoluten Gesundheitswahrung, wie sie in *Corpus Delicti* vorgezeigt wird, nicht nur zur Einschränkung, sondern sogar zur Auslöschung anderer individueller Rechte führen könnte. Die Berechtigung dieser Sorge scheint sich denn auch im Zusammenhang mit der derzeitigen Pandemie Covid-19 teilweise zu bestätigen.

6. Corpus Delicti Und Die Pandemie Sars-Cov-2

Corpus Delicti appears as a warning against tendencies of erosion of democratic processes in the face of the current fight against the corona pandemic. The novel raises questions about the proportionality of individual rights and the undemocratic use of the latter in favour of health as the supreme value. The legal handling of the pandemic is explained comparatively to France, Spain and Germany to show the dangers of disregarding democratic processes as foreshadowed in Corpus Delicti. France's fight against the coronavirus took place with the exclusion of parliament, without judicial control and accountability of politicians. Spain's handling of the pandemic was done with the concern not to bring democratic achievements to a standstill, if possible. In Germany, a report by the Bundestag already heralded the current health crisis and yet the government reacted to the challenge in an uncoordinated manner. The federal government, the Länder and the RKI are in a constant relationship of mutual control and restriction.

Loss of democracy – fundamental
rights – proportionality – France – Spain – Germany

***

Indem Zeh das Streben nach der zentralisierten Durchsetzung einer gesunden Gesellschaft mit *Corpus Delicti* gedanklich voll durchspielt und deren Folgen für die individuelle Freiheit vor Augen führt, scheint sie mit ihrem Roman die heutige Coronapandemie mit ihren zahlreichen fraglichen Einschränkungen der individuellen Freiheiten, im Namen des Kampfes gegen die Ausbreitung des Virus Sars-CoV-2, vorausgeahnt zu haben:

Zu Beginn des Jahres 2020 brach die Epidemie COVID-19 in Europa aus, verursacht durch das Virus SARS-CoV-2 und wurde von der Weltgesundheitsorganisation seit dem 11. März 2020 als weltumspannende Pandemie qualifiziert. Auf die Frage, ob sie diese Pandemie zum Zeitpunkt der Verfassung von *Corpus Delicti* vorausgeahnt hätte, verneinte Juli Zeh dies, aber was sie seit Jahrzehnten beobachtet und in *Corpus Delicti* verarbeitet habe „ist ein erst schleichender, dann rasanter Wertewandel innerhalb unserer Gesellschaften, und zwar von ‚Freiheit' als höchstem Wert hin zu ‚Sicherheit', wobei ‚Sicherheit' ein Synonym ist für den Wunsch nach der Kontrollierbarkeit der Zukunft".[454]

Vorahnungsvoll beschreibt Zeh in *Corpus Delicti* bereits Phänomene, die sehr stark an unseren derzeitigen Kampf gegen Covid-19 erinnern. So ist das Tragen von Masken eine Selbstverständlichkeit: „Moritz zog sich den Mundschutz, der ihm um den Hals baumelte [...]",[455] Infektionsmittel sind Gang und Gäbe: „Für den Fall [...], hat Driss einen Eimer und eine Flasche Desinfektionsmittel neben sich".[456] Anstelle des gängigen Ausrufes „Hol mich der Teufel" bezieht sich Juli Zeh auf das „Virus" als Sinnbild des Bösen in *Corpus Delicti* und versinnbildlicht dies durch den umgestalteten Ausruf „Hol mich das Virus".[457] Bezugnehmend auf Bakterien lässt sie Moritz scherzen, als Mia vor einem Rascheln im Gestrüpp erschrickt: „Ein riesiges Bakterium! Mit Fell und Hörnern".[458] Im Licht des heutigen Erlebens der Coronapandemie scheinen diese sprachlichen Anspielungen auf Gesichtsmasken, Desinfektionsmittel und Krankheitserreger unglaublich aktuell. Genauso wie die metaphorische Bemerkung „Das Recht ist ein Spiel, bei dem jeder mitspielen muss"[459] volle Aktualität gewinnt in der derzeit entflammten Debatte darüber, bis zu welchem Punkt Bürger in einem demokratischen Staat freiheitseinschränkende Maßnahmen im Namen des Kampfes gegen die Epidemie Covid-19 zu akzeptieren und zu befolgen haben.

Folgende Fragen wurden durch den Ausbruch der COVID-19 Epidemie besonders in das zentrale Licht gerückt: Inwiefern sind die staatlichen Maßnahmen und auferlegten Einschränkungen unseres individuellen Lebensraumes im Namen des Kampfes gegen die Epidemie berechtigt und in demokratischen Regierungsformen vertretbar? Wo genau liegt die Grenze der individuellen Freiheit, die prinzipiell durch die Schadensfreiheit

---

454 Klausnitzer, R. (2020). „Was läuft hier schief?". *Der Freitag.*
455 Zeh, 2013: S. 68.
456 Ibidem: S. 70.
457 Ibidem: S. 26.
458 Ibidem: S. 68.
459 Ibidem: S. 88.

für den Nächsten bestimmt wird? Soweit niemand durch die eigene Aktion Schaden erleidet, könnte man die Behauptung aufstellen, dass jedermann innerhalb dieser Abgrenzung „Kein Schaden für Dritte“ frei sein sollte zu handeln, wie es ihm gefällt. Sobald jedoch die eigene Handlung als schädlich empfundene Wirkungen für andere verursacht, ist sie dementsprechend einzugrenzen. Soweit zur Beziehung zwischen Individuen. Inwieweit soll dieses Prinzip jedoch auf staatliche, kollektive Entscheidungen anwendbar sein? Wie soll die Einstufung zwischen individuellem Interesse und allgemeinem Interesse erfolgen? Wann ist das kollektive Interesse höher als das Einzelinteresse zu verorten? Darf das staatlich bedingte Streben nach Gesundheit individuelle Freiheiten begrenzen oder gar unterminieren? Und wenn ja, wo liegen die Grenzen der Freiheitseinschränkung? Bei der Übertragung von Krankheiten auf andere? Bei der Verursachung zusätzlicher Belastungen des Gesundheitssystems? Die aktuelle epidemische Lage der Welt konfrontiert die Öffentlichkeit mit Wucht mit der Komplexität dieser Fragen und insbesondere mit dem Stellenwert des Grundrechts „Gesundheit“ in seiner Beziehung zu anderen Grundrechten und Freiheiten.

Im Zusammenhang mit den derzeitigen Herausforderungen des Kampfes gegen die Epidemie, bietet Juli Zehs Kommentar zu *Corpus Delicti* gewiss einen interessanten Stoff für eine Debatte über die genaue Abgrenzung zwischen Staat und individueller Gesundheit/Freiheit: „Es spricht viel gegen einen Staat, der beginnt, sich übermäßig mit der Gesundheit seiner Bürger zu befassen“, so Zeh. „Die staatliche Aufgabe besteht im Erhalt des Gesundheitswesens, vor allem in der ausreichenden finanziellen Ausstattung der entsprechenden Institutionen. Da gibt es weiß Gott genug zu tun“.[460]

In diesem Kontext erscheint Juli Zehs *Corpus Delicti* als Vorwarnung an unsere demokratische Gesellschaft. Um der rasanten Ausbreitung des Virus SARS-Cov-2 entgegenzuwirken, beschließen die Regierungen Ausnahmezustände, um ohne Parlamentsbeschlüsse schneller freiheitseinschränkende Maßnahmen im Namen des allgemeinen Wohls treffen zu können. Die europäischen Länder betonen die Superiorität der Gesundheit

460 Meyen, M. (2020). „Demokratie, Gesundheit, Freiheit “. *ForDemocracy*, S. 202.

gegenüber den wirtschaftlichen und sozialen Interessen und dekretieren Schließungen der Geschäfte, Restaurants, Hotels, Freizeit- und Kultureinrichtungen, um den zwischenmenschlichen Kontakt und somit die Ansteckungsgefahr möglichst herunterzufahren. Sie bestimmen das Wann, Was, Wo und Wie lange, ohne Zeit durch demokratische Entscheidungsprozesse zu verlieren.

Einerseits beteuern sie, dass dies notwendig und gerechtfertigt sei, im Namen des absoluten Wertes des Menschenlebens (oder des menschlichen Körpers?), andererseits treffen sie die Entscheidungen dennoch mit Rücksicht auf wirtschaftliche Imperative, wenn sich die Maßnahmen des „Lockdowns" als zu wirtschaftsschädigend erweisen. Zeitweise scheinen finanzielle Interessen über dem Interesse des menschlichen Lebens zu stehen, je nach der Stärke medialer und lobbyistischer Einflüsse, zeitweise scheinen gesundheitliche Kriterien zu überwiegen, je nach dem Grad medizinischer Mitsprache.

Ein Testsystem teilt die Menschen in „gesellschaftsfähig" und „nicht gesellschaftsfähig" ein, sobald ihr Resultat positiv auf Covid-19 ausfällt. Diese Träger oder potenzielle Träger des Virus, auch ohne Krankheitssymptome, werden ausgegrenzt, indem man sie zur Quarantäne zwingt unter Androhung von Geldstrafen bis hin zu Gefängnisstrafen. Der Staatskörper schreibt jedem Einzelnen vor, wie er sich in pandemischen Zeiten zu verhalten hat, was er genau tun darf und was nicht und bestimmt über seine Bewegungs-, Arbeits- und Bildungsfreiheit im Namen der „Gesundheit für alle". Derartige staatliche Eingriffe in die individuelle Sphäre scheinen direkt *Corpus Delicti* zu entspringen.

Dieser antidemokratischen Vision der Krankheitsbekämpfung, wie wir sie in der Krise der Pandemie Covid-19 erleben, stehen die Worte von Nicolas Baverez, Rechtsanwalt und hoher Beamter in der französischen Staatsverwaltung entgegen, der darauf hinweist, sinngemein mit Juli Zeh, dass zwar Freiheit ohne Sicherheit nicht möglich sei, jedoch es im umgekehrten Sinn auch keine Sicherheit ohne Freiheit gäbe: „Il n'y a pas de liberté sans sécurité, mais il n'y a pas davantage de sécurité sans liberté".[461]

---

461 „Es gibt zwar keine Freiheit ohne Sicherheit, aber es gibt auch nicht mehr Sicherheit ohne Freiheit" (eigene Übersetzung). Baverez, N. (2020). „Assurer la sécurité sans sacrifier la liberté". In : *Le Figaro* vom 30. November 2020.

Für Baverez ist die Ausschaltung der demokratischen Mechanismen keine Lösung, um eine kollektive Gesundheit zu erreichen und zu bewahren, sondern dieses Ziel kann nur durch die Verstärkung des Demokratieverständnisses erfolgen, indem die öffentliche Hand eine hohe Reaktionsfähigkeit im Vorfeld der Gefahr an den Tag legt, dank exzellenter Infrastrukturen. Dies wiederum setzt, seiner Meinung nach, verstärkte Investitionen in Forschung und Technologien voraus, um diese Reaktionsfähigkeit mit den neuesten Erkenntnissen zu unterstützen. Unter diesen Bedingungen könne man den Dringlichkeiten der Situation begegnen, ohne auf demokratische Entscheidungsprozesse zu verzichten.

Zeh wie Baverez stellen sich gegen die Ausschaltung demokratischer Entscheidungsprozesse und der damit verbundenen Unterbindung der individuellen Freiheit als Mittel der Lösungsfindung.

Zeh möchte unsere Gesellschaft, die immer stärker dem Kult des Körpers und immer weniger dem Geist und dem Intellekt ergeben ist, auf die Gefahr hinweisen, dass sie durch unkritische Akzeptanz der „Dinglichkeit“ und der „Perfektion“ unseres Körpers im Interesse des Allgemeinwohls, undemokratische Maßnahmen nicht mehr als solche zu erkennen imstande sei. „Unsere Gesellschaft ist am Ziel“[462] wie Kramer in *Corpus Delicti* feststellt und damit das trügerische Erreichen der perfekten Gesundheit aller meint. Unser gegenwärtiger Kult des Körpers und dessen Gesundheit scheint, wie es Zeh in *Corpus Delicti* aufzeigt, ein Instrument in den Händen der Regierungen zu sein, um undemokratische Maßnahmen zu treffen, die die individuellen Freiheiten zum Schrumpfen bringen und demokratische Regierungsformen gefährlich schwächen.

Giorgio Agamben, dessen Theorien und Konzeptionen so sehr in *Corpus Delicti* einfließen, äußert sich ebenfalls 2021 mit höchster Skepsis zum Demokratieverlust unter dem Vorwand des Kampfes gegen den Feind, das Virus Sars-Cov-2. Er prangert die progressive Einengung der individuellen Freiheiten und die zusehends verstärkten Kontrollmechanismen im Namen der Sicherheit der verängstigten Menschen an. Die gegenwärtige Coronaepidemie sei für die Regierungen, im Namen der Erhaltung

462 Zeh, 2013: S. 40.

des nackten Lebens, ein weiterer Vorwand, die demokratischen Prozesse dauerhaft abzubauen:

> Während im fortschreitenden Niedergang der politischen Ideologien und Gesinnungen die Sicherheitsgründe bereits als Argumente dienten, um die Bürgerinnen und Bürger zu Freiheitseinschränkungen zu motivieren, die sie früher nicht hingenommen hätten, vermag es die Biosicherheit, die vollständige Einstellung jeder politischen Tätigkeit und sozialer Beziehung als höchste Form der Bürgerbeteiligung vorzustellen.[463]

Agamben verweist hier, auf der gleichen Linie wie Juli Zeh, auf Tendenzen, die schon vor Ausbruch der Epidemie latent vorhanden waren und nun verstärkt zur Geltung kommen. Beunruhigenderweise könnten laut Agamben diese Tendenzen selbst nach dem Ende der Gesundheitskrise fortdauern, seitdem die Spaltung zwischen Körper und Geist durch die Möglichkeit der künstlichen Lebenserhaltung trotz zerebralen Todes vollzogen wurde und der Mensch an nichts mehr glaubt „[…] außer an das nackte Leben".[464] Die Sorge um das „gute Leben" wird, nach Walter Benjamin, durch die Sorge um das „bloße nackte Dasein" verdrängt.[465] Anders sei es, laut Agamben, nicht zu erklären, warum die Menschen, angesichts der reellen oder vermeintlichen Gefahr für die Gesundheit, so drastische Freiheitseinschränkungen in Kauf nehmen, wie sie die Regierungen auferlegt haben.[466] Auf diese rechtlichen Maßnahmen der Freiheitseinschränkung soll im Folgekapitel vergleichend zu Frankreich, Spanien und Deutschland eingegangen werden. Das Recht auf Gesundheit wird, genauso wie Zeh es in *Corpus Delicti* vorspielt, zu einer Verpflichtung zur Gesundheit: „Das Recht auf Gesundheit in der bürgerlichen Demokratie schlägt nun – weitgehend unbemerkt", so Agamben, „ – um in eine juristisch-religiöse Gesundheitspflicht, die alle Bürgerinnen und Bürger um jeden Preis zu erfüllen haben".[467] Agamben formuliert hier Zehs

463 Agamben, G. (2021). *An welchem Punkt stehen wir? Die Epidemie als Politik*. Wien. Verlag Turia + Kant. S. 89.

464 Ibidem: S. 26.

465 Benjamin, W. (2019). *Zur Kritik der Gewalt und andere Aufsätze*. Frankfurt am Main. Suhrkamp Verlag. S. 62.

466 Agamben, 2021: S. 10.

467 Ibidem: S. 9. Weiters verweist Agamben diesbezüglich auf die These der Entwicklung staatlicher Präventivpolitiken angesichts der pessimistischsten

Gedanken der Gesundheitsdiktatur mit dem einhergehenden Demokratieverlust zugunsten des gesunden Körpers.

Im Anschluss an diese Vorbemerkungen zum allgemeinen Kontext soll nun illustrierend auf die konkreten Beispiele des rechtlichen Umgangs mit der Coronaepidemie in Frankreich, Spanien und Deutschland in den Epidemiejahren 2020–2022 eingegangen werden.

6.1. Der (un)demokratische Kampf der Staaten gegen die Epidemie Covid-19

Auf den ersten Blick scheint Juli Zehs Gesundheitsdiktatur, mit dem Wunsch allen Bürgern die perfekte Gesundheit zu garantieren, ein nobles Ziel zu verfolgen. Gleichzeitig zeigt sie jedoch auf, wie sehr die individuellen Rechte des Einzelnen im Interesse des Kollektivs der METHODE missachtet werden und die Verschanzung der Staatsräson hinter dem „wohlwollenden" Streben nach Gesundheit für alle zu einer Diktatur führen könnte.

Gemäß Art. 5 der Europäischen Menschenrechtskonvention (EMRK),[468] auf den sich ebenso Art. 6 der Charta der Grundrechte der EU stützt,[469] hat

> Jeder Mensch [...] das Recht auf Freiheit und Sicherheit. Die Freiheit darf nur in den folgenden Fällen und nur auf die gesetzlich vorgeschriebene Weise entzogen werden:
> [...] e) rechtmäßige Freiheitsentziehung mit dem Ziel, eine Verbreitung ansteckender Krankheiten zu verhindern, sowie bei psychisch Kranken, Alkohol- oder Rauschgiftsüchtigen und Landstreichern[...];

Gemäß Artikel 2 des Protokolls Nr. 4 zur EMRK bezüglich der Bewegungsfreiheit,[470] die im Kampfe gegen Covid-19 eine besonders wichtige

---

Epidemie- und Katastrophenszenarien, die die Menschheit bedrohen: Epidemien, Krankheiten, Bioterrorismus und der Einsatz von bakteriologischen Waffen. In der Optik der Umgehung des Widerstandes der Bevölkerungen gegen drastische Maßnahmen im Namen der „biosecurity", greifen die Regierungen auf einen Paradigmenwechsel zurück, nämlich die Verpflichtung zur Gesundheit des Einzelnen, die ziviler Mitverantwortung gleichgesetzt wird (vgl. Bastide, 2014).

468 Europäische Menschenrechtskonvention (1950). S. 9.

469 Charta der Grundrechte der Europäischen Union (2000). S. 10.

470 Europäische Menschenrechtskonvention (1950): S. 37.

Rolle spielt, kann dieselbe zum Schutze der Gesundheit nur in den folgenden Situationen eingeschränkt werden:

1. Jede Person, die sich rechtmäßig im Hoheitsgebiet eines Staates aufhält, hat das Recht, sich dort frei zu bewegen und ihren Wohnsitz frei zu wählen.
2. Jeder Person steht es frei, jedes Land, einschließlich des eigenen, zu verlassen.
3. Die Ausübung dieser Rechte darf nur Einschränkungen unterworfen werden, die gesetzlich vorgesehen und in einer demokratischen Gesellschaft notwendig sind für die nationale oder öffentliche Sicherheit, zur Aufrechterhaltung der öffentlichen Ordnung, zur Verhütung von Straftaten, zum Schutz der Gesundheit oder der Moral oder zum Schutz der Rechte und Freiheiten anderer.

Alle Mitglieder der Europäischen Union sind an diese Bestimmungen der EMRK gebunden. Dies bedeutet, dass nationale Rechtsquellen rangmäßig der supranationalen Rechtsquelle unterstehen. Im Folgenden gilt es nun, die juristischen Schachzüge von Frankreich, Spanien und Deutschland, im Lichte der bindenden Bestimmungen der EMRK und in Verbindung mit der nationalen Rechtslage, vor dem Hintergrund der Coronaepidemie näher zu erörtern.

6.1.1 Frankreich

Das französische Grundgesetz setzt sich aus dem sogenannten verfassungsrechtlichen Normenblock zusammen, der aus der französischen Menschenrechtserklärung von 1789,[471] der Präambel der französischen Verfassung vom 27. Oktober 1946, der derzeit geltenden Verfassung vom 4. Oktober 1958[472] sowie der Umweltcharta von 2004 besteht.[473]

So garantiert Art. 4 der Menschenrechtserklärung von 1789 die individuelle Freiheit, deren Reichweite nur durch das Zugeständnis derselben Freiheit an allen anderen Mitgliedern der Gesellschaft begrenzt wird. Der

471 Conseil Constitutionnel (2018). La déclaration des droits de l'homme de 1789.
472 Constitution française (1958).
473 Conseil Constitutionnel (2004). *Charte de l'environnement de 2004*. 4.

französische Bürger ist dazu legitimiert, seine vollen Freiheiten auszuüben, solange diese nicht andere Mitbürger in denselben Freiheiten einschränken oder behindern: „La liberté consiste à pouvoir faire tout ce qui ne nuit pas à autrui: ainsi, l'exercice des droits naturels de chaque homme n'a de bornes que celles qui assurent aux autres membres de la société la jouissance de ces mêmes droits".[474] Ist eine Einschränkung der individuellen Freiheit notwendig, im Namen der Achtung der Freiheit anderer, kann dies jedenfalls nur durch den Gesetzgeber geschehen: „Ces bornes ne peuvent être déterminées que par la loi".[475]

Abweichend von dieser grundrechtlichen Bestimmung verleiht Artikel 16 der französischen Verfassung dem Staatspräsidenten, nach Befragung des Bundeskanzlers, der Präsidenten der beiden Parlamentskammern und des Verfassungsrats, die Möglichkeit, in den im Folgenden aufgezählten Situationen, und nur in diesen, Ausnahmemaßnahmen zu treffen, nämlich wenn die staatlichen Institutionen, die Unabhängigkeit der Nation, die Unversehrtheit des Staatsgebietes oder das Nachkommen internationaler Verpflichtungen schwer bedroht sind:

> Lorsque les institutions de la République, l'indépendance de la Nation, l'intégrité de son territoire ou l'exécution de ses engagements internationaux sont menacés d'une manière grave et immédiate et que le fonctionnement régulier des pouvoirs publics constitutionnels est interrompu, le Président de la République prend les mesures exigées par ces circonstances, après consultation officielle du Premier ministre, des Présidents des Assemblées ainsi que du Conseil constitutionnel.[476]

---

474 „Die Freiheit besteht darin, alles tun zu können, was anderen nicht schadet. So erfährt die Ausübung der natürlichen Rechte eines jeden Menschen nur die Grenzen, die den anderen Mitgliedern der Gesellschaft den Genuss der gleichen Rechte sichern" (eigene Übersetzung).

475 „Diese Grenzen können nur durch ein Gesetz festgelegt werden" (eigene Übersetzung).

476 „Wenn die Institutionen der Republik, die Unabhängigkeit der Nation, die Integrität ihres Staatsgebietes oder die Erfüllung ihrer internationalen Verpflichtungen schwer und unmittelbar bedroht sind und wenn gleichzeitig die ordnungsgemäße Ausübung der verfassungsmäßigen öffentlichen Gewalten unterbrochen ist, ergreift der Präsident der Republik nach offizieller Beratung mit dem Premierminister, den Präsidenten der Kammern sowie dem Verfassungsrat die unter diesen Umständen erforderlichen Maßnahmen" (Conseil Constitutionnel, 2008).

Eine genaue Lektüre dieser verfassungsrechtlichen Bestimmung scheint jedoch nicht die Verhängung der gesundheitlichen Ausnahmesituation auf deren Grundlage zu legitimieren, denn die Bedrohung der Verbreitung einer Epidemie mit möglichen Todesfolgen dürfte nicht einmal bei einer großzügigen Auslegung des Artikels 16 in die Kategorien „Funktionieren der staatlichen Institutionen", „Unabhängigkeit der Nation", „Unversehrtheit des Staatsgebietes" und „Nachkommen internationaler Verpflichtungen" einzuordnen sein. Vielmehr räumt das Gesetz Nr. 55-385 vom 3. April 1955 die Möglichkeit ein, im Falle einer imminenten Gefahr für die öffentliche Ordnung oder eines schwerwiegenden Ereignisses, das den öffentlichen Notstand herbeiführt, einen zeitlich begrenzten Ausnahmezustand auszurufen, unter Ausschaltung des Parlaments, jedoch muss eine Verlängerung desselben Ausnahmezustands über 12 Tage hinaus durch das Parlament genehmigt werden.[477]

Die Begriffe von „cas de péril imminent résultant d'atteintes graves à l'ordre public"[478] und „cas d'événements présentant, par leur nature et leur gravité, le caractère de calamité publique"[479] hätten gewiss die Covid-19 Epidemie abdecken können, ohne notwendig ein neues Gesetz zu schaffen. Dennoch hat die französische Regierung die Bestimmungen von 1955 durch ein neues Gesetz Nr. 2020-290 vom 23. März 2020 ergänzt, das nun speziell den gesundheitlichen Ausnahmezustand im Rahmen des Kampfes gegen die Covid-19 Epidemie hinzufügt.[480] Die Befugnisse der Regierung, ohne Einschaltung des Parlaments, eigenmächtig zu walten, erfuhren dadurch eine besorgniserregende Erweiterung, sowohl zeitlich als auch thematisch. Dieser Ausnahmezustand wurde neuerlich, zwecks Bewältigung des Endes der Epidemie, durch das Gesetz Nr. 2021-689 vom 31. Mai 2021 bis zum 30. September 2021 verlängert,[481] um dann nochmals durch das

---

477 Légifrance (1955). „Loi n° 55-385 du 3 avril 1955 relative à l'état d'urgence".

478 „Im Falle unmittelbar drohender Gefahr, die sich aus schweren Verstößen gegen die öffentliche Ordnung ergibt" (eigene Übersetzung).

479 „Im Falle von Ereignissen, die aufgrund ihrer Art und Schwere, als öffentliche Katastrophe anzusehen sind" (eigene Übersetzung).

480 Légifrance (2020). „Loi n° 2020-290 du 23 mars 2020 d'urgence pour faire face à l'épidémie de covid-19". Journal officiel n° 0072 du 24/03/2020.

481 Légifrance (2021a). „Loi n° 2021-689 du 31 mai 2021 relative à la gestion de la sortie de crise sanitaire".

Gesetz n° 2021-1040 vom 5. August 2021 bis zum 15. November 2021[482] und zuletzt durch das Gesetz Nr. 2021-11465 vom 10. November 2021 gar bis zum 31. Juli 2022[483] verlängert zu werden. Letzteres ermächtigt die französische Regierung dazu, sowohl den epidemiebedingten Ausnahmezustand als auch den Gesundheitspass bis zu diesem Datum weiterzuführen, sollte die epidemische Situation dies erfordern.

Ein zweimonatiger Ausnahmezustand, der nochmals um fast einen Monat ohne die Zustimmung des Parlaments verlängert werden und währenddessen der Gesundheitsminister jede Maßnahme ergreifen kann, die er für notwendig erachtet, um die drohenden Folgen der Epidemie für die Gesundheit der Bevölkerung einzudämmen, scheint rechtlich problematisch. Ebenso ist die Formulierung der Möglichkeit „jede notwendige Maßnahme“ zu ergreifen besonders weitgehend und vage und scheint der Regierung freie Hand zu geben, ohne auf das Gegengewicht eines Kontrollmechanismus zu stoßen. Die Eingriffsmöglichkeiten in die individuelle Freiheit des Einzelnen, im Namen der Eindämmung der Verbreitung des Virus Sars-CoV-2, gehen sehr weit: Einschränkung bis zur totalen Aufhebung der Bewegungsfreiheit, Schließung der Geschäfte, Anstalten, Institute, Vereine, Lokale jeglicher Art, Verbot sämtlicher Versammlungen, die Einziehung zur Krisenbekämpfung nötiger Güter oder Personen, auferlegte Preisregulierungen sowie alle weiteren nötigen Maßnahmen der Einschränkung jeglichen Unternehmertums.

Diese weitgehenden Machtbefugnisse der Exekutive erfahren nur eine unbestimmte, einer subjektiven Interpretation ausgesetzte Grenze durch die Schlussbestimmung des Artikels 3131-15, 10° des „Code de la santé publique“,[484] der verlangt, dass alle diese freiheitseinschränkenden Maßnahmen verhältnismäßig zu den gesundheitlichen Risiken stehen und an die zeitlichen sowie an die örtlichen Umstände angepasst werden müssen. Sobald sie nicht mehr notwendig sind, müssen sie sogleich aufgehoben werden: „Les mesures prescrites en application des 1° à 10° du présent

482 Légifrance (2021b). „Loi n° 2021-1040 du 5 août 2021 relative à la gestion de la crise sanitaire“.

483 Légifrance (2021c). „Loi n° 2021-1465 du 10 novembre 2021 portant diverses dispositions de vigilance sanitaire“.

484 Code de la santé Publique. (2021). *Art. 3131-15.*

article sont strictement proportionnées aux risques sanitaires encourus et appropriées aux circonstances de temps et de lieu. Il y est mis fin sans délai lorsqu'elles ne sont plus nécessaires".[485] Es ist fraglich, ob diese Schlussbestimmung als ausreichend angesehen werden kann, um Machtmissbrauch und missbräuchlicher Einschränkung der individuellen Freiheit vorzubeugen.

Richtet man sich nach der französischen Rechtsprechung,[486] so sind freiheitseinschränkende Maßnahmen nur dann als gesetzmäßig anzusehen, wenn sie notwendig, angemessen und verhältnismäßig sind: „une mesure restrictive des droits et des libertés doit donc être à la fois appropriée ou adaptée, nécessaire et proportionnée".[487] Im Falle der Epidemie Covid-19 müssen also restriktive Maßnahmen notwendig zur Verhinderung der Virusverbreitung sowie effizient in der Erreichung des Zieles, diese Verbreitung zu verhindern sein und dürfen die individuelle Freiheit nur im geringstmöglichen, unvermeidlichen Maß beeinträchtigen. Als Basis zur Ergreifung solcher Maßnahmen sollten nur objektive, unwiderlegbare epidemische Daten und Informationen dienen. Wiederum ist es fraglich, ob angesichts der unklaren, undurchsichtigen und widersprüchlichen Informationen zuerst bezüglich der Wirksamkeit oder nicht des Gesichtsschutzes und im Weiteren bezüglich der reellen Auswirkung des Virus auf die

---

485 „Die laut Nummern 1 bis 10 dieses Artikels vorgeschriebenen Maßnahmen müssen in einem strikten Verhältnis zu den Gesundheitsrisiken stehen und den zeitlichen und örtlichen Umständen angemessen sein. Sie sind unverzüglich zu beenden, sobald sie nicht mehr erforderlich sind" (eigene Übersetzung). Art. 3131-15, 10° des „Code de la santé publique".

486 Die französische Rechtsprechung bezüglich der Verhältnismäßigkeit einer freiheitseinschränkenden Maßnahme wurde durch das Urteil *Kreuzberg* des preußischen Obersten Verwaltungsgerichtshof beeinflusst (Kreuzbergurteil, 1882: S. 353 ff.). Heute leitet sich dieses Prinzip aus der gemeinsamen Lektüre der Art. 19 (Schutz der Grundrechte) und Art. 20 (Verteidigung des Rechtsstaates) des deutschen Grundgesetzes von 1949 ab und wird durch die französische Rechtsprechung interpretiert. Sauvé, J. (2018). Le principe de proportionnalité, protecteur des libertés ? *Les Cahiers Portalis*, 5, S. 10.

487 „Eine freiheitseinschränkende Maßnahme muss geeignet oder angepasst, notwendig und angemessen sein" (eigene Übersetzung). Sauvé, J., 2018). Le principe de proportionnalité, protecteur des libertés ? *Les Cahiers Portalis*, 5, S. 11.

Sterblichkeitsrate, die getroffenen Maßnahmen rechtskonform erlassen wurden.

Dieselbe Frage muss bezüglich der Wirksamkeit der neu entwickelten Impfungen aufgeworfen werden, die im Zuge der letzten epidemischen Entwicklungen, insbesondere der zuletzt rasanten Verbreitung der Virusvariante „Omikron", in verschiedenen medizinischen Kreisen als wenig wirksam erachtet werden.[488] Meines Erachtens liegt diesbezüglich die Schwierigkeit der „richtigen" Entscheidungsfindung gewiss mit in der Widersprüchlichkeit selbst im wissenschaftlich-medizinischen Milieu.

Oftmals wird auch Artikel 66 der französischen Verfassung angerufen, um die epidemiebedingten häuslichen Isolationen, die Quarantäneverpflichtungen für Reisende und die Verbote, das Heim zu verlassen, anzuprangern, denn gemäß dieser Bestimmung darf niemand willkürlich festgehalten werden: „Nul ne peut être arbitrairement détenu".[489]

Nicolas Baverez scheint sich ebenfalls der Wahrung der individuellen Rechte nicht gewiss zu sein, indem er die extreme Machtkonzentration in den Händen des Staatspräsidenten sowie die sehr weitgehenden Einschränkungen der individuellen Freiheit im Rahmen der Covid-19 Krise kritisiert: „La France fait cependant exception par la concentration extrême des décisions entre les mains du président de la République comme par l'ampleur des restrictions aux libertés".[490]

Kein anderes europäisches Land, außer Frankreich, hat, so Baverez, anlässlich der Covid-19 Epidemie ein spezielles Gesetz erlassen, das die bestehenden Bestimmungen über den Ausnahmezustand verstärkt und erweitert:

> Nombre de démocraties ont eu recours à des dispositions pour temps de crise, à l'image de l'état d'urgence nationale en Italie ou de l'état d'alerte en Espagne. La

---

488 Ärzteblatt (2021). „Omikron: Labortests deuten auf abgeschwächte Wirkung von Impfstoffen". Blatt vom 8. Dezember 2021.

489 „Niemand darf willkürlich festgehalten werden" (eigene Übersetzung). Art. 66 der französischen Verfassung.

490 „Frankreich stellt durch die extreme Konzentration der Entscheidungsbefugnisse in den Händen des Präsidenten der Republik bezüglich des Umfanges der Einschränkungsmöglichkeiten der individuellen Freiheiten eine Ausnahme dar" (eigene Übersetzung). (Baverez, 2020).

> France demeure cependant la seule à avoir créé, avec la loi d'urgence sanitaire du 23 mars 2020, un nouveau régime d'exception, qui s'ajoute à l'article 16 de la Constitution, à l'état de siège et à l'état d'urgence. Notre pays expérimente ainsi l'état d'urgence permanent, de 2015 à 2017, en raison du terrorisme, puis depuis 2020 en raison du Covid-19.[491]

Insbesondere die freiheitseinschränkenden Maßnahmen der häuslichen Isolation und der Quarantäne im Kampf gegen Covid-19 wurden ohne demokratische Entscheidungsfindung und in einer Atmosphäre totaler Undurchsichtigkeit für die Bevölkerung mit wenig Kohärenz und Logik appliziert. Artikel L. 3131-15 des Gesetzes vom 23. März 2020 verleiht dem Gesundheitsminister die Befugnis, möglicherweise infizierte Personen zur Quarantäne zu zwingen und sie in häuslicher Isolation zu halten. Dasselbe gilt für nachweislich infizierte Personen, die sich zu Hause isolieren müssen, um weitere Infizierungen zu vermeiden. Zu keinem Moment wurde das Parlament zur rechtlichen Festlegung der Modalitäten und Rahmenbedingungen der Quarantäne und des häuslichen Arrests der Bürger befragt, obwohl es hier um einen besonders schwerwiegenden Eingriff in die individuelle Freiheit geht. Die Maßnahmen wurden mit prozeduraler Willkür Bürgern in Frankreich sowie Bürgern, die aus den französischen Inseln oder aus dem Ausland anreisten, aufgezwungen.

In einem Urteil vom 11. Mai 2020[492] antwortet der französische Verfassungsgerichtshof auf die Frage der Verfassungswidrigkeit oder nicht – mit Bezug auf das Verbot willkürlicher Festnahme gemäß Artikels 66 der Verfassung – der Quarantäne und häuslichen Isolation im Rahmen des Ausnahmezustandes im Kampf gegen Covid-19 und kommt zu dem erstaunlichen Schluss, dass nur eine Quarantäne oder häusliche Isolation von mehr als 12 Stunden pro Tag unter die Bestimmung des Artikels 66 der Verfassung

491 „Viele Demokratien haben auf Bestimmungen für Krisenzeiten zurückgegriffen, wie z. B. den nationalen Notstand in Italien oder den Alarmzustand in Spanien. Frankreich ist jedoch nach wie vor das einzige Land, das mit dem Gesetz über den Gesundheitsnotstand vom 23. März 2020 ein neues Ausnahmeregime geschaffen hat, das zusätzlich zum Artikel 16 der Verfassung, dem Belagerungszustand und dem Notstand, hinzugefügt wird. Unser Land erlebt somit einen permanenten Ausnahmezustand, von 2015 bis 2017 wegen Terrorismus und seit 2020 wegen der Epidemie Covid-19." (eigene Übersetzung). Ibidem.

492 Conseil Constitutionnel. (2020b). *Décision n° 2020-800 DC du 11 mai 2020.*

fällt und eine Verletzung der individuellen Freiheit darstellt. Wird jemand weniger als 12 Stunden pro Tag gezwungen, sein Domizil nicht zu verlassen, wird die individuelle Freiheit nur eingeschränkt und kann daher nicht als verfassungswidrig gewertet werden, da es sich nur um eine Freiheitseinschränkung, jedoch nicht um einen Freiheitsentzug handelt. Trotz seiner Bedenken räumt der oberste Gerichtshof dennoch die Möglichkeit einer totalen Isolation ein, ungeachtet der Grenze von 12 Stunden pro Tag, insofern sie im Rahmen des Ausnahmezustandes gesundheitlich begründet ist, um die sanitäre Katastrophe zu vermeiden. Es erscheint befremdend, dass Rückkehrer ohne Symptome und ohne nachgewiesene Infektion, auf einfachen Bescheid der regionalen Gesundheitsbehörde, einen ganzen Monat zwangsisoliert werden können. In diesen Fällen muss die Verhältnismäßigkeit der Maßnahme bezweifelt werden, eine Verhältnismäßigkeit, die unbedingt durch die Judikatur kontrolliert werden sollte. Besonders beunruhigend ist denn diesbezüglich der Entscheid des französischen Verfassungsgerichtshofes, keine der von der Regierung dringend erlassenen Maßnahmen auf deren eventuelle Verfassungswidrigkeit während der Dauer der Gesundheitskrise zu untersuchen.

Ebenso wie der Verfassungsgerichtshof scheint auch der Oberste Verwaltungsgerichtshof seiner Rolle als Kontrollorgan zu entsagen, dort wo er die meisten dringend erlassenen Verordnungen, die in einer normalen Situation dem Gesetzgeber obliegen, rechtfertigt, anstatt sie unparteiisch und objektiv auf deren Verhältnismäßigkeit zu prüfen. Die Unabhängigkeit der Judikative von der Exekutive scheint, wie Hélène Christodoulou, Dozentin für Privatrecht und Kriminalwissenschaften der Universität Toulouse, feststellt, hier nicht gewährt zu sein.[493]

Nicht nur die Maßnahmen des Entzuges oder der Einschränkung der Bewegungsfreiheit stellen eine ernste Gefahr für die individuellen Freiheiten dar, sondern auch die immer vielfältigere Palette von digitalen Überwachungssystemen im Namen der Virusverfolgung, der Unterbrechung der Infizierungsketten und der Überwachung der Befolgung der auferlegten Maßnahmen: Handy Applikationen, Geolokalisierungen, Tracking

493 Christodoulou, H. (2020). „L'État de droit déstabilisé par l'état d'urgence sanitaire : menaces et encadrements". *L'observatoire de la justice pénale.*

Systeme, Handydaten dank der Mithilfe der Telefon- und Internetanbieter, elektronische Karteien und Drohnen mit Kameras. In Frankreich werden insbesondere ohne notwendige Zustimmung der Betroffenen elektronische Karteien mit allen Daten über an Covid-19 erkrankten Personen sowie Karteien bezüglich Personen, die mit Erkrankten in Kontakt gekommen sind, gehalten. Die Bevölkerung wird dazu angehalten, die Applikation „StopCovid“ aufzuladen, um die Virusverfolgung zu erleichtern. Zweifelsohne greifen diese Verfolgungs- und Überwachungsmittel, im Namen des Schutzes der Gesundheit, tief in die individuellen Rechte ein und scheinen Juli Zehs Vision der ständigen Überwachung durch den Staat mit dem Ziel der Gesundheit für alle zu bewahrheiten. In *Corpus Delicti* werden die Bürger durch Mikrochips im Arm und durch Verpflichtungen regelmäßiger Datenübertragung bezüglich Ihrer Gesundheitswerte ständig überwacht und im Falle der Nichtbefolgung gesundheitlicher Verpflichtungen sanktioniert…genauso wie dies heute Bürgern passiert, die sich nicht an die Quarantäne halten, die unerlaubterweise das Heim verlassen, die keine Maske tragen oder die sich nicht auf Covid-19 testen lassen. Dem Prinzip der Biopolitik folgend überwacht der Staat jede Bewegung des Körpers, denn mit dem Körper bewegt sich das Virus und droht andere Körper anzustecken.

In diesem Kontext bestätigt das Gesetz 2021-689 vom 31. Mai 2021 die Kontrolle der Körper durch die Einrichtung des Gesundheitspasses,[494] in dem der Träger sich als geimpfte, auf das Virus getestete oder vom Virus genesene Person ausweist. Ist er nicht im Besitz eines solchen Passes, wird seine Bewegungsfreiheit stark eingeschränkt (keine Zulassung zu Kulturstätten, Restaurants, öffentlichen Verkehrsmittel, Veranstaltungen, Arbeitsstätten, etc.), unter Androhung von Geld und -Freiheitsstrafen. Am 31. August 2021 wurde sogar ein Antrag zur Einführung einer generellen Impfpflicht gegen Covid-19 für die gesamte Bevölkerung eingereicht.[495] Über einen Bericht zu diesem Gesetzesvorschlag wurde im Senat am 6. Oktober 2021 debattiert,[496] jedoch wurde eine derartige generelle Impfpflicht zuletzt abgelehnt.

---

494 Légifrance. (2021a).

495 Le Sénat. (2021a). „Vaccination obligatoire contre le SARS-CoV-2“.

496 Le Sénat. (2021b). „Proposition de loi instaurant la vaccination obligatoire

Ab dem 15. Oktober 2021 wurde die doppelte Impfpflicht gegen das Virus SARS-Cov-2 für alle im medizinischen Bereich Beschäftigten, für Flugpersonal im Kontakt mit Erkrankten sowie für Feuerwehrangestellte verfügt. Die Nichtbeachtung dieser Vorschrift führt zur Suspendierung ohne Gehaltszahlungen.[497]

Erstaunlicherweise werden die überstürzten, unkoordinierten und oftmals unlogischen Maßnahmen zur Bekämpfung der Covid-19 Epidemie in Frankreich ohne größere Widerstände und Hinterfragungen befolgt, denn das Argument der Überlegenheit der Gesundheit über die Freiheit scheint sich den Weg gebahnt zu haben, ganz wie es Juli Zeh in Ihrer nunmehr fast Wahrheit gewordenen Dystopie schildert. Die Angst vor Krankheit, vor dem Versagen des Körpers, und somit der Gefahr der Marginalisierung am Rande der Gesellschaft, einerseits, und die Suche nach Sicherheit, andererseits, führen zu einer widerstandslosen Akzeptanz der Freiheitseinschränkungen durch die Mehrheit, obwohl der Demokratieverlust in Frankreich immer bedrohlicher wird.

Ein System, das die Gesellschaft in geimpfte Bürger mit allen Rechten und in nicht geimpfte Bürger ohne Rechte unterteilt, im Rahmen einer Perpetuierung des Gesetzes über den gesundheitlichen Notstand, kann rasch zu einem bedrohlichen Demokratieverlust führen. Juli Zehs Vision in *Corpus Delicti* scheint sich somit, besonders in Frankreich, der Realität anzunähern.

6.1.2 Spanien

Am 14. März 2020 hat die spanische Regierung ein königliches Dekret erlassen, um den Ausnahmezustand aufgrund der gesundheitlichen Katastrophe der Pandemie Covid-19 auszurufen.[498] Begründet wurde diese Notwendigkeit mit der epidemischen Reichweite des Virus, jedoch mit dem Bewusstsein – und dies ist hier besonders hervorzuheben – der Gefahr einer solchen Maßnahme für die bürgerlichen Grundrechte: „[…] por el

---

contre le SARS-CoV-2“.

497 Légifrance, 2021b, Art. 12–19.

498 *BOE.es (2020) – Documento BOE-A-2020-3692.*

muy elevado número de ciudadanos afectados como por el extraordinario riesgo para sus derechos".[499]

Artikel 116, Abs. 2 der spanischen Verfassung sieht, im Falle einer gesundheitsgefährdenden Epidemie die Möglichkeit vor, einen Notstand von maximal 15 Tagen durch den Ministerrat auszurufen. Dieser muss dem Parlament Rechnung ablegen und kann eine Verlängerung des Notstandes nur mit dessen Zustimmung verhängen:

> El estado de alarma será declarado por el Gobierno mediante decreto acordado en Consejo de ministros por un plazo máximo de quince días, dando cuenta al Congreso de los Diputados, reunido inmediatamente al efecto y sin cuya autorización no podrá ser prorrogado dicho plazo. El decreto determinará el ámbito territorial a que se extienden los efectos de la declaración.[500]

Jede Verlängerung des Notstandes bedarf des Einverständnisses des Parlaments, das somit eine Kontrollfunktion über die Angemessenheit der epidemiebedingten Maßnahmen ausübt.

Das spanische Grundgesetz schließt weiterhin jegliche Enthebung der Verantwortung der Regierung in der Verwaltung und Durchführung des Notstandes aus: „La declaración de los estados de alarma, de excepción y de sitio no modificarán el principio de responsabilidad del Gobierno y de sus agentes reconocidos en la Constitución y en las leyes".[501] Josep M. Castellà Andreu, Professor für Verfassungsrecht an der Universität von Barcelona, verweist im Rahmen des verhängten Ausnahmezustandes im Kampf gegen die Coronaepidemie darauf, dass sich nicht nur die politischen Akteure im Notstand verantworten müssen, sondern dass auch die Judikative weiterhin die Aktionen der Exekutive, als notwendiges demokratisches Gegengewicht, kontrolliert: „Y los tribunales siguen siendo

---

499 „[...]aufgrund der sehr hohen Zahl der betroffenen Bürger und der außerordentlichen Gefahr für ihre Rechte" (eigene Übersetzung). *BOE.es, 2020*, preámbulo.

500 „Der Alarmzustand wird von der Regierung durch ein im Ministerrat verabschiedetes Dekret für eine Dauer von höchstens fünfzehn Tagen ausgerufen. Das Dekret bestimmt den räumlichen Geltungsbereich, auf den sich der Alarmzustand erstreckt" (eigene Übersetzung). *BOE (1978) – Documento consolidado BOE-A-1978-31229*.

501 „Die Ausrufung von Alarm, -Notstands und -Belagerungszuständen ändert nichts an dem in der Verfassung und in den Gesetzen festgelegten Grundsatz der Verantwortlichkeit der Regierung und ihrer Organe" (eigene Übersetzung).

competentes para el control judicial de los actos del gobierno y la Administración y la exigencia de responsabilidad".[502]

Auf der Grundlage dieses verfassungsrechtlich vorgesehenen Notstandes im Falle gesundheitsgefährdender Epidemien hat die spanische Regierung am 14. März 2020 ein Dekret erlassen, um die notwendigen Maßnahmen zur Bekämpfung der epidemischen Situation zu ergreifen.[503]

Erwähnenswert ist dabei, im Gegensatz zur französischen Handhabung der sanitären Krise, eine besondere Betonung darauf gelegt wurde, dass die beschlossenen Maßnahmen unerlässlich und in einem angemessenen Verhältnis zum Schweregrad der Situation sein müssen, ohne jedoch im Grundrecht verankerte individuelle Freiheiten zu verletzen: „Las medidas que se contienen en el presente real decreto son las imprescindibles para hacer frente a la situación, resultan proporcionadas a la extrema gravedad de la misma y no suponen la suspensión de ningún derecho fundamental, tal y como prevé el artículo 55 de la Constitución".[504]

Der Notstand wurde zunächst für eine Dauer von 15 Tagen für ganz Spanien verhängt, jedoch mit einer genauen Abgrenzung der Befugnisse der kompetenten Ministerien und der Natur der Maßnahmen. Es wäre zu lange, hier eine exhaustive Liste der Maßnahmen wiederzugeben, jedoch die wichtigsten Maßnahmen betrafen die Schließung nicht wesentlicher Geschäfte, die Einschränkung der Bewegungsfreiheit der Bevölkerung, die Schließung sämtlicher Bildungs-, Kultur- und Sportstätten, die Schließung aller Freizeitanlagen, Hotels und Restaurants sowie die Möglichkeit, sich auf die Armee zu stützen, gemäß der Rahmenbestimmungen des Gesetzes

---

502 „Und die Gerichte bleiben zuständig für die gerichtliche Überprüfung von Regierungs- und Verwaltungsakten sowie deren Pflicht, Rechenschaft abzulegen"
(eigene Übersetzung). Castellà Andreu, J. M. (2020). „Incidencia de la Covid-19 sobre la democracia constitucional: reflexiones desde España". *Letras Libres*, 15 de abril 2020.

503 BOE, 2020.

504 „Die in diesem königlichen Dekret enthaltenen Maßnahmen sind unerlässlich, um die Situation zu bewältigen, sie stehen in einem angemessenen Verhältnis zum äußersten Ernst der Lage und führen nicht zur Aussetzung der Grundrechte, wie sie in Artikel 55 der Verfassung vorgesehen ist" (eigene Übersetzung). BOE (2020).

vom 1. Juni 1981.[505] Zuletzt wurde dieser Notstand bis zum 9. Mai 2021 verlängert mit der Möglichkeit, je nach der epidemischen Situation, die Bewegungsfreiheit zu reduzieren, um Kontakte und Ansteckungen möglichst zu vermeiden. In der ständigen Sorge um einen möglichst hohen Demokratieerhalt, wurde beispielsweise keine Impfpflicht gegen Covid-19 für besondere Berufsgruppen auferlegt, im Gegensatz zu Frankreich.

Die Akzeptanz der auferlegten freiheitseinschränkenden Maßnahmen ist in Spanien erstaunlich hoch, wahrscheinlich auch bedingt durch die noch junge Vergangenheit der Diktatur unter Franco, die erst 1977 durch eine demokratische Regierungsform abgelöst wurde. Manche Stimmen erheben sich jedoch, um das Dekret vom 14. März 2020 der Verfassungswidrigkeit zu bezichtigen, dort wo es teils totale Einschränkungen der Bewegungsfreiheit verordnet, um die Verbreitung des Virus zu verringern. Der Notstand erlaube nur Einschränkungen der Freiheit, jedoch nicht deren zeitweise Aufhebung. Guillermo Leiva Escudero, Staatsanwalt, sieht jedoch in den temporären Maßnahmen des Freiheitsentzuges (Quarantäne, Isolation zuhause...) keine Verletzung der Grundrechte, insofern das Recht selbst nur temporär ausgesetzt wird, um ein anderes Grundrecht, jenes der Gesundheit, zu schützen. Diese Möglichkeit stütze sich auf Art. 2 des 4. Protokolls vom 16. September 1963 zur EMKV. Es könne außerdem jederzeit wieder ausgeübt werden, sobald die Situation des Notstandes es erlaubt, so Leiva Escuderos: „[...] no supone ni mucho menos que el derecho en cuestión pueda siempre ejercerse en todo momento y sin restricciones".[506]

Matías González Corona, Rechtsanwalt, verweist auf die Stärke des sozialen Paktes zwischen der spanischen Bevölkerung und der Regierung, der es ermögliche, dass die Bürger sich, ohne besondere Druck- und Bestrafungsmechanismen, den Maßnahmen im Interesse der Allgemeinheit beugen: „[...] la voluntad individual se une con la voluntad general".[507]

---

505 *BOE (1981)* – Documento consolidado BOE-A-1981-12774.

506 „[...] dies bedeutet, dass das betroffene Recht jederzeit und ohne Einschränkung ausgeübt werden kann" (eigene Übersetzung). Leiva Escudero, G. (2020). „Constitucionalidad de las restricciones a la libertad de circulación en el estado de alarma por el coronavirus Covid-19". Diario La Ley, nº 9642, Sección Doctrina, 28-05-2020, Wolters Kluwer [LA LEY 5584/2020].

507 „Der individuelle Wille fällt mit dem kollektiven Willen zusammen" (eigene

Diese Koinzidenz zwischen individuellem und kollektivem Interesse soll auch Mia in *Corpus Delicti* dazu überzeugen, spontan die Gesundheitsvorschriften zu befolgen, wie es ihr Kramer nahelegt: „Es liegt in Ihrem Interesse, jede Form von Krankheit zu vermeiden. In dem Punkt decken sich Ihre Interessen mit jenen der METHODE, und auf diese Übereinstimmung stützt sich unser gesamtes System".[508]

Eine spontane Befolgung der restriktiven Maßnahmen, ohne den Bedarf an Sanktionen, kann, meines Erachtens, dann erzielt werden, wenn letztere verstanden und als begründet angesehen werden oder aber aus gewohnter Obrigkeitshörigkeit, ohne Suche nach deren Gründen oder nach einer gültigen Alternative, befolgt werden. In Spanien spielen vermutlich beide Elemente zusammen, das Verständnis der Maßnahmen und die Akzeptanz der Autorität. Letztere wird in *Corpus Delicti* aufgezeigt: Die meisten Bürger der METHODE scheinen die Legitimität und den Sinn der zahlreichen gesundheitlichen Vorschriften nicht zu hinterfragen. Die Tatsache, dass eine Regel von der Autorität METHODE als verpflichtend erlassen wird, genügt, um sie als solche zu akzeptieren.[509] Angesichts der guten Akzeptanz der Maßnahmen in Spanien, scheint der Bestrafungsmechanismus hier keine Priorität zu sein. Beweis dafür ist, dass das spanische Dekret vom 14. März 2020 keine präzisen Sanktionen vorsieht. Es besteht hier eine Situation der Rechtsunsicherheit, denn Art. 20 desselben Dekrets, Art. 10 des Gesetzes 4/1981 sowie Art. 36.6 des Gesetzes 4/2015[510] sehen nur die Bestrafung der Verweigerung, dem Befehl eines Hüters öffentlicher Macht Folge zu leisten. Was nun aber, wenn ein Bürger seine Wohnung verlässt entgegen den Bestimmungen des Notstandes, jedoch auf Aufforderung eines Polizeibeamten folgsam wieder nach Hause zurückkehrt, ohne sich der Anweisung zu widersetzen?[511] Genauso scheinen in *Corpus*

Übersetzung). Gonzalez Corona, M. (2020). "La crisis del COVID-19 y el peligro de
ruptura del Pacto Social". *Hay Derecho, 8 de abril de 2020.*

508 Zeh, 2013: S. 63–64.

509 Hier kommt die positivistische Auffassung des Rechts, die Kramer persönlich vertritt, zum Vorschein (vgl. Zeh, 2013: S. 39).

510 BOE (2015). Ley Orgánica 4/2015, e 30 de marzo, de protección de la seguridad ciudadana.

511 Leiva Escudero, 2020.

Delicti die Strafen nicht genau festgelegt zu sein, jedoch bietet dies in Juli Zehs Diktatur ein offenes Tor zur willkürlichen Diktatur, während dies in Spanien eher Ausdruck demokratischer Nachlässigkeit sein mag.

Das Problem der Straflegitimation wird in *Corpus Delicti* anhand der Figur von Mia verdeutlicht, die sich nicht willentlich der Autorität widersetzt. Mia verletzt nicht die Vorschriften als Zeichen intentionalen Widerstandes, sondern sie ist einfach nur psychologisch zu tief deprimiert über den Tod ihres Bruders, um allen gesundheitlichen Vorschriften nachzukommen. Sie wünscht sich nur sehnlichst, einfach in Ruhe gelassen zu werden: „Um nichts anderes bitte ich Sie. Um Ruhe und Zeit“.[512] Es ist keine Rede davon, sich aktiv der Aufforderung, die Regeln zu befolgen, zu widersetzen. Mia ist schlicht und einfach mental nicht imstande, ihren Verpflichtungen prompt nachzukommen. Jedoch anerkennt die METHODE weder die Privatsphäre der Bürger noch die Möglichkeit, eine rechtliche Bestimmung situationsgerecht auszulegen.

Im Fall des spanischen Gesetzes sowie in *Corpus Delicti* liegt die Problematik in der Auslegung der gesetzlichen Bestimmungen: Während im spezifischen Fall das spanische Gesetz der situationellen Auslegung des Gesetzes bei der konkreten Anwendung der Strafe zu viel Raum lässt bis hin zum Rechtsvakuum, ist jegliche Auslegung der gesetzlichen Anwendung und somit Anpassung an individuelle Situationen in der METHODE von vornherein ausgeschlossen.

Spanien ist gewiss langhaltig durch die Erfahrung von Francos Diktatur geprägt und geht daher viel vorsichtiger und behutsamer mit den individuellen Rechten um als Frankreich: während letzteres die Demokratie schrittweise zu ersticken sucht, geht Spanien vorsichtiger mit undemokratischen Einschränkungen um, im Bewusstsein um die Fragilität der jungen Demokratie.

6.1.3 Deutschland

Bevor ich zuletzt auf Deutschlands Handhabung der rechtlichen Instrumente vor dem Hintergrund der Coronaepidemie eingehe, möchte ich auf einen Bericht des deutschen Bundestages vom 13. Januar 2012 hinweisen,

---

512 Zeh, 2013: S. 62.

der nachweislich den möglichen Verlauf einer zukünftigen Coronaepidemie schon vor acht Jahren als weltumspannend vermutet, mit einer Tödlichkeitsrate von 10 %, verursacht durch das hypothetische Virus „Modi-Sars" der Familie der Coronaviren, das die Lunge angreift und nur durch eine breit angelegte Impfkampagne zu bekämpfen sein werde:

> Das hypothetische Modi-SARS-Virus ist mit dem natürlichen SARS-CoV in fast allen Eigenschaften identisch. Die Inkubationszeit, also die Zeit von der Übertragung des Virus auf einen Menschen bis zu den ersten Symptomen der Erkrankung, beträgt meist drei bis fünf Tage, kann sich aber in einem Zeitraum von zwei bis 14 Tagen bewegen. Fast alle Infizierten erkranken auch. Die Symptome sind Fieber und trockener Husten, die Mehrzahl der Patienten hat Atemnot, in Röntgenaufnahmen sichtbare Veränderungen in der Lunge, Schüttelfrost, Übelkeit und Muskelschmerzen. Ebenfalls auftreten können Durchfall, Kopfschmerzen, Exanthem (Ausschlag), Schwindelgefühl, Krämpfe und Appetitlosigkeit. Die Letalität ist mit 10 % der Erkrankten hoch, jedoch in verschiedenen Altersgruppen unterschiedlich stark ausgeprägt. Kinder und Jugendliche haben in der Regel leichtere Krankheitsverläufe mit einer Letalität von rund 1 %, während die Letalität bei über 65-Jährigen bei 50 % liegt. [...] Die Übertragung erfolgt hauptsächlich über Tröpfcheninfektion, da das Virus aber auf unbelebten Oberflächen einige Tage infektiös bleiben kann, ist auch eine Schmierinfektionen möglich. Mit Auftreten der ersten Symptome sind die infizierten Personen ansteckend. [...] Zur Behandlung stehen keine Medikamente zur Verfügung, so dass nur symptomatisch behandelt werden kann. Ein Impfstoff steht ebenfalls für die ersten drei Jahre nicht zur Verfügung. Neben Einhaltung von Hygienemaßnahmen können Schutzmaßnahmen in dem Sinne also ausschließlich durch Absonderung Erkrankter bzw. Ansteckungsverdächtiger, sowie den Einsatz von Schutzausrüstung wie Schutzmasken, Schutzbrillen und Handschuhen getroffen werden. Absonderung, Isolierung und Quarantäne sind aber nur von begrenzter Wirksamkeit, da schon bei Beginn der Symptomatik eine sehr ausgeprägte Infektiosität besteht.[513]

Angesichts dieser unglaublich zutreffenden Mutmaßungen über einen zukünftigen, möglichen Epidemieverlauf bereits sieben Jahre vor dem Ausbruch der aktuellen Coronakrise, ist die anfänglich chaotische Handhabung der sanitären Situation in Deutschland umso verwunderlicher.

Die rechtliche Bewältigung dieses, wie man nun weiß, erwarteten Ereignisses, erfolgte in einem Kontext überforderter Dringlichkeit, konfrontiert mit einem chronischen Mangel an Masken und sonstigen

---

513 Deutscher Bundestag. (2013). „Unterrichtung durch die Bundesregierung: Bericht zur Risikoanalyse im Bevölkerungsschutz", S. 58–59.

Schutzmaterialien, was besonders im medizinischen Bereich zu bedenklichen Engpässen führte. So viel sei zur faktischen Situation erwähnt, die zu einer Erweiterung des deutschen Infektionsschutzgesetzes vom 20.7.2000[514] am 28. März 2020[515] führte.

Der Schutz der körperlichen Unversehrtheit ist in der deutschen Verfassung in Artikel 2.2. verankert: „(2) Jeder hat das Recht auf Leben und körperliche Unversehrtheit. Die Freiheit der Person ist unverletzlich. In diese Rechte darf nur auf Grund eines Gesetzes eingegriffen werden".[516]

Die Bewegungsfreiheit, als Teil der individuellen persönlichen Rechte, die in Artikel 2 allgemein verankert sind, kann, gemäß Art. 11 der deutschen Verfassung, nur durch ein Gesetz und nur in besonders schwerwiegenden Situationen eingeschränkt werden:

(1) Alle Deutschen genießen Freizügigkeit im ganzen Bundesgebiet.
(2) Dieses Recht darf nur durch Gesetz oder auf Grund eines Gesetzes und nur für die Fälle eingeschränkt werden, in denen eine ausreichende Lebensgrundlage nicht vorhanden ist und der Allgemeinheit daraus besondere Lasten entstehen würden oder in denen es zur Abwehr einer drohenden Gefahr für den Bestand oder die freiheitliche demokratische Grundordnung des Bundes oder eines Landes, zur Bekämpfung von Seuchengefahr, Naturkatastrophen oder besonders schweren Unglücksfällen, zum Schutze der Jugend vor Verwahrlosung oder um strafbaren Handlungen vorzubeugen, erforderlich ist.

Das Zusammenspiel der Rechte auf Gesundheit, körperliche Unversehrtheit und Schutz vor Seuchen bildet heute die Grundlage für das Ergreifen freiheitseinschränkender Maßnahmen, im Rahmen der Epidemie Covid-19, unter der Bedingung, dass letztere verhältnismäßig zur Bedrohung seien, also einen „legitimen, verfassungsrechtlich unbedenklichen Zweck

514 Bundesgesetzblatt. (2000). „Gesetz zur Neuordnung seuchenrechtlicher VorSchriften".

515 *Bundesgesetzblatt. (2020).* „Gesetz zum Schutz der Bevölkerung bei einer epidemischen Lage von nationaler Tragweite".

516 Deutscher Bundestag (1949). „Grundgesetz für die Bundesrepublik DeutschLand".

verfolgen und zur Erreichung dieses Zweckes auch geeignet, erforderlich und angemessen sind".[517]

Es muss dabei abgewogen werden zwischen dem Gewicht der Grundrechte, wie beispielsweise Bewegungsfreiheit vs. Gesundheit, und jede Maßnahme muss auf ihre Unabdingbarkeit sowie auf Ihre Wirksamkeit bezüglich des Zieles untersucht werden. Sobald sie diesen Kriterien nicht mehr entspricht, muss sie umgehend zurückgezogen werden.

Zeh drückte sich bezüglich des häufig angewendeten Arguments der Exekutive, es gäbe keine Alternative zur Epidemiebekämpfung als jene der temporären Einschränkung der Grundrechte, mit folgenden Worten aus:

> „Alternativlos" ist ein anderer Begriff für „Keine Widerrede!" und damit ein absolut undemokratisches Konzept. Ein ernsthafter Diskurs – etwa darüber, welche Grundrechtseinschränkungen verhältnismäßig sind und welche nicht – könne auch unter Zeitdruck stattfinden. In einer Demokratie darf man sich die Möglichkeit dazu nicht nehmen lassen.[518]

Zeh steht nicht allein da mit ihren Befürchtungen einer Erosion des demokratischen Staates. So bestätigte der ehemalige Präsident des deutschen Bundesverfassungsgerichts Hans Jürgen Papier die Richtigkeit der Gefahr für die Demokratie: „Notlagenmaßnahmen rechtfertigen nicht die Außerkraftsetzung von Freiheitsrechten zugunsten eines Obrigkeits- und Überwachungsstaates".[519] Der Kirchen- und Verfassungsrechtler Hans Michael Heinig ging sogar so weit, die Verwandlung der deutschen Demokratie in einen „faschistoid-hysterischen Hygienestaat" zu befürchten.[520]

Am 7. Juli 2020, mit Rückblick auf die erste Epidemiewelle Anfang März 2020, entschied der deutsche Bundesverfassungshof in einer Eilentscheidung, dass es zumutbar sei, „[...] einzelne Individualinteressen einstweilen zurückzustellen, um einen möglichst weitgehenden Gesundheits- und Lebensschutz zu ermöglichen; gegenüber Gefahren für Leib

---

517 Schmelzing, F. (2020). „Corona und das Grundgesetz". *Freilaw 2/2020*, Freiburg, S. 76.

518 MAZ Online (2020a). „Juli Zeh über die Corona-Krise: ‚Im Grunde schüchtert man die Bevölkerung ein'". MAZ, 5. April 2020.

519 Hübner, F. (2020). „Corona-Zeiten: Keine Quarantäne für die Demokratie". *Moz*, 7. April 2020.

520 Ibidem.

und Leben wiegen die Einschränkungen der persönlichen Freiheit insofern ‚weniger schwer'".[521]

Die gesetzliche Grundlage der Maßnahmen zur Bekämpfung der Epidemie Covid-19, unter Berücksichtigung des Grundgesetzes, bildet das Infektionsschutzgesetz (IfSG) vom 20. Juli 2000, das in einem Eilverfahren durch das eingangs erwähnte Gesetz vom 28. März 2020 erweitert wurde. Nach Paragraf 5, Absatz 1 desselben Gesetzes liegt eine epidemische Lage von nationaler Tragweite vor, wenn eine ernsthafte Gefahr für die öffentliche Gesundheit in der gesamten Bundesrepublik Deutschland besteht, weil

1. die Weltgesundheitsorganisation eine gesundheitliche Notlage von internationaler Tragweite ausgerufen hat und die Einschleppung einer bedrohlichen übertragbaren Krankheit in die Bundesrepublik Deutschland droht oder
2. eine dynamische Ausbreitung einer bedrohlichen übertragbaren Krankheit über mehrere Länder in der Bundesrepublik Deutschland droht oder stattfindet.

Ist eine solche Situation gegeben, kommt das Infektionsschutzgesetz (IfSG) in seiner erweiterten Form, gleichbedeutend mit einem epidemisch bedingten Ausnahmezustand, zur Anwendung. Die Bestimmungen des IfSG blieben zunächst bis zum 21. März 2021 in Kraft und wurden bis zum 25. November 2021 verlängert.[522]

Die Verabschiedung des Gesetzes vom 28. März 2020 erfolgte zwar durch den Bundesrat, jedoch verlieh es dem Minister für Gesundheit weitreichende Befugnisse, epidemiebedingte Rechtsverordnungen in nationalen Angelegenheiten zu erlassen, ohne die Beteiligung des Bundesrats, wodurch eine starke Verschiebung der Macht von der Legislative hin zur Exekutive sowohl auf Bundes- als auch Landesebene erfolgte. Länderspezifische Maßnahmen werden durch die Landesregierungen ergriffen. Das

521 Schmelzing, 2020: S. 78.

522 Deutscher Bundestag. (2021a). „Deutscher Bundestag Antrag der Fraktionen der CDU/CSU und SPD Feststellung des Fortbestehens der epidemischen Lage von nationaler Tragweite". Siehe dazu auch: Deutscher Bundestag. (2021b). „Stenografischer Bericht 238. Sitzung".

Robert-Koch-Institut, als wissenschaftliche Institution, ist mit der Koordinierung und Information der Länder sowie dem Bund und der Länder belangt.[523]

Ziel des Gesetzes für Infektionsschutz (IfSG) ist es „übertragbare Krankheiten beim Menschen vorzubeugen, Infektionen frühzeitig zu erkennen und ihre Weiterverbreitung zu verhindern“. Auf Grundlage dieser Vorgaben sind die Bundesländer befugt, Rechtsverordnungen oder Allgemeinverfügungen zu erlassen, um Maßnahmen gegen die Verbreitung des Sars-Cov-2 zu ergreifen.

Im Gegensatz zur zentralisierten Macht in Frankreich, erfährt jedoch der Bund in Deutschland eine ständige Kontrolle durch das Entgegenwirken der Länder, deren Mitspracherecht und Autonomie sehr weitreichend sind. Deutschlands Bund und Länder verhandeln über die unumgänglichen Maßnahmen gegen die Verbreitung der Epidemie in einem ständigen, nicht immer harmonischen, aber immerhin demokratischen, Dialog.

Dazu gehören die Schließung von Lokalen, von Schulen, die Maskenpflicht, das Versammlungsverbot, das Abstandsgebot, die Einschränkung der Freizügigkeit, Meldepflichten uvm.

> Verfassungsrechtlich besonders umstritten ist dabei § 28 Abs. 1 S. 1 IfSG. So wird die entsprechende Behörde dazu ermächtigt, im Falle der Feststellung von „Kranken, Krankheitsverdächtigen oder Ansteckungsverdächtigen (…) [die] notwendigen Schutzmaßnahmen“ zu treffen, insbesondere nach § 29 IfSG diese unter „Beobachtung“ oder nach § 30 IfSG in einem Krankenhaus oder einer anderen geeigneten Stelle „abzusondern“, mithin unter Quarantäne zu stellen.[524]

Hinzu kommt der Eingriff in die Privatsphäre durch das eingerichtete Trackingsystem von mit Covid-19 infizierten Menschen durch die staatliche Corona Warn-App,[525] um möglichst lückenlos Ansteckungsketten zurückverfolgen zu können durch Testen und Isolieren von erkrankten Menschen.

Weiteres wurde die Bewegungsfreiheit weiterhin insofern eingeschränkt, als aus zu Risikogebieten erklärten Ländern Einreisende sich in eine 10-tägige Quarantäne zu begeben hatten, es sei denn sie erbrachten den

---

523 Robert Koch Institut: „Organisation und Aufgaben“.
524 Schmelzing, 2020, S. 76.
525 Corona Warn-App. „Open-Source-Projekt Corona-Warn-App“.

Nachweis einer vollen Impfung, der Genesung von einer Coronainfektion oder eines negatives Testergebnisses frühestens nach 5 Tagen seit der Einreise.[526]

Letztendlich endete die epidemische Notlage von nationaler Tragweite am 25. November 2021, hingegen wurde das Infektionsschutzgesetz durch weitere infektionsschutzrechtliche Maßnahmen ergänzt, auf die die Bundesregierung bis 19. März 2022 zurückgreifen konnte: Arbeitsplatzbeschränkungen (geimpfte, genesene oder getestete Personen), HomeOffice-Pflicht, allgemeine Testpflichten, Abstandsgebote, Kontaktbeschränkungen, Maskenpflichten, Auflagen für Bildungseinrichtungen. Hingegen waren flächendeckende Ausgangssperren, Schließungen von Bildungseinrichtungen, Einzelhandel und Gastronomie nicht mehr möglich. Die Ausstellung von gefälschten oder unrichtigen Gesundheits- oder Testzeugnissen wurde mit Geldstrafen bis hin zum Freiheitsentzug geahndet.[527]

Am 18. März 2022 trat das Gesetz zur Änderung des Infektionsschutzes in Kraft[528] und verfügte die Aufhebung der Corona spezifischen Maßnahmen, mit Ausnahme der Maskenpflicht in den öffentlichen Verkehrsmitteln.

Ein Impfausweis, digital[529] oder in Papierversion, diente zum Nachweis der erfolgten Impfung gegen das Coronavirus.

Zweifelsohne stellen die Maßnahmen der Informations- und Meldepflicht, der Datenspeicherung, der Absonderung bis hin zur Quarantäne ernsthafte Eingriffe in die Privatsphäre dar, die mit größter Vorsicht gewaltet werden müssen und denen Zehs Sorge gilt.

Im Gegensatz zu Frankreich ist Deutschland, genauso wie Spanien, jedoch zögernder in der Debatte über die Einführung der Impfpflicht für

---

526 Bundesministerium für Gesundheit (2021a). „Verordnung zum Schutz vor einreisebedingten Infektionsgefahren in Bezug auf das Coronavirus SARS-CoV-2, Par. 4.

527 *Bundesgesetzblatt.* (2021). „Gesetz zur Änderung des Infektionsschutzge setzes und weiterer Gesetze anlässlich der Aufhebung der Feststellung der epi demischen Lage von nationaler Tragweite“.

528 Bundesgesetzblatt (2022). „Gesetz zur Änderung des Infektionsschutzgesetzes und anderer Vorschriften“.

529 Robert Koch Institut. „CovPass-App: Digitale COVID-Zertifikate der EU einfach nachweisen“.

bestimmte Bevölkerungs- oder Berufsgruppen und hat bisher keine Impfpflicht eingeführt.

Die aktuelle Coronakrise bestätigt Zehs Befürchtungen wie schnell und überstürzt es in allen betroffenen „demokratischen“ Ländern zu einer flächendeckenden Überwachung der Bürger mittels Meldepflichten, Kontrolle, digitaler Apps und Datenspeicherungen, die das Recht auf Privatleben unterbinden und andere Freiheitsrechte in Frage stellen, kommen kann. Die große Gefahr liegt in der mehrheitlichen Akzeptanz solcher Freiheitseinschränkungen, bedingt durch Angst und das Bedürfnis nach Sicherheit, ohne kritisch demokratieschädigende Maßnahmen zu hinterfragen und dies aus den unterschiedlichsten Gründen: Abgabe der Verantwortung an die Regierung, Unterschätzung möglicher Folgen, Vertrauen in die temporäre Natur der Maßnahmen, Informationsmangel und Orientierungslosigkeit, Politikverdrossenheit.

Ziel des Vergleiches der politisch-juristischen Handhabe der Epidemie zwischen Frankreich, Spanien und Deutschland war es, realitätsnahe Beispiele für die in *Corpus Delicti* denunzierten Gefahren biopolitisch bedingter Maßnahmen vor Augen zu führen. Hier wird die Gegenwartsnähe des Romans deutlich: die dystopische Gesundheitsdiktatur der METHODE mutiert zur teilweise verwirklichten Vision mit hohem Aktualitätswert.

Die Beispiele zeigen vor allem auch, wie unbemerkt sich demokratische Prozesse verschleißen können, wie wenig die juristisch-politische Machtverlagerung von der Legislative und Judikative auf die Exekutive von den meisten Bürgern wahrgenommen werden kann. Hier liegt der Brennpunkt Zehs Romans: Die Sorge, dass das unbemerkte Abgleiten in undemokratische Praktiken, die den Rechtsstaat unterhöhlen, erst wahrgenommen werde, wenn es vielleicht zu spät ist. In diesem Sinne spricht sich auch Sonja Klocke, Professorin im Germanistikdepartment der Universität Wisconsin, darüber aus, dass *Corpus Delicti* „sowohl auf die graduelle Aufweichung (noch) bestehender Normen von Rechtsstaatlichkeit als auch auf die mit dem Aufweichen dieser Standards verbundenen Gefahren“ hinweist.[530]

530 Klocke, S. E. (2013). „Das Mittelalter ist keine Epoche. Mittelalter ist der Name der menschlichen Natur – Aufstörung, Verstörung und Entstörung in Juli Zehs

Dieser Hintergrund der aktuellen Pandemie in den Jahren 2020 bis 2022 bietet eine neue Folie durch die *Corpus Delicti* betrachtet werden muss, wodurch dessen Rezeption im Vergleich zu jener im ersten Aufführungsjahr des Theaterstücks *Corpus Delicti* 2007 und des gleichnamigen Romans 2009 changiert: Während Zeh 2007/2009 die Folgen des Attentats auf die Twintower von New York auf die individuellen Freiheiten in den Brennpunkt nimmt (Präventivrecht, Feindrecht, digitale Überwachung, Suche nach Sicherheit), geht es nun, 15/13 Jahre später, um die Wahrung demokratischer Errungenschaften im Kampf gegen die Coronapandemie (Ausnahmezustände, Ausschaltung parlamentarischer Mitbestimmung, Eingriff in den Körper).

Corpus Delicti “. In: *Das „Prinzip Störung“ in den Geistes- und Sozialwissenschaften.* Berlin. De Gruyter. S. 200.

7. Schlusswort

Die vorliegende intensive Beschäftigung mit dem Roman *Corpus Delicti, ein Prozess* entstand aus meiner Faszination über den stofflichen Reichtum dieses Werkes, einerseits, und über die Originalität des Entwurfs der METHODE als Gesundheitsdiktatur, andererseits.

In allen meinen Nachforschungen konnte ich in der Literatur bisher keine zur METHODE analoge Diktaturform finden. Wohl wird die Gesundheit des Menschen in verschiedenen Quellen angesprochen, die ich in meinen Vorarbeiten erwähnt habe, wohl geht es um die Suche nach der Unsterblichkeit und um die Erhaltung der Jugendlichkeit oder um den menschlichen Körper als literarisches, politisches oder philosophisches Objekt, niemals jedoch konnte ich auf eine gleichlautende Konzeption einer Diktatur stoßen, die die Gesundheit zur alleinigen Staatsräson erhebt.

Angesichts der brennenden Aktualität des Themas, während die Coronakrise nach wie vor ihr Unwesen treibt, und der Fülle von möglichen geschichtlichen, philosophischen und rechtlichen Querverbindungen schien es mir interessant aufzuzeigen, wieviel Wissen, Allgemeinbildung und kulturelle Hintergründe in den Text des Romans einfließen.

Ich habe den Roman selbst bis ins kleinste Detail studiert, analysiert, erfasst und versucht, dessen interdisziplinäre Kontextualität weitestgehend zu untersuchen. Es lag mir besonders daran, spezifisch für *Corpus Delicti* relevante Bezüge, Parallelen, Referenzen, Allusionen und Hypothesen hervorzuheben. Mein Bestreben war es, ganz gezielt auf offensichtliche sowie vermutete historische, politische, philosophische und juristische Assoziationen einzugehen, ohne jemals die Eigenheiten des Werkes aus den Augen zu verlieren. Ich habe *Corpus Delicti* insbesondere von seiner juristischen Seite, die sowohl im Mittelalter der Inquisition als auch im modernen deutschen Strafprozess zu verorten ist, beleuchtet. Ich habe mich auf die biopolitischen Theorien von Foucault und Agamben konzentriert, die sich wie ein roter Faden durch *Corpus Delicti* ziehen.

Die Hervorhebung interdisziplinärer Absorptionen im Roman von geschichtlichen, juristischen und philosophischen Themen und Theorien sollten nicht nur die vielfältigen, möglichen Betrachtungsweisen und

Rezeptionen von *Corpus Delicti* aufzeigen, sondern auch die faktischen Vorbedingungen, intellektuellen Vorkenntnisse, Umstände und Motivationen, die zur originalen Schöpfung der Gesundheitsdiktatur geführt haben könnten.

Aus Zehs Lebenslauf selbst gehen dazu schon ihre zweigleisige Ausbildung zur Juristin, einerseits, und zur Schriftstellerin, andererseits, hervor, die sich stark in *Corpus Delicti* widerspiegeln, indem Zeh ihr schriftstellerisches Talent mit juristischer Sensibilität und prägnanter Sprache verbindet, um für freies, unabhängiges Denken sowie die Wahrung individueller Grundrechte und demokratischer Prozesse zu plädieren. Zehs starke, persönliche Überzeugungen brechen unvermeidlich schon bei einer ersten Lektüre von *Corpus Delicti* durch.

Zeh bedient sich ihrer schriftstellerischen Tätigkeit als Medium, um grundlegende, gesellschaftskritische Ideen zu vermitteln und vorzuschlagen, die den Leser aufrütteln und zum Nachdenken anregen sollen. Die Figur des Schriftstellers hat für sie eindeutig eine politische Funktion. Diesem Credo folgend, offenbart Zeh in *Corpus Delicti*, ihrem bisher politischsten Werk, ihre persönlichen Überzeugungen, Werte und Befürchtungen gegenüber der aktuellen Gesellschaft.

Zehs weitreichende politische Einsätze sprechen für diese These: So kämpft sie öffentlich, auf juristischem, literarischem und medialem Wege, für die Wahrung der individuellen Rechte und Freiheiten der Bürger, die sie ernsthaft bedroht sieht. Insbesondere ihre Veröffentlichung, gemeinsam mit Ilija Trojanow, des Werkes *Angriff auf die Freiheit* (2009),[531] in dem sie sich gegen die moderne digitale Überwachung und den damit einhergehenden Verlust der individuellen Grundrechte richtet, verdeutlicht ihre Sensibilität gegenüber jeglichem Eingriff in die intime Privatsphäre des Menschen als eine tiefgehende Verletzung der fundamentalen Errungenschaften demokratischer Systeme. Genau diese intime Privatsphäre kommt in *Corpus Delicti* in das Kreuzfeuer und wird zu einer öffentlichen Angelegenheit. Diese Anprangerung der Verletzung der menschlichen Privatsphäre als Korollarium eines diktatorischen Systems ist aus Zehs tiefer

531 Zeh, J., & Trojanow, I. (2009). *Angriff auf die Freiheit: Sicherheitswahn, Überwachungsstaat und der Abbau bürgerlicher Rechte.* München. Hanser.

Überzeugung zu verstehen, dass die Privatsphäre des Menschen, als Teil der menschlichen Würde, unantastbar bleiben muss. Besonders wichtig ist ihr dabei die Wahrung der Intimsphäre bezüglich des Körpers und der Gesundheit: „Es spricht nichts dagegen, wenn sich der Einzelne intensiv um seine Gesundheit kümmert. Aber es spricht sehr viel gegen einen Staat, der beginnt, sich übermäßig mit der Gesundheit seiner Bürger zu befassen“.[532] Diese Aussage muss, meines Erachtens, als einer der wesentlichen Impulse für die Entstehungsgeschichte von *Corpus Delicti* angesehen werden und dies in Verbindung, einerseits, mit Zehs persönlicher Erfahrung, als man ihr den Kaiserschnitt anstelle des natürlichen Geburtsweges verweigerte, und, andererseits, mit dem Gesetzesentwurf der damaligen deutschen Gesundheitsministerin Ulla Schmid, der die Krankenkassen dazu anhält, mit einem Malus/Bonus System gesundheitsgefährdende/gesundheitsfördernde Kunden zu bestrafen oder zu belohnen.

Zeh sieht den Schutz der Intimsphäre nicht nur als Teil der menschlichen Würde, sondern als Teil der individuellen Grundrechte als solche, die den demokratischen Rechtsstaat bestimmen.[533] So geht Zehs Forderung nach einer gesamtheitlichen Wahrung der individuellen Rechte Hand in Hand mit dem Aufruf zu verstärktem Demokratiebewusstsein in einer konsolidierten Gesellschaft, um der zunehmenden Politikverdrossenheit entgegenzusteuern. Demokratie muss gepflegt und aktiv durch die bürgerliche Anteilnahme unterstützt und erhöht werden, denn ist dies nicht der Fall, ist die Gefahr groß, autoritärem Staatsgebaren Tür und Tor zu öffnen. Zu wenig sind sich die Bürger heute bewusst, dass die demokratischen Errungenschaften nicht unwiderruflich sind und des ständigen Hinterfragens und der fortlaufenden Erneuerung bedürfen. Passives Hinnehmen und „Mitschwimmen“, wie Zeh es am anfänglichen Verhalten von Mia in *Corpus Delicti* illustriert, führt dazu, sich zwischen „Ja“ und „Nein“ aufzuhalten, ohne auf die gesellschaftlich-politischen Geschehnisse Einfluss zu nehmen oder, noch schlimmer, zum Spielball der politischen Macht zu werden.

532 Ibidem: S. 149.
533 Zeh, 2020a: S. 90.

Zeh bedient sich in *Corpus Delicti* der Metapher der „Zaunreiterin“,[534] um die Frage aufzuwerfen, wie es denn dem Menschen, der sich von religiösen oder sonstigen spirituellen Leitlinien losgelöst hat, gelingen soll, sich selbst einen Referenzrahmen in einer unfassbar weiten und amorphen, globalisierten Welt zu schaffen. Wie soll er Nietzsches Forderung der Transzendierung zum Übermenschen schaffen, wenn Gott tot ist? Diese menschliche Orientierungslosigkeit, gepaart mit Angst vor Krankheiten, Schmerzen und Tod, bietet autoritären Bestrebungen eine offene Türe, die Kramer in *Corpus Delicti* betritt und die sich auch derzeit in demokratischen Staaten in der Gestalt von rechtsradikalen Tendenzen als Gefahr für das Gedeihen der Demokratie entpuppen kann. Schuld daran sei, nach Zeh, die Unfähigkeit der gegenwärtigen Generation, sich für Prinzipien und Ideen stark zu machen. Der moderne Mensch sei zu sehr mit seinem biologischen Körper beschäftigt, dass ihm keine Zeit mehr bleibe, sich intellektuellen und geistigen Höhenflügen zu widmen, geschweige denn sich für Ideen aufzuopfern.

Während Moritz in *Corpus Delicti* in einer selbst geschaffenen Welt der Prinzipien lebt, beschränkt sich Mia zunächst darauf, möglichst ungestört und unbemerkt in der METHODE zu leben, ohne sich zu persönlichen Überzeugungen zu bekennen. Ihr unbewusst egoistischer Komfort ist ihre Leitlinie, gleich der immensen Mehrheit der Bürger in der METHODE, die trotz der drastischen Freiheitseinschränkungen keine Notwendigkeit sehen, Widerstand zu leisten. Zu sehr sind sie mit der gesundheitlichen Perfektion beschäftigt und finden sogar nichts daran auszusetzen, dass dies auf Kosten ihrer Freiheit geht. Mit dieser Darstellung weist Zeh auf die heutige Gesellschaft hin, die, beschäftigt mit der Optimierung von Körper, mit Gesundheit, Rentabilität und Imagepflege in den sozialen Netzwerken, wenig Energie für gesamtgesellschaftliche Fragen wie Demokratie, Freiheitsverlust und Werteverfall aufwendet. Das utilitaristische Denken, wie es Horkheimer und Adorno anprangern, findet hier Anwendung auf die immer durchdringendere Optimierung des Menschen in unserer Gesellschaft, die sich in der METHODE abgebildet sieht.[535]

534 Zeh, 2020a: S. 34.
535 Vgl. ibidem: S. 151.

Diese Selbstbeschäftigung des Menschen mit sich selbst als optimierter, gesunder, gesellschaftsfähiger Körper, eingebettet in einer furchteinflößenden, nur vage determinierten, globalen Welt auf der Suche nach Sicherheit, aber unter Verzicht auf Freiheit, wird in *Corpus Delicti* ständig hinterfragt. Die undemokratische METHODE, allgemein kritiklos akzeptiert, mit Ausnahme des freidenkenden Moritz, ist zudem in einem zeitlich und geographisch unbestimmten Raum angesiedelt, vermutlich um auf den gegenwärtigen internationalisierten, globalen, unbegrenzten Raum der Außenwelt zu verweisen, in der der moderne Mensch orientierungslos und verängstigt lebt. Nur die Erwähnung von „Mia Holl, deutsche Staatsangehörige"[536] im Urteil, das gegen sie gleich eingangs des Romans gefällt wird, bietet einen Anknüpfungspunkt an eine mögliche Verortung der Handlung in Deutschland. Ebenso können Zehs offensichtliche Bezüge auf das deutsche Strafrecht sowie auf die Inquisition Heinrich Kramers, die sich geographisch im heutigen Süddeutschland verorten lässt, als geographische Anhaltspunkte dienen. Barbara Piattis „durchlässige Membran zwischen den Welten"[537] als Verbindung zwischen Realität und Fiktion des Handlungsraumes sowie Navratils kontrafaktische Thesen zu *Corpus Delicti* finden sich bei Zeh bestätigt, denn im fiktionalen Geschehen ist es dennoch leicht möglich, Bezüge zur realen Außenwelt der Gegenwart zu identifizieren, und sei es die vage umrissene globalisierte Welt, durch die sich, wie ein roter Faden, eine an Deutschland gebundene Leitlinie zieht.

Zeh liegt es gewiss daran, mögliche, befürchtete totalitäre Entwicklungen der heutigen demokratischen Gesellschaft in Deutschland, aber auch überall dort, wo es aktuell noch demokratische Staaten gibt, aufzuzeigen. Denn der Mensch, allein gelassen, ohne höhere, spirituelle Orientierungshilfen wie Gott, Religion oder andere Bezugspunkte, tendiert dazu, sich präventiv in den Schutz des Staates zu begeben, im vermeintlichen Glauben, der Staat könne ihm die ersehnte Sicherheit garantieren und ihn von individueller Verantwortlichkeit entlasten. Dieses unkritische Präventivdenken wird in *Corpus Delicti* anhand der Figur Mias sowie des anonymen

---

536 Ibidem: S. 11.

537 Piatti, B. (2009). *Die Geographie der Literatur: Schauplätze, Handlungsräume, Raumphantasien*. Göttingen. Wallstein. S. 19.

Volkes der METHODE verdeutlicht. Die Demokratie erfährt dabei eine Abfuhr, wenn der unkritische Bürger*in die politische Verantwortung auf den Staat abschiebt, sei es aus Überdrüssigkeit und Desinteresse, sei es aus Bequemlichkeit.

Wenn noch dazu der Körper zum Gegenstand der Politik wird, besteht für Zeh die Gefahr des Zusammenfalls von Intimsphäre und öffentlicher Macht. Die bereits erwähnte Gesetzesinitiative von Ulla Schmid 2007,[538] die die Bürger einerseits der Krankenkassenpflicht unterwirft und andererseits die Möglichkeit einräumt, dass Bürger, die durch eigenes Verschulden krank werden, höhere Beiträge zahlen müssen, verzeichnet aktuell einen beunruhigenden Schritt in Richtung Biopolitik. Man kann gewiss annehmen, dass diese Gesetzesinitiative Zeh zutiefst gebrandmarkt hat und, im Zusammenspiel mit ihrer höchst persönlichen Einstellung zum Körper als zutiefst intimen Bereich, entscheidend zum Entwurf von *Corpus Delicti* beigetragen hat.

Politische Entscheidungen, wie jene der Bindung des Krankenkassentarifs an den Zustand des menschlichen Körpers (gesund lebend, fit, gefährdet durch die Lebensweise, krankheitsanfällig, etc.) gründen auf dem Bestreben, den menschlichen Körper zum Gegenstand von Politik und Kontrolle zu erheben: Das Augenmerk richtet sich nunmehr auf die kontrollierbare, physische Hülle, nicht aber auf den Geist, der nicht materiell erfasst und kontrolliert werden kann.

Zehs Beschäftigung, in der weiteren Folge, mit Foucault und Agamben während der Verfassung von *Corpus Delicti*[539] hat sie dem biopolitischen Denken angenähert, das sie zweifellos in *Corpus Delicti* durch und durch verarbeitet, indem die METHODE die Körper in einem rechtlichen Leerraum, ähnlich Agambens Ausnahmezustand, nach foucaultschen Prinzipien diszipliniert und verwaltet.

Mit der Darstellung einer überspitzten Diktatur, basierend auf der vollendeten Gesundheit der biologischen Körper, wirft Zeh sensible und unsere heutige Welt bewegende Fragen der Vereinbarkeit der Suche

538 Vgl. Kapitel 3.1.
539 Zeh, 2020a: S. 91–103.

nach Sicherheit, Perfektion, Null-Risiko und Null-Haftbarkeit der Verantwortlichen mit den Prinzipien der individuellen Freiheit und der Selbstbestimmung auf.

Ein weiterer Anstoß zum Entwurf einer Gesundheitsdiktatur dürfte für Zeh auch von der Entwicklung der internationalen Gesetzgebung bezüglich der Verpflichtung der Staaten, den Bürgern die höchstmögliche Gesundheit zu garantieren, ausgegangen sein: eine Verpflichtung, die von der Schaffung der Voraussetzungen für ein gesundes Leben durch die Staaten bis hin zur Mitverantwortlichkeit des einzelnen Bürgers reicht.

Kramers Manifest in *Corpus Delicti*[540] scheint die Definition des Rechts auf Gesundheit der internationalen Rechtsquellen zu fusionieren, unter Zusatz einer klaren biopolitischen Färbung, indem die staatliche Verpflichtung, die Gesundheit zu ermöglichen und zu fördern, mit der Mitverantwortlichkeit des Bürgers zusammengelegt wird. An die Stelle des bestmöglichen Bemühens um die Gesundheit tritt ein rechtlich garantierter vollkommener Gesundheitszustand für alle. Somit hat der Staat ein „Recht auf Gesundheit" zu gewährleisten, aber im Gegenzug zu dieser staatlichen Verpflichtung ist er auch dazu legitimiert, den Einzelnen zur Verantwortung zu ziehen, wodurch grundlegende Individualrechte im Namen der Gesundheitspolitik außer Kraft gesetzt werden.

Gegenüber demokratiewidrigen Machteingriffen – wie sie beispielsweise während der Coronaepidemie Realität geworden sind – empfindet Zeh die breit gestreute Akzeptanz der freiheitseinschränkenden Vorschriften und der gesellschaftlichen Normierung durch die Bürger als besonders besorgniserregend[541] und führt weiter aus: „Das Zauberwort heißt ‚Kontrolle'. Obwohl sich die meisten Menschen dessen vielleicht gar nicht bewusst sind, wird gerade unsere Epoche, die vermeintlich der individuellen Freiheit huldigt, vor allem von den Leitbildern ‚Kontrolle' und ‚Konformität' beherrscht".[542] Dieser Mechanismus der Selbstdisziplinierung wird von Antonio Negri bestätigt, der feststellt, „dass die ‚Bio-Macht' sich in der Bevölkerung in einem Maße etablieren kann, ‚wie sie ein integraler und

540 Ibidem: S. 9–10.
541 Zeh, 2020a: S. 94.
542 Zeh, 2020a: S. 95.

vitaler Bestandteil eines jeden individuellen Lebens wird, den die Individuen bereitwillig aufgreifen und, mit ihrem Einverständnis versehen, weitergeben".[543]

In meiner Sichtweise werden in *Corpus Delicti* Selbstkontrolle und Beachtung der Vorschriften zur Prävention von Krankheiten vorab durch Androhung von Sanktionsmechanismen erzwungen. Erst der ursprünglich erzwungene Prozess der Normalisierung bestimmter Verhalten erzeugt schrittweise eine allgemeine Akzeptanz und lässt die Gesellschaft vergessen, dass sie sich nicht selbst bestimmt. Dieses „Vergessen" der individuellen Freiheit der Selbstbestimmung trifft auf die heutige Gesellschaft zu: der ständige Druck der Medien, die Beispielvorgabe durch „anerkannte" Vorbilder und der damit verbundene Blick der anderen auf den Einzelnen beeinflussen die Verhaltensmuster so sehr, dass sich die Menschen augenscheinlichen „Normen" unterwerfen, ohne ihre freie Willensgestaltung zu hinterfragen. Man könnte diesen unbewussten Mechanismus mit dem juristischen Prinzip des Gewohnheitsrechts vergleichen: die Überzeugung der Rechtmäßigkeit oder der Notwendigkeit (*opinio juris et necessitatis*) einer Handlung über einen längeren Zeitraum (*longa consuetudo*) erhebt diese von einer freiwilligen zu einer normierten Praxis. Gemäß der Rechtsprechung des deutschen Bundesverfassungsgerichtshofs ist das Gewohnheitsrecht als „Recht, das nicht durch förmliche Setzung, sondern durch längere tatsächliche Übung entstanden ist, die eine dauernde und ständige, gleichmäßige und allgemeine sein muss und von den beteiligten Rechtsgenossen als verbindliche Rechtsnorm anerkannt wird",[544] zu verstehen. In diesem Sinne ist es auch die freiwillige, wiederholte Akzeptanz lange andauernder Rechtsvorstellungen und Regeln, selbst wenn diese ursprünglich auferzwungen worden sind, die das normative Substrat der METHODE in *Corpus Delicti* stellt.

Dieses Gefühl der freiwilligen, normierten Verhaltensmuster vermittelt Zeh in *Corpus Delicti*, indem sie Mia, als ursprünglich unkritische,

543 Negri, A., & Dufourmantelle, A. (2003). *Rückkehr Alphabet eines bewegten Le bens; Gespräche mit Anne Dufourmantelle*. Frankfurt/Main New York. Campus Verlag. S. 38.

544 Klose, M. (2018). „Modernes Gewohnheitsrecht". *RW Rechtswissenschaft*, *8*(4), S. 381: BVerfGE 22, 114 (121).

systemkonforme Bürgerin dem freiheitsliebenden Moritz kontrastierend gegenübergestellt, um sie dann selbst einer inneren, progressiven Entwicklung zum freidenkenden, von Normen losgelösten Menschen, zu unterwerfen, wodurch sie sich Moritz' Gedankengut annähert. Dieser innere Prozess Mias führt gleichzeitig zu ihrer Selbstfindung, sie determiniert ihre eigene Identität, indem sie sich von der amorphen Masse der normierten Gleichheit, dank der Freigabe ihres Körpers, loslöst.

Die Entstehungsgeschichte von *Corpus Delicti* wird stark durch interdisziplinäre Verbindungen bestimmt, die sich aus der Historie des Inquisitors Heinrich Kramer und der als Hexe verfolgten Mia Holl, aus den staatspolitischen Ideen Hobbes, Rousseaus und Schmitts, aus dem aufklärerischen Denken Horkheimers, Adornos und Kants, dem gottverneinenden nihilistischen Denken Nietzsches, den biopolitischen Konzeptionen Foucaults und Agambens sowie der Rechtswissenschaft ergeben.

Die mittelalterlichen Figuren des Inquisitors Heinrich Kramer und der als Hexe verfolgten Mia Holl sollten laut Zehs Aussage nur durch ihre Namen auf die Historie verweisen, nicht aber den Hauptfiguren in *Corpus Delicti* Charakter und Lebensgeschichte leihen. Dennoch verbinden Fanatismus, Frauenverfolgung, inquisitoriale Prozessführung und Foltermethoden den historischen Heinrich Kramer mit dem Journalisten Heinrich Kramer in *Corpus Delicti*. Möglicherweise soll diese Assoziation zwischen Vergangenheit und gegenwärtiger Zukunft die Unveränderlichkeit der menschlichen Natur über Generationen und Epochen hinweg symbolisieren. Die diesbezügliche Aussage Mias „Das Mittelalter ist keine Epoche. Mittelalter ist der Name der menschlichen Natur“[545] kommentiert Zeh in *Fragen zu Corpus Delicti*: „Mit diesem Satz wollte ich klarstellen, dass *Corpus Delicti* sich weder mit der Vergangenheit noch mit der Zukunft beschäftigt, sondern auf die Veränderungen der heutigen Gesellschaft hinweisen will“.[546] Nach der Feststellung, dass jedes Machtsystem Feindbilder (wie beispielsweise die Hexe) braucht, „[...] gegen die es sich abgrenzen und gemeinschaftlich verteidigen kann“,[547] wird Zeh noch expliziter, wenn sie

545 Ibidem: S. 250.
546 Zeh, 2020a: S. 29.
547 Ibidem: S. 31.

erläutert: „Insofern ist die Hexenverfolgung tatsächlich keine ‚Epoche', also nicht nur ein schrecklicher Vorgang aus alten Zeiten [...]. Sondern ein allgemeingültiges, zeitübergreifendes Prinzip von Gesellschaftsbildung und Machterhalt".[548] Die Form mag sich ändern, nicht aber die Substanz und die Beweggründe des menschlichen Handelns, deshalb sind sich Mittelalter und Gegenwart nicht fremd. Sabine Schönfellner sieht in der Gleichsetzung des Mittelalters mit der menschlichen Natur die verfehlte Verwirklichung des Humanismus, indem der Körper dem Geist als vorrangig vorangestellt wird.[549] Die Möglichkeit des Fortschrittes wird, laut Schönfellner, nicht nur angezweifelt, sondern sogar für rückgängig erklärt.[550]

Zeh veranschaulicht mit der Hexensymbolik die ursprüngliche Unfähigkeit Mias in *Corpus Delicti,* sich für eine Seite zu entscheiden, sich ideell zu positionieren, mangels einer selbst errichteten Werte- und Referenzstruktur. Mit dieser aus der Historie geschöpften Metaphorik verweist Zeh auf den Menschen der Gegenwart, der sich von religiösen oder sonstigen geistigen Wertesystemen abgewendet hat, mit der Frage: Kann man aus sich selbst heraus, aus der Individualität, überhaupt Gültigkeiten entwickeln?[551] Diese Frage generiert eine weitere Frage, die nicht mit Gewissheit beantwortet werden kann: Stellt Zeh diese Frage mit einem Blick auf Nietzsches Modell des Übermenschen, der die Menschheit überwindet, indem er imstande ist, sich selbst ein Wertesystem zu schaffen?[552]

Zehs Kritik des Werteverlustes und der Orientierungslosigkeit der heutigen Gesellschaft legt offensichtliche Bezüge zu Nietzsches Gottesverneinung, Nihilismus und der ewigen Wiederholung des schon Gewesenen offen. Mia, als das „Wesen dazwischen", rezeptioniert Nietzsches Gedanken der gottes-, ziel- und werteverlustigen Welt, im Kontrast zu Kramer und Moritz, die eigene Lebensrichtlinien zu errichten imstande sind. Während jedoch Moritz der eigentliche, erstrebenswerte „Übermensch" zu sein scheint, stellt Kramers stures Dogma als Referenzsystem keine akzeptable Alternative zur Überwindung der Begrenztheit des Menschen dar.

548 Ibidem: S. 32.
549 Vgl., Schönfellner, 2018b: S. 93.
550 Vgl., Schönfellner, 2018b: S. 94.
551 Zeh, 2020a: S. 35.
552 Vgl. Nietzsche, 2020a: S. 32–33.

Zeh stellt zu diesem Problem der Orientierungslosigkeit des Menschen die Frage, ob der heutige Bürger, wie schon zu Hobbes Zeiten, nicht sogar freiwillig die Eigenverantwortung an den Staat abgibt, wodurch er Kontrolle und Freiheitsverlust als „bequeme“ Lösung für ein erfolgreiches, gesellschaftliches Zusammenleben billigt: „[...] kann man nicht aus der grassierenden Unfähigkeit unserer Spezies auf die Notwendigkeit eines starken Staats schließen, der das Verhalten seiner Bürger zu ihrem eigenen Besten steuert und sie, wenn nötig, mit mindestens sanften Druck in vernünftige Bahnen lenkt?“.[553]

So spielt Zeh in *Corpus Delicti* auf den autoritären Staat von Hobbes' Leviathan an, *dort* wo sie Kramer die METHODE mit einem auf Viren anfälligen Körper vergleichen lässt. Analog zu Hobbes wird der Staat mit dem menschlichen Organismus verglichen, der anfällig auf „Krankheiten“ ist (Aufruhr bei Hobbes; infektiöse Gedanken bei Zeh) und dessen absolute Autorität einzig durch die Erfüllung der Staatsräson bedingt und gleichzeitig limitiert wird (Unterbindung des Kriegszustandes bei Hobbes; Gesundheit für alle Bürger bei Zeh). Innerhalb dieser Begrenzung verfügt die Macht über Tod und Leben der tötbaren, menschlichen Körper, die ein großes Ganzes bilden, den Körper-Staat, in dem individuelle und kollektive Anliegen verschmelzen. Hobbes antizipiert mit seiner Körperallegorie biopolitisches Denken, das Zeh in *Corpus Delicti* durch die Einbindung von Foucaults und Agambens Theorien zur Biopolitik sowie von Schmitts Konzept des Ausnahmezustandes erweitert.

Sehr deutlich bricht in *Corpus Delicti* Schmitts staatspolitisches und positivistisches Gedankengut durch, denn die Abgrenzung des Politischen vom Nichtpolitischen liegt in der METHODE wie bei Schmitt in der Identifikation von Staatsfreund und Staatsfeind, unbeschadet moralischer oder humanistischer Wertungen: jeder der sich nicht zur Gänze den gesundheitlichen Vorschriften der METHODE beugt, muss als Staatsfeind angesehen werden und wird zur Ursache eines legitimen Kriegszustandes, der die METHODE, nach Kramer, berechtigt, den Systemfeind zu töten: „Anti-Methodismus ist ein kriegerischer Angriff, dem wir mit Krieg begegnen werden“.[554] Genauso muss Mia, die zur Außenseiterin des Systems der

553 Zeh, 2020a: S. 46.
554 Zeh, 2013: S. 97.

METHODE promoviert wird, aus letzterem entfernt werden. Ihr „vogelfreier“ Hexenstatus ist als identisch mit Agambens „Homo sacer“ zu verstehen: Mia steht „nackt“ im rechtlichen Vakuum, der ungestraften Willkür der METHODE preisgegeben.

Der ganze Roman *Corpus Delicti* ist biopolitisch durchdrungen, von dem Moment alle Körper der Bürger, bis in die tiefste, intime Privatsphäre, Gegenstand politischen Kalküls und Lenkens sind. Die „Materie, die sich selbst anglotzt“ liefert ein ideales Substrat für biopolitische Entwicklungen in einer entzauberten Welt.

Seit der Veröffentlichung von *Corpus Delicti* 2007 als Theaterstück und 2009 als Roman sind mehr als 10 Jahre vergangen. Seitdem die weltumspannende Coronaepidemie Europa und die Welt seit Beginn des Jahres 2020 in Atem hält, rücken die zentralen Themen des Romans von Gesundheit, Krankheit, Tod, Freiheitseinschränkungen und Demokratieverlust brutal in den Vordergrund. In diesem stark veränderten Kontext gewinnt *Corpus Delicti* an neuer, brennender Aktualität und verdiente die vorliegende Neuinterpretation.

Die Debatten – besonders angeregt durch die Maßnahmen der Regierungen im Kampf gegen die Pandemie Covid-19 – über die individuellen Rechte und Freiheiten der Bürger, über die Wahrung der Privatsphäre und die Gefahren des Abgleitens einer demokratischen Gesellschaft in totalitär angehauchte Regierungssysteme, sind gerade höchst aktuell. Genauso wie die Frage der Grenze zwischen Akzeptanz freiheitsbeschränkender Politiken und Rebellion gegen autoritäre Vorgangsweisen derzeit ständig im Raum steht. Welcher Stellenwert muss der Gesundheit gegenüber anderen Grundrechten eingeräumt werden? Berechtigt gerade die Angst vor Krankheit und Tod zu totalitären Entscheidungsmechanismen? Diese Fragen stellt *Corpus Delicti* an den Leser, einem Trend folgend, den Zeh schon seit Jahren aufkommen sieht und der sich nun, dreizehn Jahre nach der ersten Veröffentlichung von *Corpus Delicti*, im Kontext der Coronapandemie verdichtet hat.

8. Bibliografie

Agamben, G. (2006). *Ausnahmezustand*. Berlin. Suhrkamp.

Agamben, G. (2015). *Homo sacer die souveräne Macht und das nackte Leben*. Berlin. Suhrkamp Verlag.

Agamben, G. (2021). *An welchem Punkt stehen wir? Die Epidemie als Politik*. Wien. Verlag Turia +Kant.

Ammann, H. (1890). „Der Innsbrucker Hexenprocess von 1485". *Zeitschrift Des Ferdinandeums für Tirol Und Vorarlberg*, 3. Folge, Heft 34.

Arnold, S. (2014). „Zur Beziehung zwischen Literatur und Recht in der deutschsprachigen Gegen wartsliteratur". *Pandaemonium Germanicum*, 17(23), 1–25.

Balke, F. (2008). „Beyond the Line: Carl Schmitt und der Ausnahmezustand". *Philosophische Rundschau*, 55(4), S. 273–306.

Baron, C. (2015). „Relativisme et objectivisme : une alternative à repenser ? Entre interprétation sans fin et fin de l'interprétation, dans The Shaking woman de Siri Husvedt, Saturday de Ian Mac Ewan, et Corpus Delicti de Juli Zeh". *Fabula-LhT*, N° 14. Par. 25.

Bastide, L. (2014). „Patrick Zylberman, Tempêtes microbiennes. Essai sur la politique de sécurité microbienne dans le monde transatlantique". *Socio-anthropolie*, 29, S. 201–202.

Baumann, Z. (1992). *Dialektik d. Ordnung. Die Moderne und der Holocaust*. Hamburg. Europäische Verlagsanstalt.

Behringer, W., Jerouschek, G., & Tschacher, W. (2000). *Der Hexenhammer = malleus malificarum*. München. Deutscher Taschenbuch Verlag.

Benjamin, W. (2019). *Zur Kritik der Gewalt und andere Aufsätze*. Frankfurt am Main. Suhrkamp Verlag.

Branco, M. M. (2019). *The Politics of Medicine in German and Anglophone Dystopian Fiction*. Dissertation. University of Kent.

Dahlgren, W. G. (1991). "Policies and strategies to promote social equity in health. Background document to WHO – Strategy paper for Europe". *Arbetsrapport*; Institute for Futures Studies.

Darnstädt, T. (2013). *Der Richter und sein Opfer. Wenn die Justiz sich irrt*. München. Piper Verlag.

De Crescenzo, L. (2000). *Les grands philosophes de la Grèce antique*. Paris. Livre de Poche.

De Sade, D. A. (2019). *Français, encore un effort si vous voulez être républicains*. Amazon Italia Logistica.

Engel, M. (2008). „Einführungslehrgang Anwaltspflichtstation“. Landgericht Itzehoe.

Falcke, E. (1992). *Die Krankheit zum Leben: Krankheit als Deutungsmuster individueller und sozialer Krisenerfahrung bei Nietzsche und Thomas Mann*. Bern. Peter Lang.

Fischer-Lescano, A. (2005). „Rechtsrealität versus Realpolitik: Die Strafanzeige in Deutschland gegen Donald Rumsfeld wegen der Folterungen in Abu Ghraib“. Peace Research Institute Frankfurt.

Folkers, A., & Lemke, T. (2014). *Biopolitik: ein Reader*. Berlin. Suhrkamp.

Foucault, M. (1976a). *Histoire de la Sexualité 1 : La volonté de savoir*. Gallimard.

Foucault, M. (1986). *Der Wille zum Wissen. Sexualität und Wahrheit I*. Frankfurt am Main. Suhrkamp,

Foucault, M. (1997). *« Il faut défendre la société » : Cours au Collège de France, 1975–1976*. Paris. Éditions Seuil.

Foucault, M. (1999). „Vorlesung vom 17. März 1976. Verteidigung der Gesellschaft“. *Vorlesungen am Collège de France* (1975–1976).

Foucault, M. (2006). *La volonté de savoir : droit de mort et pouvoir sur la vie*. Paris. Gallimard.

Foucault, M. (2012). *Surveiller et punir : naissance de la prison*. Paris. Gallimard.

Frank, J. P. (1792). *System einer vollständigen medizinischen Polizey*. In einem freyen Auszuge mit Berichtigungen von Joh. Christ. Fahner. 48, 22, 8°. Berlin. Vieweg.

Frewer, A., & Bielefeldt, H. (2016). *Das Menschenrecht auf Gesundheit, Normative Grundlagen und aktuelle Diskurse*. Bielefeld. Transcript Verlag.

Fritz, A. (2018). *Der Hexenjäger: historischer Roman*. Hamburg. Rowohlt Verlag.

Genel, K. (2004). « Le biopouvoir chez Foucault et Agamben ». Methodos, Savoirs et textes, Nr. 4.

Gerhards, H., & Braun, K. (2019). *Biopolitiken – Regierungen des Lebens heute*. Wiesbaden. Springer.

Gerhardt, R., Kepplinger, H. M., & Geiß, S. (2012). „Auf dem Weg zur Wahrheit? Die Kunst der richterlichen Urteilsfindung". *Zeitschrift Für Rechtspolitik*, 45(7), S. 213–217.

Gottwein, C. (2010). „Die verordnete Kollektividentität. Juli Zehs Vision einer Gesundheitsdiktatur im Roman Corpus Delicti". *Identität. Fragen zu Selbstbildern, körperlichen Dispositionen und gesellschaftlichen Überformungen in Literatur und Film*. Oberhausen. Verlag Laufen.

Graff, M. (2016). „Menschenwürde im digitalen Zeitalter: Körper, Datenschutz und Menschenbild bei Juli Zeh". *Colloquia Germanica,* 49(4), S. 391–422.

Haag, R. (2009). *Johann Peter Frank (1745–1821) und seine Bedeutung für die öffentliche Gesundheit*.Hamburg. Verlag Dr. Kovač.

Heinz, W. (2004). *Das Deutsche Strafverfahren*. Universität Konstanz.

Helmisaari, V. (2020). "Thomas Hobbes and Contemporary Italian Thinkers: Permanent War in Giorgio Agamben, Roberto Esposito and Antonio Negri". *Publications of the Faculty of Social Sciences*. University of Helsinki.

Hobbes, T. (2021). *Der Leviathan*. München. Anaconda Verlag.

Höffler, K. (2014). *Rechtsfragen der Personalisierten Medizin*. Berlin, Heidelberg. Springer Verlag.

Horkheimer, M., & Adorno, T. W. (2014). *Gesammelte Schriften Band 5: Dialektik der Aufklärung und Schriften 1940–1950*. Frankfurt am Main. Fischer Verlag.

Juster, A. (2022). *Juli Zehs Corpus Delicti, ein Prozess: Intertextuelle Perspektiven*. Münster. Lit Verlag.

Kant, I. (1968a). Kants Werke. 2. *Vorkritische Schriften*. Berlin. De Gruyter.

Kant, I. (1968b). Werke: Akademie-Textausgabe Band III, *Kritik der reinen Vernunft* 2, Auflage 1787. Berlin. De Gruyter.

Klein, M., & Schubert, K. (2018). Das Politiklexikon: „Begriffe, Fakten, Zusammenhänge". Vol. 7. Bonn Bundeszentrale Für Politische Bildung.

Klocke, S. E. (2013). „Das Mittelalter ist keine Epoche. Mittelalter ist der Name der menschlichen Natur. – Aufstörung, Verstörung und

Entstörung in Juli Zehs *Corpus Delicti*". In *Das „Prinzip Störung" in den Geistes- und Sozialwissenschaften*. Berlin. De Gruyter. S. 185–202.

Klose, M. (2018). „Modernes Gewohnheitsrecht". *RW Rechtswissenschaft*, 8(4), S. 370–401.

Labisch, A. (1992). *Homo hygienicus: Gesundheit und Medizin in der Neuzeit*. Frankfurt Am Main. Campus.

Leiva Escudero, G. (2020). „Constitucionalidad de las restricciones a la libertad de circulación en el estado de alarma por el coronavirus Covid-19". Diario La Ley, n° 9642, Sección Doctrina, 28-05-2020, Wolters Kluwer [LA LEY 5584/2020].

Leisegang, D. (2020). „Corona und die Grundrechte: Einsicht in die Notwendigkeit". *Blätter für deutsche und internationale Politik*, 5/2020, S. 25–28.

Lévinas, E. (1934). „Quelques réflexions sur la philosophie de l'hitlérisme". *Esprit* (1932–1939), 3(26). S. 199–208.

Meinen, I., & Lehnert, N. (2021). *Öffnung – Schließung – Übertritte: Körperbilder in der deutschsprachigen Gegenwartsliteratur*. Bielefeld. Transcript Verlag. S. 65–81.

Meurer-Bongardt, J. (2018). „Wir Menschen der Zukunft? Bipopolitik und Utopie in der nordeuropäischen Gegenwartsliteratur". *Norduropaforum Jhg. 2018*.

Mogendorf, C. (2017). *Von „Materie, die sich selbst anglotzt": Postmoderne Reflexionen in den Romanen Juli Zehs*. Bielefeld. Aisthesis.

Müller-Dietz, H. (2011). „Zur negativen Utopie von Recht und Staat – am Beispiel des Romans ‚Corpus Delicti' von Juli Zeh". *JuristenZeitung*, 66(2), S. 86–95.

Müller-Dietz, H. (2016). *Recht und Kriminalität in literarischen Brechungen*. Berlin. De Gruyter.

Navratil, M. (2021). *Kontrafaktik der Gegenwart*. Berlin. De Gruyter.

Negri, A., & Dufourmantelle, A. (2003). *Rückkehr Alphabet eines bewegten Lebens; Gespräche mit Anne Dufourmantelle*. Frankfurt/Main New York Campus Verlag.

Nietzsche, F. (2020a). *Also sprach Zarathustra: ein Buch für alle und keinen*. Anaconda Verlag.

Nietzsche, F. (2020b). *Ecce Homo*. Vol. Band 4. München. Anaconda Verlag.

Nietzsche, F. (2020c). *Zur Genealogie der Moral*. Vol. Band 3. Anaconda Verlag.

Ostendorf, H. (n.d.). *Der Gang eines Strafverfahrens*. Aachen. Bergmoser + Höller Verlag.

Ostendorf, H. (2018). *Strafprozess*recht. Baden-Baden. Nomos.

Piatti, B. (2009). *Die Geographie der Literatur: Schauplätze, Handlungsräume, Raumphantasien. Göttingen*. Wallstein.

Planert, U. (2000). „Der dreifache Körper des Volkes: Sexualität, Biopolitik und die Wissenschaften vom Leben". *Geschichte Und Gesellschaft*, 26(4), S. 539–576.

Platon. (2017). *Der Staat (Politeia)*. Ditzingen. Reclam Verlag.

Poczka, I. (2017). *Die Regierung der Gesundheit: Fragmente einer Genealogie liberaler Gouvernementalität*. Bielefeld. Transcript Verlag.

Prozorov, S. & Rentea, S. (2017). *The Routledge handbook of biopolitics*. London. Routledge.

Raedler, B. (2019). *Metareferentielles Aspektkippen: Die Kognitionskunst der deutschen Gegenwartsliteratur*. Dissertation University of Calgary.

Redeker, F. (1923). „Ideologie und Formen der industriellen Wohlfahrtspflege". *Zeitschrift für Schulgesundheitspflege*, 36, S. 300–307.

Roper, L. (2007). *Hexenwahn. Geschichte einer Verfolgung*. München. Beck Verlag.

Rousseau, J.-J. (1996). *Du contrat social ou principes du droit politique et autres écrits autour du Contrat social*. Paris. Livre de Poche.

Rüdel-Eschbaumer, G. (1998). „Der Hexenprozeß Maria Holl". Mit Originalprotokollen aus dem Stadtarchiv Nördlingen von Jahre, 1593, Nr. 94.

Sangbum, L. (2014). *Nietzsches Gesundheitsphilosophie Versuch einer Interpretation der philosophischen Methodologie Friedrich Nietzsches*. Dissertation. Humboldt-Universität zu Berlin.

Sauvé, J. (2018). „Le principe de proportionnalité, protecteur des libertés ?" *Les Cahiers Portalis*, 5, S. 9–21.

Schmidt, M. G. (2019). *Demokratietheorien. Eine Einführung*. Berlin. Springer Verlag.

Smith-Prei, C. (2012). "Relevant Utopian Realism: The Critical Corporeality of Juli Zeh's Corpus Delicti". *Journal of Germanic Studies*, 48 (1).

Schmitt, C. (1928). *Verfassungslehre, von Carl Schmitt*. Leipzig. Duncker Und Humblot.

Schmitt, C. (1934). *Politische Theologie Vier Kapitel zur Lehre von der Souveränität*. München, Leipzig. Duncker & Humblot.

Schmitt, C. (2015). *Der Begriff des Politischen: Text von 1932 mit einem Vorwort und drei Corollarien*. München, Leipzig. Duncker & Humblot.

Schmitt, C. (2018). *Der Leviathan in der Staatslehre des Thomas Hobbes: Sinn und Fehlschlag eines politischen Symbols*. Stuttgart. Klett-Cotta.

Schönfellner S. (2018b). *Die Perfektionierbarkeit des Menschen? posthumanistische Entwürfe in Romanen von Juli Zeh, Kaspar Colling Nielsen und Margaret Atwood*. Berlin. Weidler Buchverlag.

Stegmaier, W. (2018). „Anti-Lehren: Szene und Lehre in Nietzsches Also sprach Zarathustra“ in A.C. Bertino (Ed.), *Europa im Geisterkrieg. Studien zu Nietzsche*, S. 267–298.

Strüwing, M. (2004). *Studienarbeit: Carl Schmitt und der Leviathan des Thomas Hobbes*. München, Ravensburg. Grin Verlag.

Tchaikner, M. (2014). „Hexen in Innsbruck?“. *Der Schlern*, 88. Jahrgang, Juli/August 2014, Heft 7/8. S. 191–219.

Vlaev, King, D., Dolan, P., & Darzi, A. (2016). "The Theory and Practice of 'Nudging': Changing Health Behaviors". *Public Administration Review*, 76(4), S. 550–561.

Von Stein, L. (1867). *Die Verwaltungslehre*. Bd. 3. Stuttgart. Cotta Verlag.

Von Stein, L. (1882). *Das Gesundheitswesen. Erstes Hauptgebiet zweiter Theil der „Innern Verwaltungslehre“*. Stuttgart. Verlag Cotta.

Von Verschuer, O. (1936). *Rassenhygiene als Wissenschaft und Staatsaufgabe* (Nr. 7). Frankfurt am Main. Bechhold Verlag.

Walter, U. (2017). „Patrizier und Plebeier in der römischen Historiographie“. *Museum Helveticum*, 74(2), 172–199.

Wehling, P. (2008). „Selbstbestimmung oder sozialer Optimierungsdruck? Perspektiven einer kritischen Soziologie der Biopolitik“. *Leviathan*, 36(2), S. 249–273.

Weiß, M. G. (2003). „Biopolitik, Souveränität und die Heiligkeit des nackten Lebens: Giorgio Agambens Grundgedanke". *Phänomenologische Forschungen*, S. 269–293.

Welsh, C. (2016). *„Brauchen wir ein Recht auf Krankheit". Das Menschenrecht auf Gesundheit*. Bielefeld. Transcript Verlag.

Weng, J. F. (1838). *Die Hexen-Prozesse der ehemaligen Reichsstadt Nördlingen in den Jahren 1590–1594*. München. Beck'sche Buchhandlung.

Willaschek, M. (2011). „Der Begriff der Willensfreiheit im deutschen Strafrecht". *Deutsches Jahrbuch Philosophie*, 2, S. 1185–1203.

Willms, W. (2014). „Entindividualisierung und Ich-Fixierung: Zur Auseinandersetzung mit der Leistungsgesellschaft in der aktuellen Literatur". *KulturPoetik*, 14(2), S. 224–243.

Wittmann, J. (2018a). *Recht sprechen: Richterfiguren bei Kleist, Kafka und Zeh*. Stuttgart. Metzler Verlag.

Wunder, G. (1952). „Bauer, Bürger, Edelmann". *Soziale Welt*, *3*(4), 380–388.

Zeh, J. (2008b). *Spieltrieb*. München. Frankfurt am Main. Schöffling Verlag.

Zeh, J. (2009a). *Adler und Engel*. München. Btb Verlag.

Zeh, J. (2013). *Corpus Delicti: ein Prozess*. München. Btb Verlag, 8. Auflage. (Erstauflage 2009).

Zeh, J. (2016). *Nachts sind das Tiere: Essays*. München. Btb Verlag.

Zeh, J. (2020a). *Fragen zu „Corpus Delicti"*. München Btb.

Zeh, J. (2021a). *Über Menschen*. München Luchterhandverlag.

Zeh, J., & Trojanow, I. (2009). *Angriff auf die Freiheit: Sicherheitswahn, Überwachungsstaat und der Abbau bürgerlicher Rechte*. München. Hanser.

Zoeke, B. (2017). *Die Stunde der Spezialisten*. Berlin. Die Andere Bibliothek.

Internetquellen

Ärzteblatt (2021). „Omikron: Labortests deuten auf abgeschwächte Wirkung von Impfstoffen". Blatt vom 8. Dezember 2021.

https://www.aerzteblatt.de/nachrichten/129865/Omikron-Labortests-deuten-auf-abgeschwaechte-Wirkung-von-Impfstoffen-hin

Baverez, N. (2020). „Assurer la sécurité sans sacrifier la liberté“. In: *Le Figaro* vom 30. November 2020.

https://www.nicolasbaverez.com/2020/11/30/assurer-securite-sacrifier-liberte/

BOE (1978) – Documento consolidado BOE-A-1978-31229.

https://www.boe.es/buscar/act.php?id=BOE-A-1978-31229

BOE (1981) – Documento consolidado BOE-A-1981-12774.

https://www.boe.es/buscar/act.php?id=BOE-A-1981-12774

BOE (2015). Ley Orgánica 4/2015, de 30 de marzo, de protección de la seguridad ciudadana.

https://boe.es/buscar/act.php?id=BOE-A-2015-3442

BOE (2020) – Documento BOE-A-2020-3692.

https://www.boe.es/eli/es/rd/2020/03/14/463

Bundesgesetzblatt. (2020). „Gesetz zum Schutz der Bevölkerung bei einer epidemischen Lage von nationaler Tragweite“.

http://www.bgbl.de/xaver/bgbl/start.xav?startbk=Bundesanzeiger_BGBl&jumpTo=bgbl120s0587.pdf

Bundesgesetzblatt. (2021). „Gesetz zur Änderung des Infektionsschutzgesetzes und weiterer Gesetze anlässlich der Aufhebung der Feststellung der epidemischen Lage von nationaler Tragweite“.

https://www.bundesgesundheitsministerium.de/fileadmin/Dateien/3_Downloads/Gesetze_und_Verordnungen/uV/I/IfSG-Aend_Bgbl_231121.pdf

Bundesgesetzblatt (2022). „Gesetz zur Änderung des Infektionsschutzgesetzes und anderer Vorschriften“.

https://www.bgbl.de/xaver/bgbl/start.xav?startbk=Bundesanzeiger_BGBl&start=%F%2F%2A%5B%40attr_id=%27bgbl122s0466.pdf%27%5D#__bgbl__%2F%2F*%5B%40attr_id%3D%27bgbl122s0466.pdf%27%5D__1652354125949

Bundesministerium für Gesundheit. (2021a). „Verordnung zum Schutz vor einreisebedingten Infektionsgefahren in Bezug auf das Coronavirus SARS-CoV-2“. Par. 4.

https://www.bundesanzeiger.de/pub/publication/UyNX8RTxqfk5Ynq8avy/content/UyNX8RTxqfk5Ynq8avy/BAnz%20AT%2029.09.2021%20V1.pdf?inline

Bundesministerium für Gesundheit. (2021b). „Das offizielle Dashboard zur Impfkampagne der Bundesrepublik Deutschland“.

https://impfdashboard.de/

Castellà Andreu, J. M. (2020). „Incidencia de la Covid-19 sobre la democracia constitucional: reflexiones desde España“. *Letras Libres*, 15 de abril de 2020.

https://www.letraslibres.com/espana-mexico/politica/incidencia-la-covid-19-sobre-la-democracia-constitucional-reflexiones-desde-espana

Chevillard, E. (2010). *L'Autofictif,* 7 octobre 2010, Abs. II. In : Meizoz, J. (2016). „Que font aux textes les contextes (et vice versa) ?“. *Transitions*, 9. Jan. 2016.

https://www.mouvement-transitions.fr/index.php/intensites/contexte/sommaire-des-articles-deja-publies/1091-n-1-j-meizoz

Christodoulou, H. (2020). „L'État de droit déstabilisé par l'état d'urgence sanitaire : menaces et encadrements“. *Observatoire de la justice pénale.*

https://hal.archives-ouvertes.fr/hal-03349604/document

Code de la santé Publique. (2021). Art. 3131-15.

https://www.legifrance.gouv.fr/codes/article_lc/LEGIARTI000042103698

Conseil Constitutionnel (2004). „Charte de l'environnement de 2004“.

https://www.conseil-constitutionnel.fr/le-bloc-de-constitutionnalite/charte-de-lenvironnementde-2004

Conseil Constitutionnel (2008). „Verfassung vom 4. Oktober 1958“.

https://www.conseil-constitutionnel.fr/de/verfassung-vom-4-oktober-1958

Conseil Constitutionnel (2018). „La déclaration des droits de l'homme de 1789“.

https://www.conseil-constitutionnel.fr/le-bloc-de-constitutionnalite/declaration-des-droits-de-l-homme-et-du-citoyen-de-1789

Conseil Constitutionnel. (2020b). „Décision n° 2020-800 DC du 11 mai 2020“.

https://www.conseil-constitutionnel.fr/decision/2020/2020800DC.htm#:~:text=27.-Constitution française (1958).

https://www.conseil-constitutionnel.fr/le-bloc-de-constitutionnalite/texte-integral-delaconstitution-du-4-octobre-1958-en-vigueur

Corona Warn-App. „Open-Source-Projekt Corona-Warn-App“.

https://www.coronawarn.app/de/

Daum, M. (2010). „Geht joggen! Oder doch nicht?“, in: DIE ZEIT Nr. 52/ 2010.

https://www.zeit.de/2010/52/CH-Gesund-oder-frei/komplettansicht

Deutscher Bundestag (1949). „Grundgesetz für die Bundesrepublik Deutschland“.

https://www.bundestag.de/gg

Deutscher Bundestag. (2013). „Unterrichtung durch die Bundesregierung: Bericht zur Risikoanalyse im Bevölkerungsschutz“.

https://dserver.bundestag.de/btd/17/120/1712051.pdf

Deutscher Bundestag. (2021a). „Deutscher Bundestag Antrag der Fraktionen der CDU/CSU und SPD Feststellung des Fortbestehens der epidemischen Lage von nationaler Tragweite“.

https://doi.org/10.25646/8742)

Deutscher Richterbund. (2015). „Große Strafrechtskommission des deutschen Richterbundes“ in Timmendorfer Strand, 9.–15.11.2015.

https://krimpub.krimz.de/frontdoor/deliver/index/docId/190/file/Gutachten_Beweisverbote_Strafverfahren.pdf

Donau-Ries-Aktuell. (2019). „Ein Dunkles Kapitel der Geschichte“, 9.6.2019.

https://www.donau-ries-aktuell.de/das-beste-aus-dem-blaettle/ein-dunkles-kapitel-der-geschichte-noerdlingen-45736

Europäische Menschenrechtskonvention.

https://www.echr.coe.int/documents/convention_deu.pdf

Frankfurter Rundschau. (2011). „Freiheit“, 22.1.2011.

https://www.fr.de/ratgeber/gesundheit/freiheit-11428595.html

Fromme, H. (2014). „Axa kooperiert mit Samsung“, in: *Süddeutsche Zeitung*, 18.12.2014.

https://www.sueddeutsche.de/digital/axa-versicherung-kooperiert-mit-samsung-wer-laeuft-zahlt-weniger-1.2271509

Fromme, H. (2016). „Versicherung: Gesundheitsbewusste zahlen bald weniger“, in: *Süddeutsche Zeitung*, 23.3.2016.

https://www.sueddeutsche.de/wirtschaft/generali-fitte-menschen-sollen-weniger-krankenversicherung-zahlen-1.2920226

Generali Vitality. (n.d.). „Punkte und Vorteile".

https://www.generalivitality.com/de/de/punkte-und-vorteile/

Gonzalez Corona, M. (2020). „La crisis del COVID-19 y el peligro de ruptura del Pacto Social". Hay Derecho, 8 de abril de 2020.

https://www.hayderecho.com/2020/04/08/la-crisis-del-covid-19-y-el-peligro-de-ruptura-del-pacto-social/

Hübner, F. (2020). „Corona-Zeiten: Keine Quarantäne für die Demokratie", in: Moz, 7.4.2020.

https://www.moz.de/lokales/rathenow/corona-zeiten-keine-quarantaene-fuer-die-demokratie-49395144.html

Janker, K. (2014). „Juli Zeh über Generali-Modell: ‚Totalitäre Strukturen'". *Süddeutsche Zeitung*.

https://www.sueddeutsche.de/kultur/juli-zeh-ueber-das-generali-modell-wir-werden-manipulierbar-und-unfrei-1.2232147

Juraforum. (2021). „Unschuldsvermutung: Definition, Begriff und Erklärung", 28.8.2020.

https://www.juraforum.de/lexikon/unschuldsvermutung

Klausnitzer, R. (2020). „LWas läuft hier schief?" *Der Freitag*.

https://www.freitag.de/autoren/der-freitag/was-laeuft-hier-schief

Klofta, J. (2015). „Versicherung: Sondertarife für Fitte", in: *Mitteldeutsche Zeitung*, 22.4.2015.

https://www.mz-web.de/leben/multimedia/versicherung-sondertarife-fuer-fitte-1569132

Kreuzbergurteil PrOVG Endurteil des II. Senats vom 14. Juni 1882, Rep. II B. 23/82 PrOVGE 9, S. 353 ff.

https://web.archive.org/web/20170119162018/http://recht.denkmalnetzbayern.de/wp-content/uploads/2016/02/2-5-4-Sonstiges-Kreuzbergurteil-PrOVG-14-6-1882-11-S.pdf

Légifrance. (1955). „Loi n° 55-385 du 3 avril 1955 relative à l'état d'urgence".

https://www.legifrance.gouv.fr/loda/id/JORFTEXT000000695350/

Légifrance (2020). „Loi n° 2020-290 du 23 mars 2020 d'urgence pour faire face à l'épidémie de covid-19".

https://www.legifrance.gouv.fr/jorf/id/JORFTEXT000041746313/#:~:text=Par%20d%C3%A9rogation%20aux%20dispositions%20de,l'ensemble%20du%20territoire%20national

Légifrance. (2021a). „Loi n° 2021-689 du 31 mai 2021 relative à la gestion de la sortie de crise sanitaire".

https://www.legifrance.gouv.fr/jorf/id/JORFTEXT000043567200

Légifrance. (2021b). „Loi n° 2021-1040 du 5 août 2021 relative à la gestion de la crise sanitaire".

https://www.legifrance.gouv.fr/jorf/id/JORFTEXT000043909676

Légifrance. (2021c). „Loi n° 2021-1465 du 10 novembre 2021 portant diverses dispositions de vigilance sanitaire".

https://www.legifrance.gouv.fr/jorf/id/JORFTEXT000044315202

Le Sénat. (2021a). „Vaccination obligatoire contre le SARS-CoV-2".

http://www.senat.fr/dossier-legislatif/ppl20-811.html

Le Sénat. (2021b). „Proposition de loi instaurant la vaccination obligatoire contre le SARS-CoV2".

http://www.senat.fr/rap/l21-028/l21-028_mono.html

Lpb. (2007). „Die Gesundheitsreform 2007".

https://www.lpb-bw.de/gesundheitsreform

MAZ Online (2020a). „Juli Zeh über die Corona-Krise: ‚Im Grunde schüchtert man die Bevölkerungein'", 5.4.2020.

https://www.maz-online.de/brandenburg/juli-zeh-ueber-die-corona-krise-im-grunde-schuechtert-man-die-bevoelkerung-ein-YTUT2UKZX7P6J3HRNETWBIQQYY.html

MAZ online (2020b). (2020). „Corona: Juli Zeh warnt vor vermeintlicher Sicherheit auf Kosten von Freiheit", in: *Märkische Allgemeine*, 25.5.2020.

https://www.maz-online.de/Brandenburg/Corona-Juli-Zeh-warnt-vor-vermeintlicher-Sicherheit-auf-Kosten-von-Freiheit

Meyen, M. (2020). „Demokratie, Gesundheit, Freiheit". *ForDemocracy*.

https://fordemocracy.hypotheses.org/2883

Rechtswissenschaft verstehen. (2022). „Normenhierarchie in Deutschland. Öffentliches Recht Grundlagen. Rechtswissenschaft – Für Studenten Und Juristen".

https://www.rechtswissenschaft-verstehen.de/oeffentliches-recht/oeffentliches-recht-grundlagen/normenhierarchie/

Robert Koch Institut. „CovPass-App: Digitale COVID-Zertifikate der EU einfach nachweisen".

https://www.digitaler-impfnachweis-app.de

Robert Koch Institut: „Organisation und Aufgaben".

https://www.rki.de/DE/Content/Institut/OrgEinheiten/orgeinheiten_node.html

Ruhrtriennale. (2007). „Saison 2007 Die Eroberung der Zukunft im Rückblick", Saison 2007.

https://archiv.ruhrtriennale.de/www.2007.ruhrtriennale.de/de/programm/editorial- 07/index.html

Simantke, E. (2012). „Da will nur ich Chef sein ", in: *Tagesspiegel*, 29.4.2012.

https://www.tagesspiegel.de/politik/da-will-nur-ich-chef-sein/6568680.html

Stadtarchiv Geislingen an der Steige. (2016). „Sie lebten in Geislingen. Eine tapfere Frau und vermeintliche Hexe in Nördlingen".

http://stadtarchiv-geislingen.de/wp-content/uploads/2016/04/16.-Jh.-Maria-Holl.pdf

Theile, H. (2016). „Kausalität und Objektive Zurechnung". Universität Konstanz. S. 1–14.

https://www.uni-konstanz.de/rtf/skripten/Kausalitaet_obj_Zurechnung.pdf

Tuchscherer, E. (2004). „Le Léviathan dans la doctrine de l'État de Thomas Hobbes: sens et échec du décisionnisme politique". *Astérion. Philosophie, histoire des idées, pensée politique*, (2).

http://journals.openedition.org/asterion/93

UNO (1948). „Allgemeine Erklärung der Menschenrechte 1948".

https://www.un.org/depts/german/menschenrechte/aemr.pdf

UNO (1966). „Internationaler Pakt über wirtschaftliche, soziale und kulturelle Rechte, 16.12.1966".

https://www.un.org/depts/german/uebereinkommen/ar2200-a-xxi-dbgbl-1569.pdf

Versicherungsbote. (2014). „Axa kooperiert mit Samsung – Debatte über Telemonitoring“, 18.12.2014.

https://www.versicherungsbote.de/id/4809513/Axa-Versicherung-neue-Daten-App/

Von Hindenburg, P., Hitler, A., Frick, W., & Gürtner, F. (1933). „Verordnung des Reichspräsidenten zum Schutz von Volk und Staat [Reichstagsbrandverordnung]“, S. 83.

https://www.1000dokumente.de/pdf/dok_0101_rbv_de.pdf

Weltgesundheitsorganisation (1978): „Internationale Konferenz über primäre Gesundheitsver-sorgung *von Alma-Ata“*.

https://www.euro.who.int/__data/assets/pdf_file/0017/132218/e93944G.pdf

Weltgesundheitsorganisation Regionalbüro für Europa (1998). „GESUNDHEIT21: eine Einführung zum Rahmenkonzept ‚Gesundheit für alle‘ für die Europäische Region der WHO“.

https://www.euro.who.int/__data/assets/pdf_file/0009/109287/wa540ga199heger.pdf

Zeh, J. (2011b). *„Ecken! Kanten!“ in: DIE ZEIT* Nr. 10/2011

https://www.zeit.de/2011/10/Juli-Zeh-Helmut-Schmidt

Zeh, J. (2020b). „Schockstarre vermeiden: Die Pandemie darf nicht den Rechtsstaat befallen“, in: *Focus Magazin*, Nr. 15, 9.4.2020.

https://www.focus.de/politik/deutschland/meinung-grundrechte-sind-kein-luxus-nur-fuer-gute-zeiten_id_11849613.html

Zeh, J. (2021c). „Coronavirus: Verfassungsrichterin und Autorin Juli Zeh gegen Impfpflicht“, in: *Nordkurier*, 10.8.2021.

https://www.nordkurier.de/brandenburg/verfassungsrichterin-und-autorin-juli-zeh-gegen-impfpflicht-1044652208.html

Zeh, J. (2021d). „Juli Zeh: ‚Wir müssen die Freiheit schützen, in Fragen der Pandemie in der Minderheit zu sein‘“, in: *Neue Osnabrücker Zeitung*, 11.8.2021.

https://www.presseportal.de/pm/58964/4991134

www.ingramcontent.com/pod-product-compliance
Ingram Content Group UK Ltd.
Pitfield, Milton Keynes, MK11 3LW, UK
UKHW021823290926
8980IPUK00004B/232

9 783631 891971